DER RHEIN
in Sagen, Mythen
und Märchen

DER RHEIN

in Sagen, Mythen und Märchen

Eine poetische Lesereise
von der Quelle bis zur Mündung

Herausgegeben von
Bertram Kircher

Anaconda

Die Deutsche Nationalbibliothek verzeichnet diese Publikation
in der Deutschen Nationalbibliographie; detaillierte bibliographische
Daten sind im Internet unter http://dnb.d-nb.de abrufbar.

Umschlagmotiv: Johann Heinrich Schilbach (1798–1851),
»Oberwesel am Rhein mit Burgruine Schönburg« (1832), Sammlung
Schaefer, Germanisches Nationalmuseum Nürnberg/akg-images
Umschlaggestaltung: dyadesign, Düsseldorf, www.dya.de
Satz und Layout: Roland Poferl Print-Design, Köln
Printed in Czech Republic 2007
ISBN 978-3-86647-164-1
info@anaconda-verlag.de

Inhalt

Prolog

1. Die Apostelrheine

Der Vorder- und der Hinterrhein und alle anderen Quellflüsse

2. Der Alpenrhein

Von Chur bis zum Bodensee

3. Der Hochrhein

Vom Bodensee bis Basel

4. Der Oberrhein

Von Basel bis Mainz

5. Der Romantische oder Mittelrhein

Vom »Goldenen Mainz« bis zum »Heiligen Köln«

6. Der Niederrhein

Von Köln bis in die Niederlande

7. Das Delta

Lek, Waal und Oude Rijn

Anhang

Bertram Kircher

VOM »VATER RHEIN« UND SEINEM ZAUBER

Er ist ein wahrhaft europäischer Strom und diverse Länder begleiten seinen Stromlauf von den Alpenhöhen im Süden bis zur holländischen Nordsee im Norden. Sein Bett ist heute keine Grenze mehr, sondern verbindet Länder und Menschen – eine echte Lebensader. Unterwegs erhält er viele Namen: der Junge und der Alte Rhein, der Romantische und der Krumme Rhein, der Hoch-Rhein und der Nieder-Rhein und viele andere (s. auch unser »Kleines Rhein-Lexikon«). Immer wieder hat er die Phantasie seiner Anwohner beflügelt und die Deutschen nennen ihn liebevoll: Vater Rhein.

Auch die Journalisten und Reisenden, die Dichter und Sänger, die Maler und Musiker, die Politiker und Wissenschaftler – sie alle sind an ihm entlang gefahren und gewandert, sind auf auf ihm mit Flößen und Schiffen hinunter getrieben und haben über ihn berichtet, ihn beschrieben und besungen und in vielen Sagen und Legenden, Gedichten und Balladen, Erzählungen und Romanen, Abhandlungen und Berichten über und von ihm erzählt. Deshalb lade ich Sie ein zu einer »Poetischen Lesereise« entlang den Ufern des Rheins von der Quelle bis zur Mündung. Lauschen Sie den Stimmen vieler Jahrhunderte und Völker und lassen Sie sich einfangen vom jahrhundertealten Zauber des »Vaters Rhein«.

Prolog

Karl Simrock (1802–1876)

JA, DER RHEIN IST UNS EIN HEILIGER STROM*

Ja, der Rhein ist uns ein heiliger Strom, und seine Ufer sind die wahre Heimat der Deutschen, der ehrwürdige Herd aller deutschen Kultur. Was dem Inder der Ganges, das ist dem Deutschen der Rhein. Religion, Recht, Kunst und Sitte haben sich von ihm aus über die Gaue unseres Vaterlandes verbreitet. Dies allein gibt uns ein Licht über die geheimnisvolle Wirkung seines Namens.

Victor Hugo (1802–1885)

DER RHEIN IST EIN EDLER FLUSS

Ja, mein Freund, der Rhein ist ein edler Fluß, ein ritterlicher, ein demokratischer, ein kaiserlicher Fluß, würdig einmal zu Frankreich, einmal zu Deutschland zu gehören. Der Rhein vereint alles, der Rhein ist reißend wie die Rhône, breit wie die Loire, in Felsen gebettet wie die Maas, gewunden wie die Seine, klar und grün wie die Somme, geschichtsreich wie der Tiber, von königlichem Stolz wie die Donau, geheimnisvoll wie der Nil, von Gold schimmernd wie ein Strom Amerikas, umhüllt von Sagen und Traumbildern wie ein Fluß Asiens.

Friedrich Adolf Krummacher (1767–1845)

DER RHEIN – EINE PARABEL

Als im Beginn der Zeit die Natur die Berge gegründet und das Becken des Meeres ausgehöhlt hatte, trat sie aus ihrem Wolkenzelt zum Gotthard und sprach: »Es geziemt sich, daß sich zu dem Großen das Gute und zu dem Starken der ferne Wirkungskreis geselle. Du stehest fest; aber ich will dir einen Sohn geben, der deine Kraft und deinen Segen, die du aus der Höhe empfängst, in die Ferne trage!«

Sie sprach es, da quoll aus dem Berg der Rhein.

Fröhlich und frei, voll Kraft und Mut, wallte der junge Strom das Gebirg' hinab. Spielend stürzte er sich in den Bodensee; aber der See fesselte ihn nicht. Die Wellen des Sees taten sich voneinander; ungeschwächt und unverändert kam der jugendliche Strom wieder empor und setzte seine Bahn fort. Denn er war ein Sohn der Natur und auf dem Gebirge aus den Wolken geboren.

Nun zum Jüngling erstarkt, erkor er sich seine Bahn. Die edle Natur irret nicht in ihrer Wahl. Sie erkieset das Große und Gute. – Er grub sich selbst seinen Weg durch Felsen und Gebirge. Sie übten und mäßigten die Fülle seiner Jugendkraft. Dafür begrenzten auch Rebengebirge den Pfad des Jünglings.

Herrlich war seine Laufbahn. Hundert Ströme und zahllose Bäche begleiteten ihn und vermischten ihre lieblichen Wellen mit seinen kraftvollen Fluten. Denn das Göttliche zeucht an sich das Edle, und das Hohe strebt sich zu vereinen mit dem Höchsten.

Männlich und ruhiger ward jetzt sein Gang. Stiller floß er dahin, aber nicht schwächer. Die Strenge des Winters wollte mit ewigen Fesseln ihn binden. Er zerriß sie, wie man Fäden zerreißt. Er hatte die Kraft seiner Jugend geübt und Felsen zerrissen. –

Sein Strom glich einem geglätteten Spiegel. Nicht die fröhliche Rebe, die Frucht der Gebirge, aber segensreiche Kornfelder um-

gaben ihn: sein Rücken trug Schiffe und Flöße. – So gebiert die stillere Kraft auch das Nützliche zu dem Schönen.
Er nahete sich nun dem Ziel seiner Laufbahn. Da teilten Menschenkunst und des Bodens Fläche den geduldigen Strom in vielfache Gewässer, die man mit anderen Namen benennt.
Vater Rhein heißt er, wo man seiner Kraft und Segnungen gedenkt.

1. Die Apostel-Rheine

Der Vorder- und der Hinterrhein und alle anderen Quellflüsse

Wie ahnungsvoll er ausgezogen,
Der junge Held, aus Kluft und Stein!
Wie hat er durstig eingesogen
Die Milch des Berges, frisch und rein!
Nun wallt der Hirtensohn hernieder,
Hin in mein zweites Heimatland:
O grüß mir all die deutschen Brüder,
Die herrlichen, längs deinem Strand.

Gottfried Keller

Georg Benjamin Mendelssohn (1794–1874)

KRISTALLHELLE FLUTEN ENTSTRÖMEN DIESEN SEEN*

In dem erhabensten und herrlichsten zentralen Gebiet des mächtigen Alpengürtels hangen an schimmernden Felsengipfeln mehr als dreihundert Gletscher, welche dem Rhein ihre vollen, tobenden Gewässer zusenden. Wo sie aus dem Gebirge hervortreten, da beruhigen und läutern sich diese ungestümen Alpensöhne in etwa fünfzehn der größten und schönsten Seen, unergründlichen, smaragdenen Becken, hier von unerklimmbaren Felsen eingeengt, dort von Rebenhügeln und grünen Matten umkränzt; einer fast, wie das Meer, unabsehbar. Kristallhelle Fluten entströmen diesen Seen in raschem, doch schon ruhigerem Lauf. Bald in einem Bett vermischt, wogen sie mächtig und friedlich dahin, durch lachende Fluren.

Karl Stieler (1842–1885)

DIE JUGEND DES RHEINES*

Horch, wie das rieselt und rauscht in der eisigen Wildnis, die uns umgibt. Wir sind emporgestiegen durch's Tal, am letzten Haus, am letzten Baum vorbei, daß man sich klammernd festhält auf dem engen Pfad – aber nun ist das Ziel erreicht und in thronender Majestät liegt der Rheinwaldgletscher vor uns.

Das Auge staunt – der Atem stockt, so ungeheuer stürzt diese weiße Riesenmauer vor unsern Blicken ab; die Wolken, die langsam über den Gipfel ziehen, erhöhen noch die Kraft der Massen und der Farbe. Mitten drinnen aber in der Gletscherwand, hoch über dem Boden ist ein schmaler Spalt und dort bricht weiß und schäumend ein dünner Strahl hervor und stürzt sich jauchzend herab auf die Erde. Das ist der Rhein. Nun hat er das warme Licht erblickt, das nie in die Tiefe des Gletschers dringt, nun hat er den heiligen Boden der Mutter Erde berührt und auf diesem Boden will er nun bleiben und wandern, viele hundert Meilen weit, bis er aus dem Schoß der Berge zurücksinkt in den Schoß des Meeres.

Wie bekannt, wird der Rhein aus zwei Armen gebildet, dem Vorder- und Hinterrhein, die sich bei Reichenau verbinden. Den dritten kleineren Arm, der vom Lukmanier kommt und schon bei Dissentis mündet, hat man als Mittelrhein bezeichnet. Während der Lauf des letztgenannten ohne sonderliche Bedeutung ist, bieten die beiden ersteren ein Bild, das uns landschaftlich und historisch in gleicher Weise fesselt, wenn wir jeden der beiden Flüsse nun von seiner Quelle bis an den Punkt begleiten, wo sie sich jubelnd in die Arme stürzen.

Wir beginnen zunächst mit dem Hinterrhein, ihm gehört die Quelle an, vor der wir stehen. – Welche Größe, welche Heldenzukunft wird hier geboren, welches Leben hängt an diesem silbernen Faden! Er hat sich losgerissen mit aller Gewalt, der junge Rhein, aus seiner einsamen Heimat, er will weiter, weiter – hinaus in die Welt und finster schweigend sieht der riesige Berg ihm nach – dem Liebling, der ihm entronnen. Wie eine offene Wunde in der Brust, aus der das Leben quillt, klafft der Spalt in der Gletscherwand.

Das Rätsel der Geburt, der Schmerz des Scheidens und die Wonne der Freiheit; hier sind sie verkörpert auf dieser einsamen Scholle.

Fast ebenso wunderbar wie der Ursprung ist übrigens der Lauf des Hinterrheins; sein Weg ist vielleicht der wildeste, der jemals aus den Bergen zu Tale wies. Wer kennt ihn nicht, den finsteren Namen Via mala? Und unter der Via mala braust der Rhein.

Drunten in Holland, wo er breit und majestätisch ins Meer strömt, fragt man bei jungen Männern, wenn sie ein Amt erstreben oder um ein Mädchen freien: Hat er sich ausgetobt? Und nur wenn diese Frage bejaht wird, erblickt man darin die Bürgschaft eines ernsten tatkräftigen Lebens. Ähnlich ergeht es dem Rhein; der ungeheuren tatenreichen Arbeit, die er für die Kultur der Menschheit

vollbringt, geht eine stürmischwilde Jugend vorher – es ist kein Wandern mehr, es ist ein Toben, wie er herunterjagt durch die Schluchten Graubündtens – er tobt sich aus!
Schon am Beginn seines Laufes, kaum eine halbe Stunde von der Quelle entfernt, tritt der Kampf der jungen Fluten mit dem alten Berggestein in schauerlicher Weise zu Tag; der Fluß stürzt jählings in einen Abgrund hinunter, der von gähnender Tiefe ist, die Felsen bedecken ihn, er ist dem Blick entschwunden, er ist begraben, er erstickt. Fast sieht es sich an, als wollten die Felsen ihn von Neuem gefangen nehmen, nachdem er kaum entronnen; man hört, wie er um seine Freiheit, um sein Leben ringt, donnernd hallt das Brausen empor. Aber siegreich schlägt er sich durch, und wie der junge Herakles die beiden Schlangen erwürgte, so überwindet der Rhein schon in der Wiege die beiden Mächte, die sein Dasein gefährden – Eis und Fels. Seine Kindheit verrät den einstigen Riesen, aber selbst die Namen, die seinen Ursprung begleiten, haben eine mystische Größe, denn die Alpenmatte, die der Quelle des Hinterrheins gegenüberliegt, heißt das »Paradies« und der Schlund, in den er hinunterstürzt, die »Hölle«. Zwischen beiden hindurch erobert er sich die Welt.
Die erste hochgelegene Talstufe, die der Hinterrhein durchmißt, wird das Rheinwaldtal geheißen; das erste Dorf, das uns begegnet, trägt den Namen des jungen Stromes. Trotz der hohen und rauhen Lage umgeben uns doch die herrlichsten Wälder, Tannen und Lärchen; die Bewohner aber stammen aus den Zeiten Barbarossas, der das Tal mit Deutschen besiedelte, um den alten Heerweg über die Alpen zu hüten. Aber noch viel weiter zurück lassen sich menschliche Spuren verfolgen, denn unter weggespülter Erde fand man allerlei uraltes Hausgerät und auf einer Stelle, die noch vielfach gezeigt wird, soll selbst ein römischer Tempel gestanden haben. Kurzum, man glaubt, daß die Gletscher im Rheinwaldtal im Lauf der Jahrhunderte bedeutend gewachsen sind, und daß das Klima früher viel milder war als jetzt; so findet man z. B. noch allerlei Nester von Vögeln, die seit Menschengedenken dort nicht mehr ni-

sten. Schwalbe und Elster zogen für immer fort, nur der Sperber, grau wie die Felsen, an denen er horstet, kreist mit regungslosem Fittich hoch über uns, nur der Steinrötel pickt und lockt und huscht scheu von dannen, wenn er des Menschen gewahr wird. Aus dieser Einsamkeit treten wir heraus auf die nächstniedrige Talstufe, ins Schamsertal, durch das die weltberühmte Splügenstraße von Chur nach Chiavenna führt. Sie stammt aus dem Jahr 1822, der berühmteste Punkt aber ist die Felsenschlucht, die von Andeer bis nach Rongella reicht. Hier wird das drohende Wort zur Wahrheit: Via mala!

Thomas Coryate (1577–1617)

IM TAL DES RHEINS*

Hinter Candolchino stieg der Weg für acht Meilen ununterbrochen an, bis ich den Gipfel des Splügen erreichte. Der Abstieg führte mich in ein Städtchen, welches denselben Namen trägt wie der Berg und das ganz protestantisch ist. Von nun an sprechen alle Graubündner deutsch. Hier am Fuß des Splügens betrat ich mein drittes Tal in Graubünden, das Tal es Rheins, das ein kleiner Arm dieses edlen Flusses durchströmt. Ich wanderte zehn Meilen durch dieses Tal. Der Rhein fließt hier mit so reißender Geschwindigkeit, daß seine über steile Felsen herabfallenden Wasser durch einen Sprühregen alles in leichten Nebel hüllen.

Giosuè Carducci (1835–1907)

DIE ELEGIE AM SPLÜGEN (1898)

Nein, nicht waren es luftige, farbge Gestalten,
Bäume nicht, schwankend im Wind, aber von Nymphen ein Chor
Wars und von Göttinnen. Blau von Gewand und geschmeidig,
Wie aus ägäischem Meer Thetis verschleiert vor Zeus,
Tauchte die eine empor, aus knarrender Fichte schwingt rosig
Dort sich die andre, es weht duftig ihr flatterndes Haar.
Jene da löst aus dem Gürtel auf glitzernd demantenem Eise,
Lustig, wie silbernes Band sprudelnder Fälle Getös.
Einsam nur auf dem Felsen von Quarz, der im Mittagslicht flimmert,
Saß die Lorelei dort, Fremde im fremden Gebirg,
Kämmte mit goldenem Kamme die goldnen Haare, sie wehten
Weithin über die Alp, Sonnenschein lachte darin.
Dort in dem Tempel aus Lärchen, den hohen, schattigen, standen
Feen mit flammendem Aug, blitzend wie Edelgestein;
Schwarz war die Chlamys und schwarz war das Haar unter Eichenlaubkränzen,
Szepter von Gold in der Hand, schauten sie alle nach mir.

Conrad Ferdinand Meyer (1805–1898)

DER RHEINBORN

Ich bin den Rhein hinaufgezogen
Durch manches schatt'ge Felsentor,
Entlang die blauen, frischen Wogen
Zu seinem hohen Quell empor.

Ich glaubte, daß der Rhein entspringe,
So liedervoll, so weinumlaubt,
Aus eines Sees lichtem Ringe,
Doch fand ich nicht, was ich geglaubt.

Indem ich durch die Matten irrte
Nach solchen Bornes Freudeschein,
Wies schweigend der befragte Hirte
Empor mich zum Granitgestein.

Ich klomm und klomm auf schroffen Stiegen,
Verwognen Pfaden, öd und wild,
Und sah den Born im Dunkel liegen
Wie einen erzgegoßnen Schild.

Fernab von Herdgeläut und Matten
Lag er in eine Schlucht versenkt,
Bedeckt von schweren Riesenschatten,
Aus Eis und ew'gem Schnee getränkt.

Ein Sturz! Ein Schlag! Und aus den Tiefen
Und aus den Wänden brach es los:
Heerwagen rollten! Stimmen riefen
Befehle durch ein Schlachtgetos!

Ludwig Bechstein (1801–1860)

VOM RHEINSTROM

Heilige Wasser rinnen von Himmelsbergen – singt die Edda, das uralte Götterlied, so auch der Rhein, des deutschen Vaterlandes heiliger Strom, rinnt vom Gottesberg (Sankt Gotthard), aus Eispalästen, aus dem Schoß der Alpen nieder, als Strom des Segens. Schon die Alten sagten von ihm: Die Donau ist aller Wasser Frau, doch kann wohl der Rhein mit Ehren ihr Mann sein – und die Urbewohner der Stromufer erachteten seine Flut für also wunderbar, daß sie neugeborene Kinder ihr zur Prüfung echter oder unechter Geburt übergaben. Rechtmäßige Abkömmlinge trug die Stromflut sanft zum Ufer, Unrechtmäßige aber zog sie mit ungestümen Wellen und reißenden Wirbeln als ein zorniger Rächer und Richter der Unreinigkeit unter sich und ersäufte sie. Andere Anwohner brachten dem heiligen Strom ihr Liebstes, Pferde, zum Opfer dar.

Durch Hohenrätiens Alpentalschluchten stürzt sich der Rhein mit jugendlichem Ungestüm, frei und ungebunden, umwohnt von einem freien Bergvolk, das in Vorzeittagen hartlastende, schwerdrükkende Fesseln brach. Da zwang ein Kastellan auf der Bärenburg die Bauern mit den Schweinen aus einem Trog zu essen, ein anderer zu Fardün trieb ihnen weidende Herden in die Saat, andere übten noch andere Frevel. Da traten Hohenrätiens Männer zusammen, Alte mit grauen Bärten, und hielten Rat im Nachtgraun unter den grauen Alpen. Auf einer felsenumwallten Wiese ohnfern Tovanosa will man noch Nägel in den Felsenritzen erblicken, an welche die Grauen, die Dorfältesten, ihre Brotsäcke hingen. Und dann tagten sie in Bruns vor der Sankt Annen-Kapelle unter dem freien Himmel, unter der großen Linde, nach der Väter Sitte, und beschwuren den Bund, der dem alten Land den neuen Namen gab, den Namen Graubünden, und daß der Bund solle bestehen, solange Grund und Grat steht. Davon gehen im Bündnerland noch alte Lieder.

Kaiser Maximilian nannte scherzweise den Rheinstrom die lange Pfaffengasse, wegen der zahlreichen und hochberühmten Bistümer und Hochstifte an seinen Ufern, und nannte Chur das oberste Stift, Konstanz das größte, Basel das lustigste, Straßburg das edelste, Speier das andächtigste, Worms das ärmste, Mainz das würdigste und Köln das reichste.

Heinrich Daniel Zschokke (1771–1848)

VEREINIGUNG DER DREI QUELLEN DES VORDERRHEINS*

An der östlichen Seite vom Gebirgsknoten des St. Gotthardsberges steigen die letzten Dörfer des Tawetscher-Tales in Grauenbund bis zu einer Höhe von 5000 Fuß auf. Da liegt, in stiller Alpenwilde, die kleine Ortschaft Selva; dahinter das noch kleinere Chiamunt, dessen Einwohner zur Kirche von Selva gehn. An den Berghalden, in den hüglichten Wiesen, erblickt man ärmliche Sennhütten, einzelne Heuställe und die leiterförmigen Gestelle der Reskanen, welche zum leichtern Trocknen des geschnittenen Grases dienen, wenn Regen, Nebel und früher Schnee in diesen Höhen den Boden nässen. In grauenhafter Majestät reihen sich am Hintergrund Gebirge zusammen, deren Gipfel, bei 10 000 Schuh hoch, vom Himmel über die Länder der Menschen hinwegschaun. Von daher rauschen drei Bäche her. Es sind die Quellen des Vorderrheins, welche sich hier vereinen. Links bricht die erste aus einem halbvergletscherten Tal, zwischen dem Berg Cornera und dem noch erhabnern Cavradi hervor; rechts die andre von den Firnen des Crispalt; und von der Mitte her die dritte aus den kristallenen Gewölben des ewigen Eises, welches den ungeheuern Sinnadun und seine Granitfelsen verhüllt. Aber diese Quellen des Vorderrheins sind nicht die einzigen von dem prächtigsten aller Flüsse unseres Weltteils. Ein Mittelrhein gesellt sich später noch zu diesem aus dem Medelsertal, vom Cadelrhin-Gletscher her, im Lukmainer-Gebirg. Ein Hinterrhein strömt von den Eismeeren hinter dem Muschelhorn herab. Dreizehn hohe, stäubende Wasserfälle umringen dort dessen Wiege. Unter den Felsen des romantisch im Gebirgskranz gelegnen Schloßgartens von Reichenau, zwei Stunden oberhalb Chur, vereinigen sich das Wasser aller Rheine.

Auch der heiterste Sonnentag des Sommers raubt der Gegend von Selva nicht den ihr eigentümlichen düstern Ernst. Alles bleibt

still, groß und furchtbar; Nebel schleichen geisterartig um die Berge und durch die finstern Klüfte. In den Schatten des Abgrundes leuchten Schneegefilde. Gewaltige Granitblöcke, vom verwitternden Gebirg durch Waldwasser oder Lauinen herabgeschleudert, lagern sich in den Feldern und zwischen den Hütten. Jeder derselben ist das Denkmal einer gefährlichen Stunde des Tals. Fast in jeder Jahreszeit vernimmt man das Donnern vom Einsturz ungeheurer Schneemassen, die von den Bergen bald, wie lockrer Staub, als »Windlauinen«, niederfahren, die Luft verdunkeln und alles weit umher verschütten; bald, als »Schlag- und Grundlauinen«, mit entsetzlicher Wucht von steilen Berghängen und schroffen Felswänden im Tauwetter herabgleiten und was sie erreichen, zerschmettern. Fast den ganzen Sommer sieht man bei Selva und in der wilden Umgebung Überreste dieser Lauinen. Zuweilen bilden sich hohe Wölbungen über den Rheinstrom, und dienen dem Älplervolk zu sichern Brücken.
Als im Jahr 1808, vom jähen Ruenatsch herab, eine der Lauinen fuhr, zermalmte sie in einem Augenblick Hütten und Ställe; 42 Einwohner Selvas und 237 Stück Vieh ihrer Herden lagen, als Leichen, unter dem Schutt. Fünfzehn Jahr später begrub eine andre 37 Menschen daselbst. Entsetzlicher war das Unglück von Rueras, einem Alpendorf in Selvas Nachbarschaft. Da kam im Jahr 1740 eine Lauine von Malamusa, einem Abhang des zwei Stunden weit entfernten Crispalt. Fast das ganze Dorf ward begraben unter einem Schneeberg; die entferntern Hütten wurden von ihren Stellen verschoben durch Gewalt der erschütterten Luft; Bergwälder sah man entwurzelt, oder wie dürre Halme zerknickt. Von mehr denn 100 Menschen konnten kaum 60 wieder lebendig aus dem hochgetürmten Schnee hervorgescharrt werden.
Alljährlich richten im Gebirg die Lauinen ihre Verheerungen an. Sie überfallen den Wandrer. Sie dämmen und schwellen Ströme. Sie verschütten ganze Ortschaften. Sie reißen Häuser, Gärten, Wälder, Menschen und Vieh mit sich in Abgründe. Sie zerschmettern, was sie berühren.

So schrecklich, wie die Gewalt der Schneestürze, so wunderbar ist zuweilen die Rettung der Menschen dabei. Einer meiner Freunde, Herr Landammann Hiß, erzählte mir folgendes, als ich ihn im Schmelzboden, einem Hüttenwerk im Zehngerichtenbund besuchte. Er wohnte da in einem schmalen Talgrund zwischen steilen himmelhohen Bergen, der Raum zwischen denselben war von dem Wohngebäude, einem Garten davor, und einem breiten Waldstrom hinter demselben ausgefüllt. Vom Strom erhebt sich eine jähe hocherhabne Felswand, von der ein Bach stäubend zur Tiefe niederschwebt. Droben geht an der Wand ein 5 Fuß breiter Weg, ins Gestein eingehauen, von einem Dorf zu einem andern; über den Bach aber eine Brücke von zusammengelegten rohen Baumstämmen, die, von unten gesehn, dort in schwindlichter Höhe, Strohhalmen gleichen.

Diesen Weg am Berg, der von den da herrschenden Lauinenzügen den Namen der Züga trägt, wanderte zur Winterszeit ein armes Botenweib, den Lastkorb auf dem Rücken. Plötzlich ward die Unglückliche droben von dichtem Schneegestöber und Sturmwind überfallen. Sie blieb stehn; sie sah nichts mehr vor sich; sie konnte kaum atmen; sie fühlte den Boden nicht mehr unter ihren Füßen. Als der Windstoß vorüber war, fand sie sich vom feinen Schneestaub bedeckt. Sie arbeitete sich daraus an die Luft hervor und sah sich mit Erstaunen und Verdruß neben dem Garten des Schmelzbodens. Mit einer Lauine hatte sie die entsetzliche Luftfahrt von der Höhe ins Tal gemacht ohne im mindesten beschädigt zu sein. Sie schüttelte murrend den Schnee aus ihren Röcken; kehrte beim Landammann ein und forderte ein Glas Branntewein zu ihrer Stärkung, indem sie nur ihr Mißgeschick beklagte, den gleichen, weiten Weg noch einmal machen zu sollen.

Das ist die Allmacht der Gewohnheit. Furchtlos baut der Älpler, hat er im Unglück nur das Leben gerettet, die zerstörte Hütte wieder an dieselbe Stätte hin, wo sie vorher von der Lauine vernichtet war; wie der Sizilianer, wenn Aschenregen und Lavagluten sein kleines Besitztum am Fuße des Ätna zerstören.

Victor Hugo (1802–1885)

DREI BÄCHE KOMMEN ZUSAMMEN*

Ein Bach kommt aus dem Toma-See am Ostabhang des Sankt Gotthard; ein zweiter fließt aus einem zweiten See am Fuß des Lukmanierberges; ein dritter rieselt aus einem Gletscher und rauscht aus einer Höhe von tausend Fuß durch die Felsblöcke herab. Fünfzehn Meilen von ihren Quellen entfernt ergießen sich diese Bäche in die gleiche Schlucht bei Reichenau. Dort vereinigen sie sich. Ist es nicht wunderbar, wie doch die Vorsehung so machtvoll und zugleich so einfach etwas Großes zustandebringt? Drei Hirten kommen zusammen – sie schaffen ein Volk; drei Bäche kommen zusammen, und sie werden zum Strom.

Dietrich Jecklin (1833–1891)

DER HL. PLACIDUS UND DER URSPRUNG DES KLOSTERS DISENTIS

Im Anfang des 7. Jahrhunderts verließ St. Columbanus, der Abt des irischen Klosters Bangor, sein Vaterland, um als Glaubensbote bei den noch heidnischen Völkern des Kontinentes zu wirken. Er durchzog mit zwölf Schülern Gallien und kam an die Ufer des Zürich- und Bodensees. Seine Schüler ließ er nach und nach zurück, an Orten, wo er gewirkt hatte; dann zog er von St. Gallen her kommend, über Chur den Rhein aufwärts, ließ seinen letzten Schüler Sigisbert in der ehemaligen Einöde von Disentis (Desertina) zurück und ging im Jahre 613 über den Lukmanier nach Italien. Sigisbert legte sich in der »Desertina« eine Zelle an, lebte als Einsiedler, predigte den zerstreut wohnenden Heiden das Christentum und gewann sie für seine Lehre. Damals erstanden in Trons und Sumvix, wie an mehreren andern Punkten an den Ufern des jungen Rheines größere oder kleinere Ansiedelungen, und in Trons war der Vorsteher (Toparcha) des ganzen Tales, Placidus mit Namen, ansässig. Sigisbert gewann auch ihn und fand an ihm einen treuen Freund und eifrigen Gehülfen für sein Bekehrungswerk. Placidus begann ums Jahr 614 den Bau eines Bethauses an der Stelle der Klause, die Sigisbert bis dahin als Wohnung und Oratorium gedient hatte, und übergab demselben sein ganzes Vermögen; dann zog auch er, das Evangelium und Buße predigend, durch das Land und kam auch nach »Curia«, wo damals Graf Viktor im Namen des Frankenkönigs regierte. Dieser ließ Placidus, dessen Reden und Entwürfe nicht nach seinem Sinne waren, gefangen nehmen und enthaupten; noch mehr, er nahm das von Placidus dem Bethaus in »Desertina« geschenkte Gut zu eigenen Händen. Die Legende erzählt: Nach seiner Enthauptung habe der heilige Placidus sein Haupt vom Boden aufgehoben, dasselbe persönlich nach dem Bethaus »Desertina« getragen und dort es dem heiligen Sigisbert übergeben. Letzterer habe Haupt und Körper des Märtyrers dort zur Ruhe gelegt, wo Abt Azo im Jahre 801 zu dessen Andenken eine schöne Kirche bauen ließ. Nach andern wurde der heilige Placidus an dieser Stelle selbst enthauptet. Sigisbert ließ durch das traurige Schicksal seines Schülers sich nicht abschrekken, in dem Bekehrungswerk fortzufahren, und das Kloster Disentis samt Kirche kamen zu Stande. Um diese Gott geweihte Stätte sammelten sich die Bewohner in festen Wohnsitzen.

Nicht lange nach Placidus' Tod ertrank Graf Viktor im Rhein zur gerechten Strafe für seine Übeltat. Tello, Bischof zu Chur einer seiner Nachkommen, suchte diese zu sühnen und den Haß von dem Andenken seines Ahnherrn zu entfernen, indem er dem Kloster Disentis reiche Schenkungen machte und die bisherigen, ärmlichen Klostergebäude durch stattliche Bauwerke ersetzte. Andere Schenkungen folgten, und bald ward diese Benediktiner-Abtei mächtig und reich.

Heinrich Daniel Zschokke (1771–1848)

DAS KLOSTER DISENTIS*

Stolz und großartig steigt am Abhang seines Hügels das älteste Kloster der rhätischen Hochalpen auf. Demütig lagern sich zu seinen Füßen die niedern Hütten des Dörfleins Disentis, oder Mustär, wie es romanisch (von Monasterium) heißt. Ein kleiner Bach, Magriel, fließt am Dorf vorüber, der Tiefe des schönen Tales zu, wo der Rhein sich zwischen jähen Ufern ein Bett eingewühlt hat. In den stillen Gefilden sieht man einzelne Heuställe mit ihren Reskanen oder Trocken-Leitern.

Ich erinnere mich kaum eines prachtvollern Schauspiels, als jenes Sommertages, da links und rechts vor mir bis zu den Firnen, die majestätischen Bergkolossen in Reih und Glied, gleich zwei Heeren, einander gegenüberstanden; droben aber, zwischen ihren Helmen von Eis und Fels, Sonnenstrahlen in neblichten Dünsten breite Lichtstreifen zum Tal niedergossen. Alles prangte in wunderbarer Verklärung. Es schien, als wären ätherische Glanzstraßen durch die Lüfte, von der Tiefe der Erdenwelt zum Himmel gezogen, und an die hohen Gebirge gelehnt. Wie winzig stellte sich in dieser Glorie der Natur, unter diesen Umgebungen, die alle das Gepräge der Unermeßlichkeit tragen, jener Mönchspalast hin! Nürnberger Tand; Schnitzwerk menschlicher Eitelkeit! Inmitten so erhabener Gebilde müssen selbst Ägyptens Pyramiden kleinlich verschwinden. Pharaonen-Werk ist nur in einer Wüste des Sandmeers groß. Weit harmonischer mit den riesigen Gestaltungen der Berge, mit diesen Streiflichtern und Abgründen, dünkten mich die armen, ländlichen Hütten im Tal und am Gebirg da zu liegen, wie Bilder menschlicher Demut im Schoß göttlicher Größe und Macht.

An der Stelle der Benediktiner-Abtei Disentis befand sich vor Jahrhunderten nur eine Bethütte frommer Einsiedler. Alte Urkunden bezeichneten sie als eine Zelle bei einer Höhle (cella ubi spelunca est). Abergläubige Gottesfurcht der folgenden Zeitalter, oder vielmehr Politik der Mönche, welche die andächtige Unwissenheit des Volks wohl auszubeuten verstand, verwandelte die Bethütte zum Palast, den Einsiedler zum fürstlichen Abt. Er spielte in den alten Fehden und Kriegen des Hochlandes eine Hauptrolle, wie nachmals in den blutigen Religionshändeln und bürgerlichen Unruhen der Bündner. Doch gewann das Kloster wenig dabei. Bei übler Haushaltung und unter allseitigen Feindseligkeiten, verarmte das Gotteshaus wieder. Es verkaufte die meisten seiner Rechtsame den Gemeinden. Mit den Reichtümern verlor der Abt Einfluß und Bedeutsamkeit.

Das jetzige Gebäude der Abtei ist erst im Laufe dieses Jahrhunderts neu aufgeführt worden, denn im Jahre 1799 war es durch blinde Rache des französischen Kriegsvolks den Flammen geopfert. Damals, wie bekannt, hatte sich Frankreich völkerrechtsmörderisch der ganzen Schweiz bemächtigt, welche, bei aller Tapferkeit ihres Volks, durch Unfähigkeit, Eifersucht und Zusammenhangslosigkeit ihrer kleinen, aristokratischen Regierungen, zerfallen in sich, und wehrlos, dalag.

Auch Graubünden war zu jener Zeit durch politische Parteien zerrissen. Eingeladen, sich mit der helvetischen Republik zu vereinigen, erklärte eine Partei dazu Geneigtheit, doch nur bedingt und daß kein französisches Heer den Bündner Boden betreten solle; die Gegenpartei hinwieder verwarf den Antrag und wollte den Freistaat unter Österreichs Schutz stellen. Die Letztere gewann Oberhand; aber ohne Vorwissen und Willen des souveränen Volks, der Hochgerichte und Gemeinden, wurden österreichische Truppen, unter Anführung des Generals Auffenberg, am 19. Oktober 1798, aus dem Vorarlberger Land durch den Engpaß des Luziensteiges, nach Bünden gezogen. Als, vier Monate später, Frankreich und Österreich den Krieg von neuem eröffneten, und Auffenbergs Truppen von den französischen Feldherren aus Bünden vertrieben wurden, besetzten diese das Hochland, vom Fuß des Gotthard und Crispalt bis zu den Grenzen Deutschlands.

Das Volk der rauhen Bergtäler sah mit Entsetzen und stolzem

Grimm die kriegerischen Fremdlinge in seinen Hütten. Unbekannt mit deren Sprache, Sitte, Kriegskunst und Macht schien es ein Leichtes, dieselben wieder zu vertreiben. Man gedachte nur der Tapferkeit und Freiheitsliebe der Altvordern. Todesfurcht kannte keiner. Mühsam hielt man die Wut der Bergbewohner zurück, bis von Seiten der österreichischen Heerhaufen ein allgemeiner Angriff gegen die Franzosen erfolgen würde.

St. Julien, Oberst des österreichischen Regiments Neugebauer, ließ endlich seine Vertrauten in Bünden benachrichtigen, der Angriff werde am 1. Mai 1799 getan werden. Er selber leitete wirklich denselben am genannten Tag, von Balzers gegen den St. Luziensteig; wurde aber zurückgeschlagen. Zu spät vernahm man in den Winkeln des Gebirgs sein Unglück. Dort war schon zum Aufbruch, vom Lukmanier, Sirmadaun und Crispalt her, der Landsturm mit Ungeduld gerüstet.

In Ciamut, dem letzten und höchsten Dörflein des Tawetscher Tals gegen Uri, trat zuerst die Mannschaft hervor, bunt bewaffnet; Kreuz und Fahne voran. Wie ein Waldstrom riß sie, von Dorf zu Dorf, alles mit sich, was eine Waffe führen konnte. So gelangte sie nach Sedrun, dem Hauptort des wilden Hochtals, welches mit seinen Viehweiden, Flachsfeldern und kleinen Haber- und Gemüse-Äckern noch fünftehalb tausend Fuß über dem Mittelmeer erhaben liegt.

Hier befand sich, als äußerster Posten auf dem Gebirg, ein französischer Offizier mit einer kleinen Abteilung seiner Kompagnie. Die letztere lag, zwei Stunden davon entfernt, in Disentis. Er saß sorglos mit den Seinen am Mittagsmahl, als plötzlich das Haus umringt und er von der bewaffneten Menge aufgefordert ward, sich gefangen zu geben. Widerstand ward unmöglich und nicht versucht. Die übermannten Krieger gaben ihre Waffen ab und wurden gegen Disentis mitgeführt, wohin der lärmende Zug ging. Ihres Lebens ward geschont, indem man noch glücklich genug die Mordlust einzelner Männer von Rueras abwehrte, eines einsamen Dörfleins in der hohen Wilde des Gebirgs.

Als nachmittags der Zug des Landsturms Disentis erreicht hatte, stand hier der französische Hauptmann schlagfertig. Die Unterhandlungen dauerten nicht lange. Einige Flintenschüsse und das furchtbare Gebrüll der Volkshaufen unterbrachen die Reden der Anführer. Von beiden Seiten wurden im Kampf mehrere getötet und verwundet. Unter dem Geheul der Sturmglocken sammelte sich von allen Bergen her des Volks immer mehr, bis die kleine französische Schar, beim Anblick des unvermeidlichen Untergangs, allem Widerstand entsagte. Sie ward gefangen, entwaffnet und über Nacht im Rathaus bewacht.
Andern Morgens sollten die wehrlosen Kriegsleute weiter geführt werden, in der Richtung des Landsturms gegen Chur. Kaum aber waren sie aus dem Rathaus hervorgetreten auf den freien Platz, erhob sich ein wildes Geschrei. Man wollte vor keinem gegebenen Ehrenwort mehr und von keiner Schonung des Lebens hören. Die wilden, blutdürstigen Nachbarn des Lukmanier, baumstarke Männer, groß, knochig, von der Sonne braungebrannt, schwangen ihre Gewehre und Keulen. Ihrem Beispiel folgten die Tavetscher. In dem Getümmel erschienen einige der ehrwürdigsten Geistlichen des Klosters, und erhoben ihre Stimmen, die Rasenden an die heiligen Pflichten der Menschlichkeit zu mahnen. Der greise Dekan der Abtei selbst Basilius Voith, begleitet vom Pater Domenico und dem Pfarrer von Sedrun, Vigilius Wenzein, schrie vergebens um Gnade. Die Priester warfen sich gegen die eindringenden, schon zum Teil vom Branntewein berauschten Bauern auf die Knie nieder und erhoben flehend ihre Hände für das Leben der Gefangenen. Einige der Landleute fühlten sich durch die bittende Stellung der Geistlichen vorübergehend bewegt, und hießen dem Zug der Soldaten und des Volks, sich vorwärts bewegen; andere schwangen ihre Schwertklingen und Kolben selbst gegen die knienden Priester.
Kaum war die verworrene Menge der Tobenden, und in ihrer Mitte die französische Schar, wenige Schritte außerhalb dem Dorf gekommen, schienen einige der Soldaten, die seitwärts den ihrigen

gingen, Heil in der Flucht versuchen zu wollen oder dieses Vorsatzes verdächtig zu sein. Plötzlich stieg entsetzliches Geschrei, vermischt mit Flintenschüssen zum Himmel. Alles stürzte mordsüchtig auf die Gefangenen ein. Sie wurden insgesamt erschossen, erschlagen, durchbohrt, zerschmettert, verstümmelt. Nachdem die blutigen Leichen ausgeplündert waren, setzten die berauschten Rotten ihren Weg gegen das Dorf Tavallosa fort, zur Pfarrei Danis gehörig, wo eine Brücke über den Rhein führt. Bei dieser Brücke sah man die Blutspuren und die Toten eines mörderischen Gefechtes, welches erst geliefert worden war. Hier hatte schon der Landsturm, welcher von den Bergen des Brigelser Tals und den Umgebungen des Glennerstroms dahergekommen war, eine Kompagnie französische Grenadiers überrascht und umzingelt. Aber mit gefälltem Bajonett hatte sich diese unerschrockene kleine Schar Bahn durch die wilden Schwärme gebrochen, und Schritt um Schritt kämpfend, ihren Rückzug gegen Chur fortgesetzt.
Dahin folgten ihr die vereinten Landstürme des Oberlandes, angewachsen zu Tausenden in ihrem weiten Zug, wie Lauinen des Gebirgs. Dort aber fanden sie ihre Zerstörung. Einige Kompagnien französischen Fußvolks und Reiterei reichten hin, die zügel- und regellosen Banden in der Nähe von den Gärten der Hauptstadt und den Wiesen von Ems zu zersprengen. Es war kein Kampf; nur ein allgemeines Niedermetzeln der umherflüchtenden Bauern. Niemand hat die Menge der Toten und Verwundeten zählen mögen. Wochenlang nachher fand man noch in Bergen und Wäldern der Nachbarschaft die Leichname derer, die aus dem Blutbad dahin entronnen und verlassen gestorben waren.
Aber dies schien dem französischen Heer ein noch zu geringes Sühnopfer für die Schatten jener Unglücklichen, welche bei Disentis grausam ermordet worden waren. Schlachthaufen, von Rache brennend, zogen hinauf in das Gebirg des Oberlandes. Disentis wurde besetzt; das Dorf, die Abtei geplündert; Geld, Geldeswert, Vieh geraubt; dann das Kloster angezündet und in Asche gelegt. Ein Teil des Dorfes loderte mit auf.

Als man dem französischen General Suchet, der zu Chur, im sogenannten alten Gebäu, Hauptquartier hielt, eines Tages diese Härte vorwarf, zeigte er, statt der Antwort, eine Menge durchstochener und blutiger Uniformen der Franzosen vor, die man beim Verfolgen der gesprengten Landstürme, in einer katholischen Kirche des Oberlandes gefunden hatte, und welche da, wie Meßgewände, zur Schau aufgehangen waren.

Heinrich Daniel Zschokke (1771–1848)

DIE KAPELLE VON TRONS*

In dem wildschönen, graubünd'schen Hochtale, das der vordere Rhein durchströmt, ist Trons besonders namhaft. Vor dem Dorf, im Schatten eines mehrhundertjährigen Ahornbaums ruht eine Kapelle, der heiligen Anna geweiht. Rings umher prangt die landschaftliche Natur in so mildem Liebreiz und so feierlicher Größe, wie in wenigen andern Schweizergegenden. Das Tal, welches sich in grünen Absätzen links und rechts zu den Bergen aufstufet, ist ein malerischer Wechsel von kleinen Gebüschen, Wiesen, Dörfern, Ruinen, verstreuten Hütten und einzelnen Hirsefeldern zwischen Kirschbäumen. Der junge Rhein schmiegt sich freundlich um den Fuß des Gebirgs, welches ihm kleine Bäche sendet, seinen Wasserschatz zu mehren. Die Gipfel der Alpen verschweben in den Lüften des Himmels; aber die Berghänge sind mit dunkeln Waldgruppen besprengt, zwischen welchen sich der hellgrüne Sammet der Wiesen ausdehnt. Nur durch die benachbarten Alpenhöhen strahlen aus hohen Fernen noch die Silberpyramiden der Gletscher hervor, oder aus dem erhabenen Hintergrund des weiten Gemäldes.
Und doch sind jene Kapelle und jener Ahorn dem Wanderer das Bedeutsamste. Hier ist das Grütli der Graubündner! Im Schatten

des Ahorns, dessen alter Stamm nun hohl, dessen Zweige meistens verdorrt sind, schworen die Männer des grauen Bundes vor vierhundert Jahren den ersten Schwur des ewigen Bundes und der ewigen Freiheit. Heilige Sinnsprüche aus Gottes Wort, mit Goldschrift, in der Vorhalle der Kapelle, an der gestirnten Decke geschrieben, erinnern den Vorüberwandelnden daran: In libertatem vocati estis. – Ubi Spiritus Domini, ibi Libertas. – In te speraverunt Patres. – Speraverunt et liberasti eos. (Wo der Geist des Herrn, da ist Freiheit. – Auf dich hofften die Väter. – Sie hoffen und du hast sie befreit.) Kann man das Wahre in erhabenerer Einfalt verkünden?

Friedrich von Matthisson (1761–1831)

VIA MALA

Man kann von allen Wunderansichten der erhabenen Alpenwelt entzückt und wieder entzückt worden sein und am Ende sich dennoch überzeugt fühlen, daß keine darunter, wenn es auf schauderhafte Majestät, riesenmäßige Erhabenheit und scharf ausgesprochenen Originalcharakter ankommt, auch nur die entfernteste Vergleichung mit dem ungeheuern Felsriß der Via Mala zuläßlich mache, in dessen schwarzem Abgrund der Hinterrhein sich durch Spalten und Klüfte, wovon erstere manchmal kaum einen Schuh breit und letztere nicht selten über fünfhundert Schuh tief sind, hier mit hohl dumpfigem Getöse, dort aber mit lauten Gewitterschlägen, wütend hindurcharbeitet.
Vermöge dieser Zusammenpressung nun, ohne Beispiel für eine so gewaltige Wassermasse, verdoppelt sich des jugendlichen Stromes angeborne Stärke. Sein schäumendes Kochen, pfeilschnelles Fortstürzen, felsenhöhlendes Unterwaschen, seelenerschütterndes Donnern: alles an ihm ist unbezähmbarer Grimm und unbesiegba-

re Titanenkraft. Ein Herkules, der es in der Wiege schon mit Ungeheuern aufnimmt.
Die Saumtierstraße, welche Graubünden mit Italien verknüpft, ward unter siegreicher Bekämpfung der unerhörtesten Schwierigkeiten teils in die rechte, teils in die linke Felsenwand eingesprengt. Drei kühne Bogenbrücken, die es gewiß nicht weniger verdienten auf die Rechnung des Architekten mit dem Pferdehuf geschrieben zu werden wie die Reuß-Brücke des Gotthardsberges, verbinden das Diesseits und Jenseits dieser merkwürdigen, an den unvergleichbarsten Felsen-und Waldprospekten so überschwänglich-reichen Straße.

Gilbert Burnet (1643–1714)

VIA MALA

Von Chur reiseten wir ferner nach Tassane, und kamen auf den Weg, welcher mit gutem Recht Via mala genennet wird. Dieser Weg flichtet sich zwischen zweien Felsen, wo der Rhein vorbei und unter der Erden und ferner in einem tiefen Grund hinweg fleust. Der Weg gehet an einigen Orten an den Felsen hin, an anderen Orten aber da, da der Felsen aufhöret, ist nur eine hölzerne Brücke, die mit Brettern und Erde zugleich bedecket ist. Auf diesem schlimmen und ungebähnten Weg bringet man eine ganze Stunde zu und kömmt darauf bald ein anderer sehr schöner und annehmlicher, worinnen man wohl akkomodiert wird. Von diesem Weg kömmt man wieder auf einen anderen, so wieder zwei Stunden wäret, welcher eben so höckerisch und uneben ist, als obgedachte Via mala sein mag …

Gottfried Keller (1819–1890)

VIA MALA

Wie einst die Tochter Pharaos
Im grünen Schilf des Niles ging,
Dess' Auge hell, verwundrungsgroß
An ihren dunkeln Augen hing;
Wie sie ihr Haupt, das goldumreifte,
Sehnsüchtig leicht flutüber bog,
Um ihren Fuß das Wasser schweifte
Und silberne Ringe zog:

So seh ich dich, du träumrisch Kind,
Am abendlichen Rheine stehn,
Wo seine schönsten Borde sind
Und seine grünsten Wellen gehn.
Schwarz sind dein Aug und deine Haare,
Und deine Magd, die Sonne, flicht
Darüber eine wunderbare
Krone von Abendlicht.

Ich aber wandle im Gestein
Und wolkenhoch auf schmalem Steg;
Im Abgrund schäumt der weiße Rhein
Und Via mala heißt mein Weg!
Dir gilt das Tosen in den Klüften,
Nach dir schreit dieses Tannenwehn,
Bis hoch aus kalten Eiseslüften
Die Wasser jenseits niedergehn.

Volkssage

BURG HOHEN-REALTAU

»Da, wo der junge Rhein erzürnt und wild der finsteren Via Mala-Schlucht entschießet und abwärts durchs Domleschger Talgebiet in tausend Wirbeln seine Wasser gießet«, stand ehemals die feste Burg Hohen-Realtau. Zum Domleschger Tal wollte die schöne Tochter von einem Leibeigenen des Ritters Hochzeit halten. Sie bedurfte dazu der Erlaubnis des Grundherrn, aber dieser fand an dem Mädchen Wohlgefallen und entführte sie auf seine Burg. Da scharten sich die Bauern des Tales zusammen, erstürmten die Burg und fanden den Räuber. Dieser, keinen Ausweg findend, wollte sich mit der Geraubten in die tiefe Schlucht stürzen; aber das Mädchen ward ihm im letzten Augenblick noch entrissen, und so tat er den entsetzlichen Sprung hinab als Sühne für die Freveltaten, die er und manche seiner Vorfahren an den Bauern begangen.

Carl Trog (1836–1913)

EINE ARMENSÜNDERMAHLZEIT

»Beim Wein, dem goldnen, hellen,
Entschwand die Racheglut:
Es zogen die Gesellen
Von dannen mit frohem Mut.«

Das reizende und obstreiche Tal von Domleschg in Graubünden, welches der durch großartige meist kantonale Bauten eingeengte Hinterrhein durchströmt, ist merkwürdig durch die zahlreichen Burgtrümmer, die fast von jedem Hügel des rechten Ufers ins Tal hinabschauen. Diese, wie die zahlreichen Dörfer, welche die Ufer des Stromes und die Gebirge umsäumen, verleihen dem Tal einen höchst romantischen Anblick. Eines jener Dörfer führt den Namen Rhäzün, über welchem sich auf einem, vom Rhein umspülten schroffen Felsen, die gleichnamige Burg Rhäzüns erhebt, welche der Familie Vieli gehört und der Sage nach von dem Etrusker Rätus erbaut sein soll.

Ein späterer Bewohner der Burg, Freiherr von Rhäzüns, ist einer der Begründer der Freiheit Graubündens. Sein Sohn war jedoch anders geartet; die Freiheit, welche sein hochherziger Vater vom welschen Joch errungen, suchte er wieder in Knechtschaft umzuwandeln. Er verschwor sich nämlich mit dem Adel und wollte diesem das Eindringen in sein Heimattal dadurch möglich machen, daß er bereit war, die Gebirgspässe zu öffnen. Die Graubündner Bauern hatten aber die Augen offen, sie hielten stets scharfe Wacht und entdeckten den Verrat, infolgedessen sie den ungetreuen Freiherrn zum Tode verurteilten.

Auf Befreiung durch die Mitverschworenen konnte der Verräter nicht rechnen, denn diese wurden von dem Heerbann der Graubündener kräftigst im Schach gehalten. In dieser Not griff er zur List und packte seine bäurischen Landsleute, welche durch die Kämpfe und Wachen der letzten Tage sehr ermüdet und fast ausgehungert waren, an ihrer schwachen Seite an. Für den Freiherrn war die Stunde nahe, in welcher er, altem Herkommen gemäß, seine letzte, die Armensündermahlzeit einnehmen sollte. Er bat nun seine Landsleute, sie möchten doch mit ihm diese Mahlzeit in seinem Schloß teilen. Diese unerwartete Einladung wurde allerseits bereitwilligst angenommen. Und nun ließ der Freiherr die Tafeln decken und öffnete dann den hungrigen Bauern die prächtigen Säle des Schlosses. Die Tische bogen sich fast unter den Lasten kräftig duftender Speisen, über welche die Bauern gierig herfielen und aßen, als ob es ihre eigene letzte Mahlzeit sei. Nun öffnete der Freiherr auch seinen Keller und ließ Bier und starke Weine in großen Mengen auftragen. Das edle Naß floß bald in Strömen, denn die Bauern soffen wie bodenlose Löcher und es währte nicht lange, da waren sie so lustig und fidel wie bei einem Hochzeitsschmaus, tranken auf die Gesundheit ihres Gastgebers und wünschten ihm, bei Hurra- und Hochrufen, ein methusalemitisches Alter. Diese heitere Stimmung nahm der Verurteilte wahr, er warf sich vor ihnen auf die Knie und bat, sie möchten doch, um der Dienste willen, die sein Vater ihrem Land und Volk erwiesen, ihm die Schuld vergeben und das Leben schenken.

Der Zorn der weinseligen Bauern war längst verduftet; sie beschlossen, ein so schönes Fest nicht mit Blut zu beflecken und begnadigten den Freiherrn.

Dieser gab nun seinen Keller preis, schwere weingefüllte Fässer wurden hereingewälzt und angezapft, Spielleute waren auch bald zur Hand, und nun wurde so lange gesungen und geschlungen, getanzt und gesprungen, bis der letzte Bauer beduselt zur Erde gesunken war.

Volkssage

DIE SAGE VON JOHANN CALDER

In Fardün, schon nahe Zillis, lebte ein aufrechter Bauer mit Namen Johann Calder, der gegen den Vogt aufbegehrte und sich den Haß des Tyrannen zuzog. Der Vogt lud sich, um den Bauern zu ärgern, selbst zum Essen bei ihm ein und spuckte, weil er sich über das einfache Essen empörte, in die Schüssel. Da ergrimmte Calder und packte den Zwingherrn an der Kehle drückte das Gesicht des Vogts in die besudelte Schüssel und rief: »So friß den Brei, den du gewürzt hast.« Dann erstach er ihn und rief die Nachbarn zusammen. Die Burgen wurden erstürmt und zerstört.

Carl Trog (1836–1913)

DIE RACHE DER TOCHTER

Auf dem rechten Ufer des Hinterrhein, im Tal von Domleschg, unweit der Trümmer der Kirche St. Lorenz und des Schlosses Canova, steht das Schloß Rietberg, welches an eine grausige Bluttat erinnert.

Es war in der Zeit der blutigen Kämpfe um den katholischen und reformierten Glauben, der in jenem Tal, das heute noch durch die Mischung der romanischen und deutschen Sprache, wie der verschiedenen christlichen Glaubensbekenntnisse bemerkenswert ist, in der zügellosesten Weise wütete.

Ein Herr von Planta war verdächtig, mit den Feinden der Calvinianer gemeinsame Sache zu haben. Er war dieserhalb bei dem Gericht in Thusis angeklagt, wartete aber, nichts Gutes ahnend, dessen Richterspruch nicht ab; er flüchtete und ward infolgedessen für schuldig erkannt und zum Tode verurteilt.

Ein Jünger Calvins, der da meinte, sich durch die Vernichtung des flüchtigen Ritters einen Gotteslohn zu verdienen, verfolgte ihn und brachte in Erfahrung, daß derselbe im Schloß Rietberg ein Asyl gefunden habe. Er schlich sich ins Schloß und spaltete dem von Planta den Kopf mit einer scharfen Axt.

Die einzige Tochter des gemeuchelten Ritters schwur nun, den Tod des geliebten Vaters an dem fanatischen Calvinianer blutig zu rächen. Doch dieser verbarg sich und es schien, als sollte der Racheschwur des adligen Fräuleins nicht in Erfüllung gehen. Da teilte man dem Mörder mit, daß des Ritters Tochter gestorben und bereits begraben sei, und er von derselben nichts mehr zu befürchten habe. Jetzt verließ er sein Versteck, ja er ging sogar zu einem Tanzvergnügen nach Chur, wohin man ihn eingeladen hatte. Hier aber hielt sich des Ritters Tochter verborgen und als der Mörder in den Abendstunden den Tanzsaal auf einige Augenblikke verließ, stand die Rächerin plötzlich vor ihm und erschlug ihn mit derselben Axt, die auch ihrem Vater das Leben geraubt hatte. Zur Beruhigung ihres Gewissens übermachte die Rächerin der Kirche eine reiche Geldspende.

Karl Stieler (1842–1885)

DIE BRÜCKE VON REICHENAU*

Es ist nicht mehr der weite offene Talgrund, durch den wir bei Ilanz wandern, von Nuß- und Ahornbäumen beschattet, sondern schwarzer Fichtenwald umfängt uns, und durch die Seitentäler, die sich zur Rechten und Linken öffnen, geht jener zerklüftete Zug der Hochgebirge. Aber selbst die Wogen teilen diesen Zug, auch sie rauschen mit neuer Kraft, mit neuem Ungestüm dahin, als ginge es einem langersehnten Ziel entgegen, als ahnten sie ein nahes Wiedersehen. Schon mischt sich in das lichte durchsichtige Grün, das dem Vorderrhein eigen ist, ein fremdes tieferregtes Element mit dunkleren Fluten. So führt sie der Hinterrhein mit sich; wir sind der Mündungsstelle desselben nahe und weit hinauf in den anderen Arm reicht der Rückschlag jener Gewässer. Das Brausen wächst, aus dem Grün der Gärten schaut ein Schloß mit stolzen Zinnen. Dann geht es hinab auf die Brücken von Reichenau; die erste, mit Holz gedeckt, daß Tritt und Räder dröhnend hallen, führt noch über den Vorderrhein, die zweite aber liegt tiefer unten, wo schon die beiden Ströme zusammenstießen. Denn hier ist ja die Stätte ihrer ersten Begegnung, hier ist es, wo sie mit brausendem Jubel sich in die Arme stürzen, der eine lichtgrün und helle, denn sein Weg war heiter, der andere mit dunkler Flut, denn sein Pfad war kampfvoll und stürmisch. Sein Pfad war die Via mala. Nun aber ist's vollbracht; es sind zwei Brüder, die nach langer Trennung sich endlich begegnen und sich erkennen; nun sollen sie vereint durch's Leben zieh'n – von nun an hat die Weltgeschichte nur einen Rhein!

Die Herrscher in Reichenau waren einst die Bischöfe von Chur von ihnen ward das alte Schloß erbaut, das dann den Herren von Planta zu eigen ward. Wenn man den prächtigen dichtbewachsenen Garten besucht, so steht man der rauschenden Vereinigung beider Rheinarme gegenüber.

2. Der Alpenrhein

Von Chur bis zum Bodensee

»Du Ländle, meine teure Heimat,
wo längst ein rührig Völklein weilt,
wo Vater Rhein, noch jung an Jahren,
gar kühn das grüne Tal durcheilt.
Hier hält man treu zum Vaterlande
und rot-weiß weht es durch die Luft.«

Vorarlberger Landeshymne

Karl Simrock (1802–1876)

CHUR*

Schon oberhalb von Chur (Curia, Coire), zu Disentis, wo der Mittelrhein sich im Vorderrhein verliert, haben wir eine Abtei angetroffen, von deren Stiftung noch späterhin die Rede sein wird. Es war also nicht streng richtig, wenn Kaiser Maximilian Chur das oberste Stift in der langen Pfaffengasse, dem Rheintal, nannte. Allein er scheint dabei an einfache Klöster und Abteien, selbst wenn sie »gefürstete« hießen, nicht gedacht zu haben, wie er denn auch das mächtige St. Gallen überging. Er sprach nur von Bistümern, und so verstanden ist das gewählte Beiwort viel unbedenklicher, als wenn er Konstanz das größte, Basel das lustigste, Straßburg das edelste, Speyer das andächtigste, Worms das ärmste, Mainz das würdigste und Köln das reichste nannte. Aber mit wie vielen berühmten und weit herrschenden Stiften verdiente das Rheintal einst den Namen der Pfaffengasse, die doch noch keine Bistümer waren! Und selbst unter diesen ist Trier vergessen, vermutlich weil sein Sitz nicht am Rhein lag. Um das Beiwort wäre Kaiser Max nicht verlegen gewesen: er hätte es das älteste genannt.

Erst unterhalb Chur, dieser Hauptstadt Graubündens, nimmt der Rhein, durch die aus dem Schanfigger Tal heranströmende Plessur verstärkt, einige Schiffbarkeit an. Den folgenden Zufluß, den er dem alten Bad Pfäfers gegenüber durch die Gebirgswasser des Landquart empfängt, erwähne ich nur, um eines unserer liebenswürdigsten Dichter zu gedenken, des trefflichen J. Gaudenz von Salis-Seewis, der in Malans wohnt, einem kleinen Flecken bei der Mündung des Landquart. Nicht weit davon liegen auch sein Geburtsort Seewis, von dem seine Linie heißt, und Schloß Marschlins, das Erbe seiner Väter.

Robert Schumann (1820–1856)

IN CHUR KAM ICH RECHT SELIG AN* (1829)

In Chur kam ich recht selig an – es war an einem heiteren Sonnabendsabend, den ich schon von früher Kindheit an liebte, weil ich da den ganzen Mittag recht spazieren gehen konnte und in freudiger Hoffnung an den kommenden Sonntag dachte, wo ich nicht in die Schule zu gehen brauchte. Ich hatte mein Ränzchen auf dem Buckel, pfiff mir »Durch die Wälder, durch die Auen«; ziehende große Herden blökten an mir vorüber und sahen mit staunendem Blick dem Fremdling nach; links floß der silbern groß-stille, vaterländische Rhein; die Sonne glühte noch durch schöne, rote Wolken, auf den höchsten Berghörnern, auf den Riesenbergen, die wie große Menschen abends die letzten sind um zum Schlummer zu gehen und am Morgen die ersten. Ich hörte wieder die ersten vaterländischen Töne und den ersten treuherzigen »Guten Abend« – in Italien grüßt einen kein Mensch. Landleute, kräftige stämmige Gestalten, gingen in ihre Heimatdörfer – Abendglocken und Herdenglocken klangen lyrisch durcheinander – kurz, es war ein echter herrlicher Sonnabendabend.

Josef Görres (1776–1848)

CHUR SELBST SPRICHT GANZ DEUTSCH*

In Chur waren wir drei Tage unter recht gescheiten Leuten. Das eigentlich rätische Volk ist italienischen Ursprungs, aus Etrurien in die Berge geflüchtet und von dieser und der Römerzeit her noch seine eigene romanische Sprache sprechend. Es ist ein starkes, robustes, gewandtes, rühriges, braunes und schwarzhaariges Bergvolk, den alten Italienern näher als die neuen Italiener, denen ihre

Sprache noch rauher als den Hochdeutschen die Schweizersprache klingt. Ich habe um diese Sprache mich etwas gekümmert, stärker um die Geschichte des Stammes, habe auch einige Lieder mit Melodien, und zur Sammlung von mehr aufgemuntert. Sie haben eine etwas komplizierte Verfassung und Gesetzgebung mit großer Selbständigkeit des Einzelnen, in der sie sich auf eine kluge verständige Weise regieren. Seit Jahrhunderten hat die deutsche Sprache das Rheintal hinauf unter ihnen große Fortschritte gemacht, Chur selbst spricht ganz deutsch, und nurmehr die tiefen Täler kennen allein noch ihr romanisch, das ehemals auch beinahe durch ganz Tirol geherrscht und in gleicher Weise gegen das Deutsche Raum verlo ren. Ihr Land ist enge in die Berge gedrängt, schöner Viehstand, aber sonst nicht viel, wovon die dreiundsiebzigtausend Menschen leben könnten. Alte Burgen stehen auf allen Bergen, die teils der zahlreiche einheimische Adel, teils die Deutschen gegen Italien hin an die Pässe gebaut: das und die vielen kleinen Wasserfälle und Wälder und Felsen und der schöne Himmel macht dies Graubünden recht romantisch.

Karl Simrock (1802–1876)

GOETHES NOVELLE
(Grafschaft Vaduz)*

Die folgenden Gegenden hat ein anderer deutscher Dichter beschrieben, und keiner der unberühmtesten. Nachdem nämlich der Rhein Graubünden, seine Geburtsstätte, verlassen hat, bespült er links, schon von Pfäfers abwärts, St. Gallen, einen Kanton der Schweiz, rechts eine zum politischen Verband Deutschlands gehörige freie Grafschaft, deren Namen die Überschrift angibt. Sie bildet einen für sich bestehenden Staat, den man mit Unrecht als Fürstentum Liechtenstein aufführt, bloß weil er von dem Fürsten von

Liechtenstein beherrscht wird, der diesen Namen von anderen mediatisierten Besitzungen empfing. Als Besitzer der freien Grafschaft Vaduz, die das Glück hat, selbst auf Spezialkarten unbemerkt zu bleiben, ist der Fürst von Liechtenstein souveränes Mitglied des Deutschen Bundes so gut als der König von Preußen und der Kaiser von Österreich und hat wie diese Sitz und Stimme im Plenum der Bundesversammlung.

Der Leser hat sich unterdes besonnen, welcher deutsche Dichter wohl die Grafschaft Vaduz beschrieben habe, und tippt jetzt auf unseren zu früh verstorbenen Wilhelm Hauff, dessen Roman »Lichtenstein« aber in anderen Gegenden spielt. So leicht war auch unser Rätsel nicht zu lösen: der Dichter, den wir meinen, hat dieses Ländchen beschrieben, ohne es zu nennen, und wenn wir seinen Namen hersetzen – er heißt Goethe –, so bleibt dem Leser immer noch zu raten, in welchem seiner Werke sich diese Beschreibung finde. Wir müssen ihm zu Hilfe kommen, denn obgleich wir ihm zutrauen, daß er seinen Goethe aufmerksam gelesen habe, so riete er doch vielleicht auf »Hermann und Dorothea«, auf die »Wahlverwandtschaften« oder ein anderes naturschilderndes Werk des Dichters und verfiele eher auf die Novelle »Wer ist der Verräter?« als auf die namenlose, welche das 15. Bändchen der Ausgabe letzter Hand enthält. Mit dieser noch nicht genug gewürdigten Erfindung hat sich der Dichter viele Jahre lang getragen. Die Idee dazu faßte er bald nach Vollendung seines »Hermann«, wie aus dem Briefwechsel mit Schiller hervorgeht. Er zweifelte aber, ob sich der Gegenstand mehr zur epischen oder zur lyrischen Behandlung eigne, ja einmal äußert er die Besorgnis, das eigentlich Interessante des Sujets möchte sich zuletzt gar in eine Ballade verflüchtigen. Schiller riet ihm zu gereimter, strophenweiser Behandlung. Später enthält der Briefwechsel kein Wort mehr über diese Angelegenheit. Vermutlich hat Goethe erst nach dem Tod seines Freundes den alten Plan wieder hervorgesucht, der sich ihm jetzt zur Novelle gestaltete. Diese spät gezeitigte Frucht des Goetheschen Lebensbaums ist eine der köstlichsten und süßesten. Mehr darüber zu sagen ist hier nicht der Ort; wenn wir aber den Beweis liefern sollen, daß Vaduz der gewählte Schauplatz sei, so müssen wir den Leser ersuchen, einen Blick in die Novelle zu werfen. Wir sehen einen Fürsten und eine Fürstin in einem Schloß residieren, das in einiger Höhe über dem Ort, jedoch tief unter den hohen Ruinen der alten Stammburg liegt. Der Ort wird zwar eine Stadt genannt, da doch Vaduz nicht viel mehr als ein Flecken ist; aber es fragt sich, ob der Dichter nicht Ursache hatte, in diesem einen Punkt, der vielleicht befremdet hätte, von der Wirklichkeit abzuweichen. Alles Übrige stimmt überein. »Der Weg«, heißt es ferner bei dem Lustritt nach der Stammburg, »führte zuerst am Fluß hinan, an einem zwar noch schmalen, nur leichte Kähne tragenden Wasser, das aber nach und nach als größter Strom seinen Namen behalten und ferne Länder belegen sollte.« Wer sieht nicht, daß der Rhein gemeint ist? Sigmaringen, das einzige Fürstentum, das die Donau durchfließt, hat keine Stammburg wie die geschilderte. Wenn aber der Rhein gemeint ist, so liegt kein anderes Fürstentum an dem noch schmalen, nur leichte Kähne tragenden Fluß.

Was ist aber hiermit für den Dichter oder für die Gegend gewonnen? Für den Dichter nichts, als daß wir sehen, wie er eine schöne, durch Natur und Geschichte verherrlichte Gegend in sich aufzunehmen und verschönert wieder hervorzuzaubern verstand. Für die Gegend viel, denn sie kann nur gewinnen, wenn wir sie mit den Augen des Dichters betrachten. Goethes eigentümliche Gabe zu landschaftlichen Schilderungen ist schon öfter bemerkt worden, ein geistreicher Franzose schreibt ihm deshalb ein panoramisches Talent zu; ein Ausdruck, an dem der Dichter seine Freude nicht verbergen konnte. Aber nirgends tritt dieses Talent außer in »Hermann und Dorothea« glänzender hervor als in der fraglichen Novelle. Wie anschaulich wird uns z. B. die alte Stammburg geschildert. Doch wir widerstehen der Versuchung, die Stelle mitzuteilen.

Jakob Joseph Jauch (1802–1859)

NATIONALHYMNE VON LIECHTENSTEIN
(1850)

Oben am deutschen Rhein
Lehnet sich Liechtenstein
An Alpenhöh'n.
Dies liebe Heimatland
Im deutschen Vaterland
Hat Gottes weise Hand
Für uns ersehn.

Wo einst St. Luzien
Frieden nach Rätien
Hinein gebracht,
Dort an dem Grenzenstein
Und längs dem jungen Rhein
Steht furchtlos Liechtenstein
Auf Deutschlands Wacht.

Lieblich zur Sommerszeit
Auf hoher Alpenweid
Schwebt Himmelsruh,
Wo frei die Gemse springt,
Kühn sich der Adler schwingt,
Der Senn das Ave singt
Der Heimat zu.

Von grünen Felsenhöhn
Freundlich ist es zu sehn
Mit einem Blick
Wie des Rheins Silberband
Säumet das schöne Land,

Ein kleines Vaterland
Voll stillem Glück.

Hoch lebe Liechtenstein,
Blühend am deutschen Rhein
Glücklich und treu.
Hoch leb der Fürst vom Land,
Hoch unser Vaterland,
Durch Bruderliebe Band
Vereint und frei.

Friedrich Schiller (1759–1805)

RITTER TOGGENBURG

»Ritter, treue Schwesterliebe
Widmet Euch dies Herz,
Fordert keine andre Liebe,
Denn es macht mir Schmerz.
Ruhig mag ich Euch erscheinen,
Ruhig gehen sehn.
Eurer Augen stilles Weinen
Kann ich nicht verstehn.«

Und er hörts mit stummem Harme,
Reißt sich blutend los,
Preßt sie heftig in die Arme,
Schwingt sich auf sein Roß,
Schickt zu seinen Mannen allen
In dem Lande Schweiz,
Nach dem Heilgen Grab sie wallen,
Auf der Brust das Kreuz.

Große Taten dort geschehen
Durch der Helden Arm.
Ihres Helmes Büsche wehen
In der Feinde Schwarm,
Und des Toggenburgers Name
Schreckt den Muselmann.
Doch das Herz von seinem Grame
Nicht genesen kann.

Und ein Jahr hat ers getragen,
Trägts nicht länger mehr,
Ruhe kann er nicht erjagen
Und verläßt das Heer,
Sieht ein Schiff an Joppes Strande,
Das die Segel bläht,
Schiffet heim zum teuren Lande,
Wo ihr Atem weht.

Und an ihres Schlosses Pforte
Klopft der Pilger an,
Ach! und mit dem Donnerworte
Wird sie aufgetan:
»Die Ihr suchet, trägt den Schleier,
Ist des Himmels Braut,
Gestern war des Tages Feier,
Der sie Gott getraut.«

Da verlässet er auf immer
Seiner Väter Schloß,
Seine Waffen sieht er nimmer,
Noch sein treues Roß,
Von der Toggenburg hernieder
Steigt er unbekannt,
Denn es deckt die edeln Glieder
Härenes Gewand.

Und er baut sich eine Hütte
Jener Gegend nah,
Wo das Kloster aus der Mitte
Düstrer Linden sah;
Harrend von des Morgens Lichter
Bis zu Abends Schein,
Stille Hoffnung im Gesichte,
Saß er da allein.

Blickte nach dem Kloster drüben,
Blickte stundenlang
Nach dem Fenster seiner Lieben,
Bis das Fenster klang,
Bis die Liebliche sich zeigte,
Bis das teure Bild
Sich ins Tal herunterneigte
Ruhig, engelmild.

Und dann legt' er froh sich nieder
Schlief getröstet ein,
Still sich freuend, wenn es wieder
Morgen würde sein.
Und so saß er viele Tage,
Saß viel Jahre lang,
Harrend ohne Schmerz und Klage,
Bis das Fenster klang.

Bis die Liebliche sich zeigte,
Bis das teure Bild
Sich ins Tal herunterneigte,
Ruhig, engelmild.
Und so saß er, eine Leiche,
Eines Morgens da,
Nach dem Fenster noch das bleiche,
Stille Antlitz sah.

Johannes Müller (1815–1861)

DIE LEGENDE DER IDDA VON TOGGENBURG

Ein Rabe entführte der Gräfin Idda von Toggenburg, des Geschlechts von Kirchberg, ihren Brautring durch ein offenes Fenster: ein Dienstmann Graf Heinrichs fand ihn und nahm ihn auf; der Graf erkannte ihn an dessen Finger. Wütend eilte er zu der unglücklichen Idda und stürzte sie in den Graben der hohen Toggenburg; den Dienstmann ließ er an dem Schweif eines wilden Pferdes die Felsen herunterschleifen. Indes hielt sich die Gräfin an einem Gebüsch, wovon sie in der Nacht sich losmachte; sie ging in einen Wald und lebte von Wurzeln und Wasser im Glauben an den Retter der Unschuld. Als letztere klargeworden war, fand ein Jäger die Gräfin Idda. Allein obschon Graf Heinrich viel bat, wollte sie nicht mehr bei ihm leben, sondern blieb still und heilig in dem Kloster zu Fischingen.

James Fenimore Cooper (1789–1851)

RHEINECK IST EIN ANMUTIGER FLECKEN*

Rheineck ist der Hauptort des Rheintals, es liegt an beiden Ufern des Flusses, nicht weit von seinem Eintritt in den See, obschon dieser von hier aus nicht sichtbar ist. Es ist ein abgelegenes Landstädtchen, aber doch ziemlich gewerbefleißig. Das Gasthaus, vor dem wir anhielten, erinnerte mich an eine von jenen altväterischen, ruhigen, holländischen Schenken, wie man sie früher am Mohawk finden konnte. Mit ihrer Reinlichkeit, Zuverlässigkeit und ihrem guten Sauerkraut waren sie bei weitem den heutigen geräuschvollen, tabak- und whiskyduftenden Yankeebuden vorzuziehen, wo die Gäste den Tag mit Niedersitzen begannen und mit Aufstehen beschlossen.

Hier saßen Mädchen unter Bäumen und tambourierten Muslin. Unsere Damen meinten zwar, es seien nur geringe, grobe Samen, aber die schweizerischen Muslinarbeiten stehen demungeachtet in gutem Ruf. Was doch der Fortschritt alles bewirkt! Diese Baumwolle ist vielleicht irgendwo in der amerikanischen Wildnis gewachsen, man hat sie nach Rotterdam und den Rhein hinauf verschifft, hier irgendwo in der Nachbarschaft verarbeitet, und nun schlüpft sie hier unterm Schatten der väterlichen Reben durch die Hände von Bauernmädchen und kehrt vielleicht dereinst auf dem gleichen Weg wieder in unsere Berge zurück!
Dieses Rheintal hier an seiner Mündung ist ein anmutiger Flekken. Die Hügel oder Berge ringsum sind bis zum Gipfel angebaut und mit freundlichen Wohnungen, vom stattlichen Schloß bis zur schlichten Hütte geschmückt; auch eine Menge Kirchen schauen, anmutig gelegen, von mancher Höhe zu uns herab. Man sieht häufig zwiebelförmige Türme, daß man sich viel weiter nach Osten versetzt wähnen könnte, als es wirklich der Fall ist; manche erinnern ganz an Moscheen.
Ein Floß, von zwei Männern gesteuert, trieb den Rhein hinab; es mochte etwa siebzig Meilen weit getrieben worden sein. Doch ist es zu verwundern, daß der Strom nur wenig benutzt wird. Von einigen Nachen abgesehen, zählten wir auf diesem großen Fluß kaum zwanzig Kähne bis jetzt. Der See war allerdings ziemlich lebhaft mit Segelschiffen belebt, aber nicht so stark, wie es gewiß bei uns der Fall gewesen wäre. Dagegen sahen wir auf der Straße neben dem Strom ungeheure Lastwagen mit sechs oder acht, auch wohl zehn Pferden bespannt, fast erdrückt durch ihr Geschirr, mit schweren Erzplatten sich abquälend, von denen manche, wie wir hörten, aus Tirol kamen und vielleicht für Basel bestimmt waren, wenn nicht sogar für Amerika – unwahrscheinlich ist es jedenfalls nicht.

Eduard Mörike (1804–1875)

»ZUM ALTEN RHI«

Es war schon ziemlich Abend geworden, als mir einfiel, daß hier herum sein (des Rheines) Eintritt in den Bodensee sein müsse, und diesen wünschte ich zu sehen. Ein Weib, das neben einer Ziege auf einem Rain strickend saß, wies uns in einen Seitenweg durch ein Gebüsch, worin wieder ein Dorf verzettelt lag, dahinter wir die Stelle finden würden. An seinem Ende stand ein Wirtshaus »Zum Alten Rhi« genannt, wo wir einkehrten. Wir hatten aber wohl noch eine Viertelstunde weit an dem einsamen Ufer des Rheins hinzugehen, bis wir an eine sandige Landzunge kamen, wo sich der See ausbreitete. Der Übergang hat nichts Besonderes. Einige Schiffer in der Nähe mühten sich ab, ihr Fahrzeug flott zu machen, das sich auf einer seichten Stelle festgerannt; ein regnerisches Abendlicht stimmte sehr gut zu dieser stillen Szene.

Gustav Schwab (1792–1850)

DER REITER UND DER BODENSEE

Der Reiter reitet durchs helle Tal,
Auf Schneefeld schimmert der Sonne Strahl.

Er trabet im Schweiß durch den kalten Schnee,
Er will noch heut an den Bodensee;

Noch heut mit dem Pferd in den sichern Kahn,
Will drüben landen vor Nacht noch an.

Auf schlimmem Weg, über Dorn und Stein,
Er braust auf rüstigem Roß feldein.

Aus den Bergen heraus, ins ebene Land,
Da sieht er den Schnee sich dehnen wie Sand.

Weit hinter ihm schwinden Dorf und Stadt,
Der Weg wird eben, die Bahn wird glatt.

In weiter Fläche kein Bühl, kein Haus,
Die Bäume gingen, die Felsen aus;

So flieget er hin eine Meil, und zwei,
Er hört in den Lüften der Schneegans Schrei;

Es flattert das Wasserhuhn empor,
Nicht anderen Laut vernimmt sein Ohr;

Keinen Wandersmann sein Auge schaut,
Der ihm den rechten Pfad vertraut.

Fort gehts, wie auf Samt, auf dem weichen Schnee,
Wann rauscht das Wasser, wann glänzt der See?

Da bricht der Abend, der frühe, herein:
Von Lichtern blinket ein ferner Schein.

Es hebt aus dem Nebel sich Baum an Baum,
Und Hügel schließen den weiten Raum.

Er spürt auf dem Boden Stein und Dorn,
Dem Rosse gibt er den scharfen Sporn.

Und Hunde bellen empor am Pferd,
Und es winkt im Dorf ihm der warme Herd.

»Willkommen am Fenster, Mägdelein,
An den See, an den See, wie weit mags sein?«

Die Maid sie staunet den Reiter an:
»Der See liegt hinter dir und der Kahn.

Und deckt' ihn die Rinde von Eis nicht zu,
Ich spräch, aus dem Nachen stiegest du.«

Der Fremde schaudert, er atmet schwer:
»Dort hinten die Ebene, die ritt ich her!«

Da recket die Magd den Arm in die Höh:
»Herr Gott! so rittest du über den See!

An den Schlund, an die Tiefe bodenlos,
Hat gepocht des rasenden Hufes Stoß!

Und unter dir zürnten die Wasser nicht?
Nicht krachte hinunter die Rinde dicht?

Und du wardst nicht die Speise der stummen Brut?
Der hungrigen Hecht' in der kalten Flut?«

Sie rufet das Dorf herbei zu der Mär,
Es stellen die Knaben sich um ihn her;

Die Mütter, die Greise, sie sammeln sich:
»Glückseliger Mann, ja, segne du dich!

Herein zum Ofen, zum dampfenden Tisch,
Brich mit uns das Brot und iß vom Fisch!«

Der Reiter erstarret auf seinem Pferd,
Er hat nur das erste Wort gehört.

Es stocket sein Herz, es sträubt sich sein Haar,
Dicht hinter ihm grinst noch die grause Gefahr.

Es siehet sein Blick nur den gräßlichen Schlund,
Sein Geist versinkt in den schwarzen Grund.

Im Ohr ihm donnerts wie krachend Eis,
Wie die Well' umrieselt ihn kalter Schweiß.

Da seufzt er, da sinkt er vom Roß herab,
Da ward ihm am Ufer ein trocken Grab.

Theodor Vernaleken (1812–1907)

DER OBERRHEIN

Vor undenklichen Zeiten, da Vorarlberg noch Wald und Sumpf war, sind in der Gegend zwischen Ems und Lustenau nur etwa zwanzig Hütten gestanden für Jäger und Fischer. Auch lagern dort einige Grafenschlösser. Da sagte einmal der Sohn eines Grafen: »Vater, es wäre doch für unser Land viel besser, wenn ein Fluß hindurchflösse.« Darauf ist der Graf mit seinen Kindern ins Oberland gegangen und hat den Rhein, der vormals durch den Züricher See geflossen, ins Vorarlbergische heruntergewiesen. Seitdem verursacht er dem Land fast alle Jahre großen Schaden.

Johann Jakob Bodmer (1698–1783)

DER LANDBUSEN

Hier hat nordwärts die alte Natur ein Becken gegraben,
Weit und tief den Reichtum des Vaters Rhein zu empfangen,
Einen Pokal in der Hand der Natur; in menschlichen Augen
Ist es ein Abgrund, mit Kammern und tiefen Höhlen versehen,
Meere von Wassern, die der Rhein vergeusset, zu behalten.

Ammianus Marcellinus (um 330– um 395)

IN DIESEN SEE ERGIESST SICH ALSO DER STROM*

In diesen See ergießt sich also der Strom brausend in schäumenden Wirbeln und die träge Ruhe der Wellen durchfließend, schneidet er ihn mitten durch wie mit einer bis zum Ende reichenden Geraden, und wie ein durch ewige Zwietracht getrenntes Element trennt er sich, ohne daß die Wassermassen, die er hineintrug, sich vergrößert oder verkleinert hätten. Mit unverändertem Namen und unveränderter Kraft ergießt er sich, ohne auch in der Folge irgendwelche Einbuße zu erleiden, in die Fluten des Ozeans. Was aber das Wunderbarste ist: weder wird das stehende Wasser durch den reißenden Strom bewegt, noch wird der eilende Fluß durch das schlammige Seewasser aufgehalten und sein Wesen nicht vermengt und vermischt. Wenn nicht der Augenschein lehrte, daß es so ist, würde es schwerlich geglaubt werden, daß sie sich so getrennt verhalten können.

Karl Stieler (1842–1885)

DER RHEIN IM SEE*

Wer denkt nicht an den Reiter, der ahnungslos über die stundenlange verschneite Fläche jagt – und diese Fläche ist der Bodensee! Von der wirklichen Größe desselben und von dem Spielraum aber, den er den Elementen bietet, geben schließlich doch nur die Ziffern ein Bild, und so mögen auch sie hier am Platz sein. Man muß bedenken, daß sein Umkreis sechsundzwanzig Meilen und seine Länge fast vierzehn Stunden mißt. Nimmt man hinzu die gewaltige Tiefe, so fühlt man gleichsam die kolossalen Wassermassen, die dieses Riesenbecken umschließt – es handelt sich um Millionen, um Milliarden unserer Fassungskraft.
Mitten durch diese Wassermassen aber strömt unsichtbar der Rhein. Die Natur hat ihn noch einmal zu sich genommen in ihr stilles verborgenes Heiligtum, wie eine Mutter ihren wilden Knaben an sich nimmt in die stille Kammer, und wenn er dann heraustritt, ernst und bewegt, dann ist sein Wesen gewandelt für alle Zeit. – Eine solche Stunde stiller Einkehr liegt hier – der Bodensee ist gleichsam das geheimnisvolle Gemach, wo dieser Wandel seines inneren Wesens sich vollzieht, denn von nun an, so wie er den See verlassen hat, gehört der Rhein dem großen tatenreichen Leben: hinter ihm liegt die Wildheit und die Gefahr der Jugend!
Unsichtbar ist er geworden, aber wenn wir auch seine Flut nicht sehen, wir fühlen sie doch, wie sie drunten pulst und strömt, und wie man es bei den Menschen gewahrt, daß sie edles Blut in den Adern tragen, so merkt man es hier, daß Rheinflut durch die Wasser des Sees geht. Goldgrün und sonnenhell ist die Farbe der Ufer, wie sie die alten Sagen dem Rheine geben, und bei wellenloser Flut fühlt man draußen jene leise getragene Bewegung: das ist der Herzschlag des großen Stromes, der da in der Tiefe hindurchzieht.

Karl Julius Weber (1767–1832)

BREGENZ, DIE EIGENTLICHE STADT AM BERG*

Bregenz, die eigentliche Stadt am Berg, ist kleiner als die Vorstadt am See, die ganz hübsch ist, und das Ganze weit lebendiger und weniger kleinstädtisch als zu Lindau. In der Post auf dem Markt, der Hauptwache gegenüber, traf ich Gesellschall, die sich freisinniger zeigte, als ichs im Österreichischen gewohnt war – man ist an der Grenze. Aber auch ohne Langeweile hätten mich die munteren und schönen Tiroler Scharfschützen vor der Hauptwache unterhalten mit ihrer Hörnermusik – feierliche einzelne Töne – dann die Hand an den Hut und zwei Minuten Gebet, und die wasserholenden Nymphen, auf die Neptun vom Brunnen herab lange nicht so freundlich und patriarchalisch sahe, als ich von den Fenstern der Post unter dem Schutz des Doppeladlers.

Jakob Christoph Heer (1859–1925)

DIE LANDSTREICHERIN »GUTA«*

Seit dem Sieg über die Appenzeller hat Bregenz eine volkstümliche weltliche Schutzheilige, die Landstreicherin »Guta«, die auf ihren Wanderfahrten in einem Gasthaus des Dorfes Rankweil, das zwischen Bregenz und Feldkirch gelegen ist, den Anschlag der Appenzeller gegen Bregenz belauschte, durch den Wintersturm heimeilte und der Stadt die Gefahr verriet. Die Volkssitte ehrte ihr Andenken bis in unsere Tage dadurch, daß der Nachtwächter von Martini bis Lichtmeß »Ehr' Guta« durch die Gassen der Stadt rief.

Johann Gabriel Seidl (1804–1875)

EHRGUTA

Die Wirtin zur Mosterrücke lauscht
In einsamer Stube, vom Sturme umrauscht;
Unheimlich knistert ans Fenster der Schnee.
Ihr ist, als rief es vorm Hause »Weh!«

Und »Weh« ruft's wieder und lauter: »Weh,
Macht auf, bevor ich in Qual vergeh';
Mein Leib ist starr, meine Kraft entfloh,
O gönnt mir ein Plätzchen auf euerem Stroh!«

Sie blickt hinaus, eine Bettlerin liegt
Zähnklappernd und wimmernd ans Tor geschmiegt.
Die Wirtin erbarmt's wohl der Armen sehr:
»Tritt ein und rede, wohin und woher?«

»Woher und wohin?« – so seufzt das Weib
Am Ofen erquickend den fröstelnden Leib, –
»Daher – wo mich das Elend verstieß,
Dahin – wohin mich die Hoffnung wies!«

»So raste denn«, spricht ihr die Wirtin zu.
»Doch was du auch hörest, verbleib in Ruh'!
Die Zeiten sind schlimm, und was jeder spricht,
Das will er gehöret von jedem nicht.«

Die arme Ehrguta, so schwach und krank,
Sie kauert sich still auf die Ofenbank
Und ruht so erquicklich und schlummert so mild,
Als läg' sie auf Kissen mit Daunen gefüllt.

Da stürmt in die Stube mit Ungestüm
Der Wirt, viel finstere Gesellen mit ihm;
Sie werfen sich nieder in lärmendem Kreis
Und waschen die Gurgeln mit Kritzer sich heiß.

»Zu Bette!« so schallt es der Wirtin zu;
Wohl lauschet Ehrguta, doch bleibt sie in Ruh':
»Die Zeiten sind schlimm, und was jeder spricht,
Das will er gehöret von jedem nicht!«

Da toben und tollen die Zecher viel,
Allein sich glaubend, vom Kriegesspiel
Und schwören, die Becher erhebend wild,
Verderben und Tod dem Georgenschild!

»Bald trifft ihn«, so droh'n sie, »der sichere Schlag,
Er denk' an den St. Hilariustag,
Wenn wir sein Bregenz ihm brennen zu Staub,
Wenn wir uns teilen in seinen Raub.

Vernichtung den Montfort, den Waldburg Tod,
Den Landeck Mord und den Knörigen Not;
Die Appenzellerin quetsch' ihr Gebein
Mit Zentnergestein in die Gräber hinein!«

Ehrguta hört es und seufzet leis.
Da springt von den Stühlen der trunkene Kreis.
»Wer wagt's?« Sie erblicken die Bettlerin,
Wie reißende Wölfe stürzen sie hin.

Fest aber drückt sie die Augen zu
Und atmet tief wie in träumender Ruh'!
»Auf, Dirne, du hast gelauscht, – gehört –?!«
Auf fährt sie wie halb noch vom Schlafe verstört.

»Was soll's« – so fragt sie, – »hab' eben geträumt –
Mir hat die Frau Wirtin dies Plätzchen geräumt, –
Kam fröstelnd von Gais her in Sturm und Nacht;
Ihr habt um den ersten Schlaf mich gebracht!« –

»Und hast nicht gelauscht, nicht gehört und geseh'n?« –
»War ferne im Traum auf den Gallner Höh'n« –
»Nicht Männerstimmen – nicht Becherklang –?«
»Kuhreigen wohl und Hirtengesang!«

Die Männer schauen sie fragend an. –
»Fort«, herrscht nun der Wirt, »und heb dich hinan!
Für Bettlervolk ist im Stalle noch Flaum,
Dort träum' ihn zu Ende, deinen Schweizertraum!«

Auflachend stoßen das Weib sie hinaus.
Wie sinkt sie dankend ins Knie vorm Haus:
Gott hat ja nicht nur geschützt allein,
Die Bettlerin kann nun auch Retterin sein!

Sie eilet, zum Wagnis gefaßt, in den Stall,
Herüber rumort's noch mit wildem Schall.
Da sieht sie beim Mondlicht erkennbar kaum,
Ein Roß an der Krippe mit Sattel und Zaum.

Sie führt es ins Freie, sie schwingt sich hinauf,
Sie jagt von hinnen in sausendem Lauf.
Die Nachtluft schneidet, es schnaubt das Roß,
Sie tummelt es rastlos über den Stoß.

Der Schnee knarrt unter den Hufen so fein,
Sie treibt's quer übern gefrorenen Rhein,
Sie zwingt's übers Ried, zum Tode schier matt, –
Schon winkt ihr Bregenz, die tröstliche Stadt.

Schon zünden die Schöppen die Meuter sie an,
Schon jagt seine Boten der Stadtammann,
Und während Ehrguta noch rastet vom Ritt,
Erhebt sich's und regt sich's mit eilendem Schritt.

Schon steh'n Achttausend zu Fuß und zu Roß,
So Ritter als Knappen und reisiger Troß.
»Nun brech' er heran der Hilariustag,
Wir trotzen mit Gott dem erwarteten Schlag!«

Halb hinter dem Wall, kampflustig und keck,
Halb über der Ache in sicherm Versteck
Harrt rächend die Schar vom Georgenschild
Wie Luchse so wachsam, wie Löwen so wild.

Da klirrt es, da schwirrt es den Hohlweg heran,
Dicht lastender Nebel umdämmert den Plan;
Schon donnert die Appenzellerin drein
Und pocht an die Mauer mit Zentnergestein.

Da zögert nicht länger die Schar auf dem Wall,
Sie wirft hernieder im tosenden Schwall
Und dränget und drücket den lauernden Schwarm,
Die Meuter zurück in den würgenden Arm.

Da ward wohl der weiße Schnee viel rot,
Da spiegelt' im See sich wohl grimmiger Tod,
Das war wohl ein Kampf und ein Sieg nach Gebühr!
»Ehrguta«, so scholl es, »das danken wir – dir!«

Sie hört es, – sie sieht es, – sie findet ihr Glück
In tausender dankbarem Tränenblick;
Sie will nichts fordern, – sie will nichts sein. –
»›Ehrguta‹ heiß ich – gedenket mein!«

Und jeder speist sie und kleidet sie gern,
Und Obdach räumen ihr Grafen und Herren;
So lebt sie gepriesen, so lebt sie geliebt,
Bis spät ihr der Herr seine Palme gibt.

Und noch, wenn die neunte Stunde erklang,
Zieht singend der Wächter die Stadt entlang
Und ruft »Ehrguta« mit hellem Ton: –
Das war ihr Begehren, das ist ihr Lohn!

Ignaz Franz Castelli (1781–1862)

LINDAU IST EIN STÄDTCHEN*

Bald kam ich nach Lindau, dem kleinen Venedig, saß am Fenster des Gasthofes zum »Bayerischen Hof« und sah auf den unermeßlichen Bodensee hinaus. Seine Wellen bespülen fünf Länder: Österreich, Bayern, Württemberg, Baden und die Schweiz. Sanfte Gebirge mit Obstbäumen besät, aus welchen Städte, Dörfer und Landhäuser freundlich heraussehen, umgeben ihn. Täglich, ja stündlich schwimmen Dampf- und Segelschiffe auf ihm hin und her. Die Sonne verwandelt ihn durch ihre Strahlen fast zu einem Feuermeer; es ist ein Schauspiel, an dem man sich nicht satt sehen kann. Lindau ist ein Städtchen wie viele andere, aber freundlich durch seine Lage auf einer Insel im See. Man fährt über eine lange Brücke hinein. König Max hat eine Fortifikation in Gestalt eines kleinen Hafens errichten lassen, und die bayerischen Städte haben ihm hier ein Denkmal errichtet.

Wilhelm Raabe (1831–1910)

LINDAU*

Wie jetzt das Ufer versank oder die Berge sich vielmehr heraushoben, so hob sich nun auch das niedere Hügelland des Allgäus und vor allem, wie eine Stadt aus dem Wunderschatz der Frau Saga, die Freie Reichsstadt Lindau. Die alten Linden nickten freundlich-schläfrig von den Bastionen, und die grün und silbern, rot und goldfarbig glänzenden Turmdächer von St. Peter und der Heiligen Dreifaltigkeit – den Diebsturm nicht zu vergessen – luden förmlich behaglich wie aus der Luft so aus dem Wasser zum Näherkommen ein. Wer in dieser Nacht durch Lindau wandelte und einen Sinn für Naturschönheiten hatte, der mochte wohl über der augenblicklichen Lieblichkeit der Erde vergessen, wie wild es auf eben dieser Erde immer noch aussah. Im silbernen Mondenglanz lag jetzt der See rund um die Inselstadt her und spülte nur lind und leise um die uralten Mauern. Drüben kam der junge Rhein wahrlich friedlich aus dem Graubündnerland hervor; aber auch der, nachdem er den großen See durchströmt, Konstanz gegrüßt und bei Schaffhausen einen lustigen Sprung gewagt hatte, sah und vernahm in seinem fernen Lauf mancherlei, was nicht nach Frieden klang und aussah.

Annette von Droste-Hülshoff (1797–1848)

STURM AM BODENSEE*

Und einen Sturm habe ich erlebt, oh, einen Großpapa aller Stürme, und habe Gott gedankt, daß ich ihn allein überstehen mußte. Ich hatte einen langen Spaziergang weit über Haltenau hinaus gemacht und mich eben zum Rückweg gewendet, als ein wahres Teufelswetter losbrach, ohne Regen, nur Sturm, aber um Berge zu versetzen. Bei jedem Ruck faßte er mein dickes wattiertes Kleid und wollte mich über die Mauer reißen, so daß ich gleich bergan in die Reben flüchten mußte, wo ich mich kümmerlich an den Pfählen fortlavierte bis Haltenau, um dort wie ein verunglückter Luftballon ins Haus mehr plumpste als flatterte, nämlich mit halbem Überstürzen, was sich wahrscheinlich eher mitleidenswert als graziös mag ausgenommen haben. Die dicke Rebfrau konnte auch mit Ihrem »B'hütis Gott! B'hütis Gott!« gar nicht aufhören und meinte, sie würde jetzt um fünf Gulden nicht über die Mauer nach Meersburg gehen. Was half das alles? Ich mußte doch nach Hause, obwohl das Wüten draußen mit jeder Minute ärger wurde. So ging ich wieder los und versuchte als letzten Ausweg, mich gleich den Berg hinauf zu arbeiten, wo ich schlimmstenfalls doch nur bis in die nächsten Rebpfähle geschleudert werden konnte – freilich, wenn's mit Vehemenz geschah, immer gefährlich genug, und zudem hätte ich, wie Sie wissen, Klippwände passieren müssen. Vielleicht war's gut, daß der Versuch mißlang, es war keine Möglichkeit, bei jedem Schritt höher konnte mich der Wind derber packen, ich mußte mehr kriechen als gehen und bei jedem Ruck niederhocken, um nicht weggerissen zu werden, also wieder bergab! Doch blieb ich zwischen den Reben, etwa dreißig Fuß über dem Mauerweg. Es war eine greuliche Arbeit; ich habe über eine Stunde gebraucht; die meiste Zeit saß ich in einem Klümpchen dicht zusammen und wartete die Pausen der Stöße ab, um dann zehn oder zwölf Schritte voranzuarbeiten. Was wir zusammen erlebt haben, kann Ihnen nicht mal einen schwachen Begriff davon geben, aber der See war unbeschreiblich schön, so durchsichtig und in allen Farben wechselnd, wie ich davon vorher keinen Begriff gehabt. Die Sonne warf durch Wolkenlücken ein prächtiges falsches Licht darauf, und ich wurde fast geblendet durch das Blitzen der Springwellen, die unter mir wie eine endlose Reihe Fontänen aufstiegen und zwar nicht, wie wir es kennen, nur diesseits der Mauer, sondern wenigstens vierzig Fuß höher weit über mir und meinen Rebstöcken niederplatschten, so daß

ich nach ein paar Minuten keinen trockenen Faden mehr am Leib und mein Rock sich in einen gefüllten Schwamm verwandelt hatte, der mich niederzog wie Blei. Ich kann Ihnen sagen, Elise, daß ich froh war, als ich das Tor über mir und meine bedenkliche Fahrt sich in eine klatrige durch die Unterstadt verwandelt hatte. Noch einmal hatte ich einen schweren Stand die Stiegen hinauf, wo der Wind wieder alle Macht hatte, und besonders auf der langen, schmalen Brücke über die Mühlräsen, wo ich einmal keinen andern Rat wußte, als mich platt hinzuwerfen, und doch wohl herabgeweht worden wäre, wenn nicht der Müller, der auch gerade genötigt war, die Brücke zu passieren, mich am Boden festgehalten und dann auch die letzte Stiege hinaufgeleitet hätte.
Meinen dicken Rock habe ich acht Tage lang nicht anziehen können, so lange hat er auf dem Boden trocknen müssen. Da mir das Abenteuer nicht geschadet hat, ist's mir doch lieb, den See einmal in seiner tollsten Laune gesehen zu haben, um so mehr, da es nur für einmal im Leben ist, denn ein anderes Mal werde ich mich hüten! Ich mag die Lachsfische und Gangforellen viel lieber essen, als von ihnen gegessen zu werden, und es würde mir sogar nur wenig Trost bringen, wenn statt ihrer meine Lieblinge, die Möven, mich aufpickten. Am nächsten Tag hörte ich von vielem Unglück am See, einem untergegangenen Schiff und einigen einzeln Verunglückten.

Johann Gabriel Seidl (1804–1875)

DAS BAYERISCHE VENEDIG: LINDAU*

Wenn man schon länger in den Bergen gelebt hat, wie wohl tut es da, hinzublicken über einen glänzenden Flutenspiegel mit sanft hinlaufenden Ufern und blauduftigen Rainen von vier Nachbarländern! Zögern wir daher nicht, den hohen Gebhardsberg hinanzusteigen, welcher über das Städtchen Bregenz stolz emporragt.

Vom Strahl der sinkenden Sonne vergoldet, glänzt und der zauberische Bodensee bis Konstanz hinunter.
Das bayerische Venedig, Lindau, von den flimmernden Wellen des schwäbischen Meeres umspült, und das württembergische Friedrichshafen geben herrliche Bilder und jeder Strich des freundlichen, mit Gärten und Villen reich umkränzten Borde bietet heiteren Genuß dar.
Wenn nun noch ein Dampfboot mit schnaubendem Schlot und schaumaufwühlenden Schaufelrädern, stolz wie ein Riesenschwan über die achtzehn Stunden lange Wasserfläche dahin segelt, wenn geschäftiges Leben sich an den Ufern regt, wenn das Auge sich verliert in dem hellgrünen, lachsdurchwimmelten Streifen, welchen der Rhein tief in den See hineinzieht, dann umgaukeln die Phantasie unwillkürlich Erinnerungen an den gleich schönen und doch so verschiedenen Gardasee, die südliche Perlenschließe des Tiroler Wappenschildes, so wie der Bodensee dessen nördliche vorstellt.

Annette von Droste-Hülshoff (1797–1848)

IN MEERSBURG*

Jetzt muß ich Ihnen auch sagen, daß ich seit acht Tagen eine grandiose Grundbesitzerin bin. Ich habe das blanke Fürstenhäuschen, was neben dem Weg zum Frieden liegt, in einer Steigerung nebst dem dazugehörigen Weinberg erstanden, und wofür? Für 400 Reichstaler! Die Aussicht ist fast zu schön, d. h. mir zu belebt, was die Nah-, und zu schrankenlos, was die Fernsicht betrifft. Es ist der höchste Punkt dieser Umgebung: gleich am Fuß des Hügels zwei sich kreuzende Chausseen; tiefer Stadt und Schloß Meersburg, die hier ganz niedrig zu liegen scheinen; als nächste Punkte darin und sich wunderschön präsentierend, rechts das alte Schloß, links das

Seminar, von dem nachmittags der schöne Chorgesang so deutlich aufsteigt, daß keine Note verlorengeht; tief unten der See mit seiner ganzen Rundsicht, die Insel Mainau, Konstanz, Münsterlingen, der Thurgau, St. Gallen, auf der einen Seite nur durch die Alpen beschränkt, von der andern durch die höchsten Kegel des Hegaus. Es ist eigentlich wunderschön, und die Meersburger halten dieses Fürstenhäuschen für eine unschätzbare Perle. Mir ist's aber fast zu viel und zauberhaft, und wie ich da droben die ganze Gegend kontrollieren kann, jeden Bürger, der auf die Gasse oder auch nur ans Fenster, jeden Bauer, der in seinen Hofraum tritt, so komme ich mir vor wie der Student von Salamanka, dem der hinkende Teufel die Hausdächer abgenommen hat, und mir ist beinahe sündlich zumute. Vom Häuschen bis zur Chaussee hinunter führt eine Steintreppe mitten durch die Reben, die ich zum Laubengang machen und auf der Hälfte, mittelst zweier Ausbiegungen, mit ein paar niedlichen versteckten Ruhebänken versehen will. Unten ist die Treppe schon durch ein hübsches Gatterpförtchen verschlossen. Ich habe nichts zu tun als die nächsten Rebenreihen aufranken zu lassen und die kleine Rotunde in der Mitte zu besorgen, wozu ich nur drei oder vier Weinstöcke wegzunehmen und die dahinterstehenden zu benutzen habe; in zwei Jahren kann alles dicht und schattig sein. Was sagen Sie dazu? … Oh, Sie sollen sehen, ich mache ein kleines Paradies aus dem Nestchen! Schade, daß ich meine meiste Lebenszeit 200 Stunden davon zubringen werde! Oder vielmehr gottlob, daß der heimische Boden und ich uns immer einander treu und sicher bleiben und mir doch, falls mir von Zeit zu Zeit die hiesige Luft wieder nötig würde, bei allen denkbaren Wechselfällen ein niedliches Chez moi nicht fehlt.

Levin Schücking (1814–1839)

DIE MEERSBURG

Hoch über Felsen ist sie aufgebaut
Am Seegestad', daran die Wogen schlagen
So hoch – was über ihr die Wolke braut,
Scheint sie mit grauen Zackenreih'n zu tragen.

Inmitten steht, den Dagobert gesetzt,
Der Turm, in dem der Schild Martell's geklungen,
Ein fest Gemäu'r, so stark und unverletzt,
Als ob es sein Jahrtausend übersprungen.

Durch seine Scharten schau ich in das Land,
Weit, weit hinaus, auf sonn'ge Uferstrecken,
Den frischen Blumenkranz rings um den Rand
Von diesem ungeheuren Silberbecken.

Die stillen Schiffe seh' ich, wie sie sacht
Segel und Masten unterm Winde neigen,
Wie einen Mast, daran die Wolke flaggt,
Seh' ich das Alphorn in die Lüfte steigen.

Und diese Burg: ein fabelhaftes Haus,
Als ob's ein Mönch gemalt in seinen Psalter!
Mich überwölbt die Decke dieses Bau's
Mit bunten Träumen aus dem Mittelalter.

Ein Hornesstoß! – es rasselt unterm Tor,
Und Sporen klirren auf den Wendelstiegen …
Dort auf der Warte wehet, hoch empor,
Und schlägt die Lüfte, die den Habicht wiegen,

Des jungen Conradin Panier; es lacht
Der Sonnenstrahl in seinen gold'nen Falten,
Da kommt er selbst, heim von der Reiherjagd,
Die er am Uferrand des Sees gehalten. –

Jetzt auf die Zinne mit dem Arm gestützt,
Blickt er hinab, vom blauen See gespiegelt;
Sein träumend Haupt vom Abend angeblitzt,
Vom weichen Föhn Italias umflügelt.

Er sendet glühend seine Blicke fort,
Die Alpenriesen vor ihm zu durchbrechen;
Sie aber stehen, düst're Warner, dort,
Wie Schilde hebend ihre Gletscherflächen.

Heinrich Hansjakob (1837–1916)

VOM SÜSSEN MEERSBURGER UND DEM SAUREN SEEWEIN

Zur Zeit, als noch die Römer in ihrem Kastell Marispurgum saßen und die Kelten ringsum ihre Untertanen waren, kam einmal unser Herr mit Sankt Peter auf einsamer Wanderung an den See. Da, wo heute die Dörfer Immenstaad und Hagnau liegen, bat er an verschiedenen Fischerhütten und Pfahlbauten um Nachtquartier für sich und seinen Begleiter, aber die mißtrauischen Keltenmännlein wiesen ihn seiner fremden Erscheinung wegen grob ab. In Meersburg, wo römische Kultur sich niedergelassen, waren die Leute gastfreundlicher und höflicher. Sie gaben den zwei Fremdlingen Herberge für eine Nacht. Am andern Morgen vor der Abreise sprach der Herr: »Weil Ihr mich und meinen Freund so gastlich aufgenommen, will ich euch eine bleibende Freude machen.

Weinstöcke sollen alsbald eure Hügel bedecken und Wein bringen zu eures Herzens Fröhlichkeit.« So geschah es alsbald, und schon am Abend jenes Tages tranken die Meersburger süßen Wein.

Als nun die groben Keltenbäuerlein oberhalb Meersburg von der wunderbaren Gabe hörten, eilten sie dem Fremdling nach, der indes am See unterhalb des Römerkastells ebenso gröblich behandelt worden war und in keiner Hütte auch nur einen Bissen Brot bekommen konnte. Der weinsüchtige Landsturm von oben verkündete den Seehasen unter Meersburg, was vorgefallen, und gemeinsam eilen alle dem Wundermann nach, erreichen ihn noch, ehe er bei den Pfahlbauten von Sernatingen das Schwäbische Meer verläßt, fallen ihm zu Füßen und bitten um Verzeihung für ihre Grobheit und auch um Weinberge. Der Herr, gütig wie immer, verzeiht und sagt ihnen die Erfüllung ihres Wunsches zu. Bis sie heimkämen, sollten Rebstöcke die Uferhalden zieren. Mit freudigem Dank und jubelnd zogen die Kelten- und Pfahlmännlein vondannen. Sankt Peter aber, der es in menschlichem Unmut nicht so leicht verschmerzen konnte, daß sein Meister so gröblich war behandelt worden, sprach: »Aber, Herr, wie konntest du diesen Grobianen zur Verzeihung noch ein so schönes Geschenk machen? Sie werden jetzt sicher zu viel trinken und deiner erst recht vergessen.«

Der Herr aber antwortete: »Petrus, beruhige dich. Weinberge sollen sie haben; der Wein aber wird so sauer sein, daß sie gestraft genug sind durchs Trinken.«

Seitdem wächst der Seewein sauer, was ihm sogar einen Ruf verschafft hat, und nur in seltenen Fällen erbarmt sich der Himmel und läßt einen guten Tropfen wachsen. Das ist aber dann ein Jubeljahr, von dem Kinder und Enkel noch reden, bis wieder eines kommt. Mit Recht berühmt ist nur der Meersburger.

Eduard Brauer (1811–1871)

DER ÜBERLINGER LÖWE

Ein Löwe prangt in Überlingens Wappen,
Bewehrt mit blankem Schwert.
Respekt davor! das ist kein Flitterlappen,
Ein Kleinod reich an Wert.

Ein Löwe warst du, Volk der Überlinger,
Wenn Ehr' und Recht dich rief,
Dein Schwert, ein ofterprobter Freiheitsringer,
Schlug Wunden breit und tief.

Der Bauernmichel zog durch alle Gauen,
Ein toller Riesenstier,
Da kamst du, Leu, und wetztest deine Klauen
Mit edler Kampfbegier.

Und viermal fühlt' er deine scharfe Pranke,
Drum schmückte deinen Schild
Der fünfte Karl, dein Kaiser, dir zum Danke
Mit jenem Löwenbild.

Ein adlig Bild! Du bist ihm treu geblieben,
Stets brav und ehrenfest,
Des Schweden Horn hat machtlos sich gerieben
An deinem Löwennest.

Wohl zweimal kam der Hirsch, der Württemberger,
Herab vom Hohentwiel,
Doch letztmals zog er ab mit Schad' und Ärger,
Der Leu verdarb sein Spiel.

Den welschen Schnapphahn, der mit schnöder Schatzung
Dich auszusaugen kam,
Begrüßtest du mit drohender Betatzung,
Da ward er klug und zahm.

Und mancher auch aus deiner Enkel Mitte,
Du schwertbegabter Leu,
Stritt kühn für deutsches Recht und deutsche Sitte,
Dem Vaterland getreu.

So magst du, Städtlein, denn mit Fug dich freuen
Ob deines Wappens Zier,
Für alle Zeiten frei das Bild des Leuen
Ein strahlend Vorbild dir.

Wolfgang Müller von Königswinter (1816–1873)

DIE SIEBEN SCHWABEN

Wie das Ungeheuer am Bodensee erblickt wurde

Notglocken hört man läuten am blauen Schwabensee,
Zu Überlingen herrscht Zähnklappern, Angst und Weh,
Die Männer all mit Spießen, Mistgabeln, Mordgewehr,
Mit Ofenzangen rennen die Weiber kreuz und quer.
Sie einen sich am Markte, dort soll Versammlung sein.
Was gibt's? Man hört sein Wort nicht vor Lärmen und vor Schrein!
Was gibt's? Man sieht den Wald nicht vor Bäumen hoch und dicht,
Die Weiber nicht vor Röcken, vor Hosen die Männer nicht.
Doch endlich brüllt der Schultheiß: »Nun haltet die Mäuler doch,
Nichtsnutzige Zungendrescher! Die Zungen hinken Euch noch
Vor all' dem müßigen Schwatzen! Wärt Ihr gleich rasch zur Tat,

Wir brauchten nicht zu tagen hier im hochweisen Rat!
»Im Walde liegt ein Untier, das grausig uns bedroht,
Dem Felde bringt es Verderben, und Vieh und Menschen den Tod.
Zwei Löffel hat es als Ohren, vier Läufe zum raschen Sprung,
Glasaugen und runde Schnauze, dran stehen Haare genug.
Es sitzt auf den Hinterpfoten und droht mit den vordern Gewalt.
Jetzt macht Euch auf mitsammen und sucht es im grünen Wald,
Und wer die Bestie tötet, der rettet mit starker Hand,
Das gute Überlingen und das ganze Schwabenland!«
Da schrieen sie rings vor Schrecken: »Wir haben Haus und Herd,
Und beides, Weib und Kinder, und Esel, Ochs und Pferd,
Und alles, was noch unser, dabei auch Hunger und Durst,
Wir schlagen's nicht in die Schanze, als wäre das Leben Wurst!
Wollt Ihr das Vieh vertilgen, so sammelt ein Söldnerheer!
Stellt an das Volk von Schwaben ein mannliches Begehr!
Ruft an des Vaterlands Liebe, für das so süß man stirbt,
Wir wollen ihn gern bezahlen, wer hier den Tod erwirbt!«
Wohl wird da viel beraten, die Wirrnis rings ist groß.
Zuletzt da ruft der Schultheiß: »So werfen wir das Los!
Wir stellen einen Kämpfer, der zieht ins Land zur Schau
Und sucht sich die Genossen in jedem Schwabengau.«
Es folgt ein langes Summen, der Rat schien allen gut;
Da werfen sie die Zettel in einen Schaubenhut.
Auf einem stand geschrieben »Seeschwab« mit großer Schrift,
Und wer ihn zieht, der ist es, den heut die Sendung trifft.
Der Jockel wurde Seeschwab, und fing zu weinen an:
»Ich mache mich auf die Beine und bin ein toter Mann!«
Und jammervollen Herzens zog er ins Land hinaus,
Die andern gingen heimwärts und schlossen Hof und Haus.

Wie zu Überlingen der Sieg gefeiert wurde

Die Freudenglocken klingen über den Schwabensee,
Es ist zu Überlingen geschwunden Not und Weh.

Trompeten und Pauken tönen, das Rathaus steht in Glanz,
Geschmückt mit grünen Maien. So rüsten sie Fest und Tanz.
Es gilt; den Tag zu feiern, an dem das Untier floh,
Die Steger gilt's zu ehren! Sie waren niemals so froh.
Da eilten die reichsten Männer in ihre Keller hinein:
»Heut sollen die Helden kosten den besten Schwabenwein,
Sie mögen die Sorte bestimmen!« – O Gott, die Wahl – die Qual!
Was paßt zu Knöpfel und Knödel, zu Spätzel und Nudel bei Mahl?
Der Seeschwab ruft: »Ich möchte den Sauerampfer zum Trank,
Ist süßer doch wie Essig!« Und sie begannen den Schank.
Der Blitzschwab spricht: »So gebet mir Kratzenberger her,
Denn wen es juckt, der kratzt sich – mich juckt's in der Kehle sehr!«
Der Knöpfleschwabe fordert sich Rachenputzer gut,
Der scheuert die Eingeweide und muntert auf das Blut.
Der Spiegelschwabe bittet sich Magenwender aus,
Dieweil er am Schluchzen leidet seit seinem Bratwurstschmaus.
Er meint, sein Magen läge seit jener Zeit verkehrt,
Und will zurecht ihn rücken. Drum ist der Wein ihm wert.
Strumpfstopfer fordert der Gelbfuß, weil in dem Stiefelpaar
Der Strumpf vom langen Wandern ihm ganz zerrissen war.
Der Trank picht Fässer zusammen, und macht er die Zähne stumpf,
So hilft er auch den Socken und bringt den Mann auf den Strumpf.
Der Nestler spricht: »Nach Belieben, denn mir ist alles gleich!«
Sie schenkten ihm Schüttelheimer, das war kein freundlicher Streich
Wer diesen Wein getrunken, den schüttelt man aller zwei Stund,
Weil sonst der Trunk sich durchfrißt im Eingeweideschlund.
Der Bullenschwab, stark wie dreie, verlangt Dreimännerwein, –
Biermännerwein sollt er heißen! Der erste trinkt ihn hinein,
Der zweite hält links den Trinker, es hält ihn rechts der dritt',
Der vierte gießt durch die Zähne den Trunk in des Mundes Mitt'.
Das war ein kostbar Gelage, eine Feier voll Glanz und Pracht!
Sie trieben's zu Überlingen gut schwäbisch die ganze Nacht.
Drauf zogen sie mitsammen des Morgens zur Waldkapell
Und sangen: »Nun ruh'n alle Wälder!« mit Stimmen rauh und hell.

Dann weihten sie das Kirchlein dem großen, heil'gen Sieg:
Der Speer ward aufgehangen, mit dem sie beendet den Krieg,
Es kam daran eine Fahne, an der das Kalbs-Bärfell strahlt,
Drauf war ein gewaltiger Seehas ganz schrecklich abgemalt.
Dort stand auch ein Bild des Herrgotts, es hießt der Heiland der Welt;
Sie wischten aus den Namen, der ihnen nicht mehr gefällt,
Und schrieben: »Schwäbischer Heiland!« und machten im Land es kund
So endet die alte Märe vom Sieben-Schwabenbund!

Johann Peter Hebel (1760–1826)

SCHIFFAHRT NACH DER MAINAU*

Wir brachten diesen Vormittag mit einer Schiffahrt nach der Mainau zu. Keine Feder beschreibt die Herrlichkeit dieser Wasserfläche und ihre Ufer, wie sie uns im feierlichen Schimmer der Morgensonne umgab. Wir lebten im Zauber einer anderen Welt. Der See war ruhig, vom kühlen Morgenhauch des Tages nur sanft gekräuselt. Man hatte nur See und Himmel, beides im Silberglanz und Duft. Allmählich sanken die Nebel, da traten hervor die Türme von Buchhorn, da Meersburg, da Pfullendorf und alle Herrlichkeiten der reich geschmückten Gegend und tiefer hinaus die Berghöhen von Oberschwaben im Hintergrund. Mainau ist eine hochgelegene Insel im nordwestlichen Busen des Sees mit einem hübschen Schloß und großen Garten nach altem Gusto. Mit der größten Höflichkeit wurde uns von den Schloßbeamten alles Sehenswürdige gezeigt. Aber keine menschliche Kunst hält euch schadlos für einen einzigen Blick von dem Altane in den See. Indessen erblickten wir hier eine merkwürdige Brücke, die die Insel über den See mit dem Ufer verbindet. Sie ist 630 Schritte lang. Faßt sie der Sturm, so wirft er die Bretter, die nicht aufgenagelt sein dürfen, wie Kartenblätter in den See und treibt sie an das nahe Ufer, wo sie alsdann wieder gesammelt und zurückgebracht werden. Kommt er schnell, so kann's geschehen, daß Menschen auf der Brücke sind und hinter sich und vor sich die Bretter wegfliegen sehen. Während unseres zweistündigen Aufentalts in Mainau erhob sich ein starker Westwind, so daß man auf dem Heimweg bis an das Horn unter Segel fahren konnte. Jenseits des Horns, wo sich die Richtung der Fahrt ändert, ruderten wir den hohen Wellen entgegen wider den Wind und hatten also das Glück, an einem Vormittag alle möglichen Fälle der Seefahrt ohne Sturm, bei Windstille, bei günstigem oder ungünstigem Wind zu erfahren.

Charlotte von Schiller, geb. von Lengefeld (1766–1826)

DIE INSEL MAINAU*

Ich muß Ihnen noch von der Insel Mainau erzählen, die bei Egg durch einen Steg von 540 Fuß vom Ufer getrennt ist, den meine Kinder gegangen; ich ließ mich, da der See nicht tief war, durchfahren im Wagen. Diese Insel ist das Schönste, Lieblichste, was man sehen kann. Sie hat eine halbe Stunde im Umfang, und Weinberge, Frucht, Obst wächst in reichlicher Menge. Es ist das Schloß eines Komturs, Kirche und Gärtnerwohnung, auch die Kellereien, Wohnungen und Häuser zu sehen. Der Komtur war eben kaum beerdigt, und in der Kapelle hingen noch die Totenköpfe von den Exequien, Blumenkränze, wie in architektonischen Zierraten, auch schwarze Tücher mit Kreuzen; die schönen Traubenstöcke und die glänzenden roten und gelben Äpfel an den Bäumen schienen den Reiz des Aufenthaltes zu bezeichnen, den der Besitzer verlassen mußte. Was nun aus dem reizenden Aufenthalt werden soll, weiß ich nicht, man will ihn verkaufen. Es ist ein eigenes Klima dort, und die vom See umspülte Insel hat mildere Lüfte als die Ufer. Von dort trennten wir uns ungern, doch mußten wir den Abend nach Konstanz, wo wir die Nacht blieben.

3. Der Hochrhein

Vom Bodensee bis Basel

Bald an die Ufer des Sees, der uns von ferne die Herzen
Lockt in jeglichem Jahr, Glückliche! kehrst du zurück.
Tag und Nacht ist es sein, mit Sonn' und Mond, mit der Alpen
Glut und dem trauten Verkehr schwebender Schiffe dazu.
Denk' ich an ihn, gleich wird mir die Seele so weit wie sein lichter
Spiegel; und bist du dort – ach, wie ertrag' ich es hier?

Eduard Mörike

Gérard de Nerval (1808–1855)

KONSTANZ – TAUSEND WUNDERBARE BILDER*

Konstanz! Schöner Name, schöne Erinnerungen! Die Stadt mit der schönsten Lage in Europa, das prächtige Siegel, das Nordeuropa mit dem Süden, mit Okzident und Orient verbindet. Fünf Völker erquicken sich an seinem See, der den Rhein schon als Strom entläßt, ganz wie der Genfer See die Rhône. Wie es so daliegt, am Eingang des unendlichen Sees und an beiden Rheinufern, ist Konstanz wahrhaftig ein kleines, friedliches Konstantinopel. Unser Weg dorthin führte uns lange durch rötliche Ebenen, durch rebengesegnetes Hügelgelände, die seinen Namen der Welt künden, unendlich dehnt sich der Horizont, und Strom, See und Stadt zeigen sich in tausend wunderbaren Bildern.

Theodor Fontane (1819–1898)

HUSS-BILDER IN KONSTANZ*

Das vielleicht interessanteste Gebäude ist das »Kaufhaus«, jetzt das Konziliums-Haus geheißen, in dessen großer Halle (mit auf Holzsäulen ruhender Holzdecke) die Kardinäle über Huß zu Gericht saßen. Wie in der Regel derartige Örtlichkeiten, so wirkte auch dieser Saal wenig echt: es ist nur noch der Raum als solcher, der das Interesse in Anspruch nimmt, die Dinge, die ihn einschließen, ihn schmücken oder charakterisieren, gehören andern Zeiten an, vielleicht selbst die Decke und die Säulen. Fresken von Friedrich Pecht herrührend, einem geborenen Konstanzer, umziehen die Wände; es sind Szenen aus dem geschichtlichen Leben der Stadt. Huß hat drei Bilder: seine Verteidigung vor Kaiser und Konzil, seine Überführung in den Inselkerker auf Gottlieben und sein Feuerrod. Huß selbst ist auf allen drei Kompositionen natürlich wieder Porträt von Friede Eggers. Die ganze Münchner Schule, Kaulbach an der Spitze, hat sich an ihm versehen. Im übrigen fand ich die sämtlichen Kompositionen, etwa zehn bis elf, merkwürdig gut, die »Überführung des Huß über den See« sogar von herzbeweglicher Kraft. Es mag sich vieles dagegen sagen lassen, aber nicht ein einziges wirkte langweilig; alle hatten sie etwas von dem Reiz, der vorweg an aller Handlung haftet. Die einzige Kunst, die unsre Historienmaler in nur allzu vielen Fällen üben, besteht darin, daß sie die Tat gleichsam zu entnerven und das natürliche Gegebene in seinem Zauber zu entzaubern verstehen.

Karl Simrock (1802–1876)

DER ZELLER SEE, DIE REICHENAU UND DIE BODMANS*

Zwischen den steinernen Pfeilern der Brücke, welche Konstanz mit der gegenüberliegenden ehemaligen Abtei Petershausen verbindet, tritt der Rhein aus dem Bodensee, um nach dem kürzesten Lauf bis zum Flecken Gottlieben einen zweiten See zu durchfließen. Diese kurze Strecke zwischen beiden Seen ist die oberste des Stroms, welche Dampfschiffe durchfurchten, deren im Jahr 1825 drei, von Konstanz, Lindau und Friedrichshafen aus, die beiden Seen beschifften und bis nach Schaffhausen fuhren. Eins derselben gehörte zur Hälfte dem Herrn von Cotta. Seitdem soll sich nach den Zeitungen ihre Zahl noch bedeutend vermehrt haben.
Auch der Zeller See ist von einem Ort benannt, welcher der Einmündung des Rheins gegenüberliegt, der Stadt Zell oder Radolfzell. In der Mitte erhebt sich die große Insel Reichenau mit der berühmten, 1799 aufgehobenen Abtei. Zwischen dem Zeller und dem Überlinger See liegt eine lange, breite Erdzunge, das Eich-

horn genannt, die nur zwischen Bodman und Zell, den beiden namengebenden Orten, mit dem festen Land zusammenhängt. Eine zweite erstreckt sich zwischen Zell und Stein, wo der Rhein ausfließt, in den Zeller See. An ihrer Spitze liegt Horn, ein Name, den auch am Bodensee die hineinlaufenden Landzungen führen.
Da wir hier zum zweitenmal den Namen Bodman erwähnten, so können wir nicht umhin, einige Worte über dieses uralte fränkische Palatium und seine Sage einzuschalten. Schon früh erscheint eine edle, von ihm genannte Familie. Ein Schloßbrand, durch den Blitzschlag entzündet, schien im Jahre 1307 diesem Geschlecht den Untergang zugedacht zu haben, denn alle verbrannten bis auf einen Säugling, Johannes Bodman genannt, der durch die Geistesgegenwart seiner Amme in einem kupfernen Kessel geborgen und in Sicherheit gebracht wurde. Dieser Hans Bodman zeichnete sich, wie alle seine Abkömmlinge, durch Tapferkeit aus. Sie besaßen einst den größten Teil der Ufer des nach ihrem Schloß benannten Sees. In jenem werden der Kessel und einige andere vom Feuer verschont gebliebene Hausgeräte noch heute gezeigt. Eine nähere Untersuchung würde ergeben, ob diese Überlieferung auf mythischen oder historischen Grundlagen ruht. Bei dem Bezug des Namens Bodman auf den See wie auf das Geschlecht möchte man versucht sein, den kupfernen Kessel, in dem der Ahnherr des Hauses gerettet wurde, gleich jenem Braukessel Ägirs, des eddischen Meergatts, auf das tiefe Becken des Sees zu deuten.

Johann Georg Keyssler (1693–1743)

IN SCHAFFHAUSEN*

Ich mache den Anfang von dieser artigen und in einer Ebene sehr wohl gelegenen Stadt (Schaffhausen), welcher es weder an breiten Straßen, noch schönen Häusern mangelt. Der Rhein, so an der mittäglichen Seite vorbei fließet, scheidet sie von dem Zürcher Gebiet (welches gleich über der schönen steinernen Brücke seinen Anfang nimmt) … Die Kirche St. Johannis zu Schaffhausen wird für die größte in der Schweiz gehalten. Das Münster oder die Kirche des alten Klosters, welches zur Erbauung und Vergrößerung der Stadt vieles beigetragen hat, ist ein schönes Gebäude. An der größten Glocke des dazu gehörigen Turmes stehen die Worte: Vivos voc, mortuos plango, fulgura frango (d. h. Lebende rufe ich, Tote beklage ich, Blitze breche ich).

Joseph Victor von Scheffel (1826–1886)

DER RHEINFALL

Zum hohen Randen trägt der Wind ein Brausen,
Durch hohlzerspülten Stromgrunds weite Bogen
Kommt voll und breit ein Flutenschwall gezogen
Und stürzt sich tobend durch die Felsenklausen.

Das sind die Donner Gottes, die hier sausen,
Das ist, milchweiß im Schaumgestieb der Wogen,
Von Irisglanz neunfarbig überflogen,
Der Fall des Rheins im Tale von Schaffhausen.

Im Mondenschein wirst du sein Bild betrachten
Vom Hotel Weber und dort übernachten …?
Wo Wasser schäumt, will auch der Schaumwein knallen,

Und schrilles Pfeifen hörst du jenseits schallen:
Glutroten Augs zischt durch des Bergschachts Tiefe
Der Neuzeit Drache, die Lokomotive.

Wilhelm Heinse (1749–1803)

DER RHEINFALL BEI SCHAFFENHAUSEN*

Der Rhein bei Schaffenhausen tut einen solchen Schuß in die Tiefe, daß er das Laufen vergißt, und sich besinnt, ob er Dunst werden, oder Wasser bleiben will. Wenn man ihn zum ersten erblickt, so sieht man lauter Dunststaub wie Silberrauch in der Luft. Sein Brausen in der Ferne scheint wie Harmonie, in welche einzelne Flötenschläge die Melodie machen. Er sieht ganz wild und ernst aus, und stürmt trotzig über die Felsen hin, kühn und sicher nicht zu vergehen. Es ist eine erschreckliche Gewalt, und man erstaunt, wie die Felsen dagegen aushalten können. Das Wasser scheint von der heftigen Bewegung zu Feuer zu werden und raucht; aber sein Dampf ist Silber, so rein wie sein Element ist. Es ist der ungeheuerste Krieg der Riesenkräfte der Natur gegeneinander. Allmählich von weitem rauscht der Rhein die Felsen an, die hervorstehen, und fängt schon an zu zürnen, und schäumt an vielen Orten und Seiten auf, bis er sich im Grimm herniederstürzt und seine Fluten an den großen Massen von Stein aufbrausen, und immer schneller und jähzorniger mit einer Allgewalt gegen die entgegenstehenden und weit darüber hinausragenden unbeweglichen Pfeiler in die Tiefe schießen, daß der Dunststaub davon in die Luft prallt, als ein starker Geist herumwirbelt, immer in feinere Wölkchen sich wälzt, und endlich menschlichen Augen verschwindet. Das unergründlich tiefe Brausen schlägt mit einer entzückenden Majestät in die Ohren. Die zwei hervorragenden Steinpfeiler sehen aus wie feindliche Dämonen; insonderheit hat der erste von der linken Seite, welchen der Anprall unten ausgehöhlt hat, einen runden Katzenkopf. Man steht wie mitten in der Schlacht; nur ist der Eindruck weit größer, als er bei einem menschlichen Gewürge sein kann, und vielleicht dem mutigsten Helden wird es vor dem Gedanken zittern, mit anzugreifen. Was dieser Anblick für eine Menge Bilder und Gefühle in mir erregt hat, ist unaussprechlich und unbeschreiblich. Das große Becken, wohinein er stürzt, prallt wider, wie ein stürmischer See auf allen Seiten. Er kommt oben herangezogen und fällt mit allerlei majestätischen Formen von Kopfgestalt in Achilleischer und Ajaxischer Wut herein und an; grün, wie Feueraugen, und weich von Schaum wie Samt und Seide in brennender Zartheit, die in den allergeschwindesten Momenten sich abändert. Auch das bestgemalte Bild von ihm wird immer tot bleiben. Die Heftigkeit der Bewegung gibt ihm das Leben, welches warm und kalt ans Herz greift, daß einem vor Entzücken und Furcht der Odem ausbleibt.

Gottfried Keller (1819–1890)

EINKEHR UNTERHALB DES RHEINFALLS

Da rauscht das grüne Wogenband
Des Rheines Wald und Au entlang:
Jenseits mein lieb Badenserland,
Und hier schon Schweizer Felsenhang!

Da zieht er hin aus tiefster Brust
Mit langsam stolzem Odemzug;
Und über ihm spielt Sonnenlust
Und Eichen rauschen, Falkenflug!

Kein Schloß, kein Dom ist in der Näh,
Nur Wälder schauen in die Flut;
Von Deutschland schwimmt ein zitternd Reh
Herüber, wo es – auch nicht ruht!

Wohl mir, daß ich dich endlich fand,
Du stiller Ort am alten Rhein,
Wo ungestört und ungekannt
Ich Schweizer darf und Deutscher sein!

Karl Simrock (1802–1876)

UNTERHALB DER RHEINFÄLLE*

Unterhalb der Rheinfälle scheint der Rhein die Kinderschuhe ausgetreten zu haben. Er ist nach einem rheinischen Ausdruck brotstark geworden, das heißt, er hat Kraft genug gewonnen, sich sein tägliches Brot zu verdienen. Zwar hatte man ihm schon früh kleine Geschäfte aufgetragen, z. B. ein Mühlrad umzudrehen, Scheitholz fortzuwälzen, Flöße, Kähne, selbst schwächere Schiffe ein paar Meilen weit zu tragen; aber auf eine längere Strecke durfte man ihm letztere nicht ohne Gefahr anvertrauen. Von nun an hat dies keine Bedenken mehr, obgleich man ihn noch gerne schont und, das Maß seiner Kräfte bedenkend, seinem Rücken nicht zu schwere Lasten aufbürdet. Auch die Vorsicht befiehlt dies, denn noch hat er seine Knabenwildheit nicht ganz abgelegt, noch versinkt er oft in Gedanken und wütet unbesonnen gegen seine Ufer, reißt Baumstämme mit der Wurzel aus und führt sie in sein Bett, wo sie das Wasser dem Schiffer verbirgt, der ihm mit größeren Segelfahrzeugen als den schon erwähnten Lauertannen im heftigen, durch die vielen Auen, die er umfließt, gereizten Strom nicht schnell genug ausweichen könnte. Daher wagt er sich mit eigentlichen Transportschiffen selten höher als bis Straßburg hinauf. Nur die kühnere Dampfschiffahrt will ihre Herrschaft künftig bis Basel ausdehnen.

Gustav Schwab (1792–1850)

STEIN AM RHEIN: IM AMTSHAUS DES ALTEN KLOSTERS*

Kein Wanderer verlasse Stein, ohne sich Zutritt in das Amtshaus im alten Kloster zu erbitten und dort den kleinen Saal in Augenschein zu nehmen, über dessen Tür die Jahreszahl 1516 steht, der auch noch ganz in seiner alten Gestalt erhalten ist. Die Stubendecke ist von Holz, gekippert gewölbt, mit verschlungenen Sprüchen, Emblemen und Arabesken bunt verziert. Die Wände aber sind grau in grau mit geistreichen trefflichen und vollkommen erhaltenen Freskogemälden ausgeschmückt; in den Nischen der Fenster sind große Figuren von Männern und Frauen in der charakteristischen Kleidung ihrer Zeit, auch grau in grau abgebildet. Die Wandgemälde stellen Szenen aus dem galanten und kriegerischen Ritterleben, Lustbarkeiten aller Art, Frauengruß und Begegnung, Spiele usw. dar, ferner die Belagerung einer Festung und einige historische Szenen aus dem zweiten Punischen Krieg, namentlich einen Sturm (Sagunts?) und den Schwur des Hannibal, sowie den des jungen Scipio Africanus nach der Schlacht von Cannä. Die betreffenden Stellen aus Livius sind unten an den Lambris in großen Unzialbuchstaben lateinisch beigeschrieben. Der Saal und das anstoßende Zimmer sind vom Abt Winkelheim erbaut. Darunter war sein Speisezimmer, wo noch schönes Schnitzwerk. Der Anblick gewährt als Kunstwerk und lebendiges Zeugnis einer entschwundenen Zeit gleich großen Genuß.

Joseph Victor von Scheffel (1826–1886)

WAS DER RHEIN JUNG WERNER ERZÄHLT*

Einsam, seitab von dem Lärmen
Schritt Jung Werner – unwillkürlich
Trieb's hinaus ihn an den Rheinstrand.
Ihn umschwebte noch das blonde
Süße milde Jungfraunantlitz,
Und es schien ihm wie ein Traum, daß
Er es früh leibhaftig schaute –
Heiß die Stirne – seine Augen
Schweiften unstät bald zum Himmel,
Bald auch senkten sie demütig
Fragend sich zur Erde nieder,
Und er achtet nicht des Nordwinds,
Der die Locken ihm durchwühlte.
In dem Herzen jagten sich in
Wilder Flucht die Glutgedanken
Gleich dem Nebel, der in seltsam
Buntem Wechsel der Gestalten
Herbstlich um die Berge spielt.
Und es klang und sproßt' und wogte
Wie die ersten Keime eines
Unvollendeten Gedichts.

Also einst, vor grauen Jahren,
Schritt am Arnostrand ein ander
Menschenkind, bewegt und sinnend.
Er auch ein Trompeter, doch ein
Düstrer, der des Weltgerichtes
Gellende Posaunentöne
Durch die faule Zeit geblasen.

Aber damals, an dem Festtag,
Als zuerst er sie erschaute,
Die ihm Leitstern seines Lebens,
Führerin zum Paradies ward,
Trieb's auch ihn hinaus zum Strome.
Unter Eich' und Myrthen schritt er.
Und für alles, was im tiefsten
Grund der Seele klang und jauchzte,
Fand er nur ein einzig Wörtlein:
Beatrice! Beatrice!

Und so werden einst nach tausend
Und nach abertausend Jahren
Andre – von der Lieb' durchschüttert –
Träumerisch den gleichen Gang gehn.
Und wenn einst am Rhein der letzte
Sproß germanischen Geblütes
Heimgegangen zu den Bälern,
Wandeln andre dort und schwärmen,
Und in weichen fremden Lauten
Sprechen sie das Wort: Ich lieb' dich!
Kennt die Männer ihr? – sie haben
Etwas plattgedrückte Nasen,
Ihre Ahnherrn trinken jetzo
Fern am Ural und am Jrtisch
Zukunftssicher ihren Branntwein.

Junge Liebe, schmucke Perle,
Balsam kranken Menschenherzens,
Anker schwanken Lebensschiffleins,
Immergrün auf dürrem Flugsand:
Nimmer wag' ich's, dir zum Preise
Einen neuen Sang zu singen.
Ach ich bin ein Epigone.

Und vielhundert tapfre Männer
Lebten schon vor Agamemnon,
Und ich kenn den König Salom'
Und die schlechten deutschen Dichter.
Dankbar schüchtern nur gedenk' ich
Dein und deines stillen Zaubers.
Er durchglänzt mit güldnem Schein der
Jugend Nebel, zeigt dem Auge
Klar und scharf des Lebens Umriß,
Zeigt, wohin den Schritt zu lenken,
Und erwärmt das Herz zur Wandrung.
Leises Sehnen, stolzes Hoffen,
Trotz'gen Mut und kühnes Denken:
Alles danken wir der Liebe;
Ihr den heitern Sinn auch, dran wir
Wie am Bergstock leicht so manchen
Klotz am Wege überspringen –

Glücklich drum der Mann, in dessen
Herz die Liebe jauchzend einzog,
Doch Jung Werner schien sich heute
Noch nicht klug darüber, was er
Eigentlich am Rhein hier treibe.
Träumend schritt er durch den Sand hin
Sonder Schonung seiner Stiefel,
Die der Wellenschaum durchnetzte.
Ihn erblickte in dem Grunde
Just der Rhein, der dort dem Zweikampf
Zweier alter Krebse zusah
Und mit schallendem Gelächter
Beifall nickte, wenn in Wut sie
Ihre scharfen Scheren kreuzten.
Ja der Rhein, – er ist ein schöner
Junger Mann, er ist durchaus kein

Geographischer Begriff nur, –
Der erbarmte sich Jung Werners,
Rauschend stieg er aus den Fluten,
Einen Schilfkranz in den Locken,
Einen Schilfstab in der Rechten.
Ihn erkannte Meister Werner,
Dem als Sonntagskind vergönnt war,
Mehr zu schauen als manch andrer,
Und er grüßte ihn respektvoll.
Lächelnd sprach zu ihm der Rhein drauf:
»Fürcht' dich nicht, mein junger Träumer,
Denn ich weiß, wo dich der Schuh drückt.
Komisch seid ihr doch, ihr Menschen,
Glaubt, ihr tragt ein still Geheimnis
Durch die Welt, und schwärmet einsam,
Und es sieht's ein jeder Käfer,
Sieht's die Mücke, sieht's die Schnake.
Sieht's an eurer heißen Stirne,
Sieht's an eurem feuchten Blicke,
Daß die Lieb' in euch gefahren.
Fürcht' dich nicht, ich kenn' die Liebe; –
Hab' auf meinen Wasserfahrten
Manchen falschen, manchen echten
Treuschwur in roman'scher, deutscher,
Wie holländ'scher Zung' vernommen
(Letztre waren meist sehr nüchtern),
Habe nächtlich auch am Ufer
Manch ein Kosen, manch ein Küssen
Schon erlauscht und hab' geschwiegen.
Nahm auch manchen armen Teufel,
Den der Kummer tief ins Herz biß,
Tröstend auf in meinen Fluten;
Und die Wasserfrauen sangen
Ihm ein Schlummerlied, – und sorgsam

Trug ich ihn an ferne Ufer.
Unter Weiden, unter Schilfrohr,
Fern von allen bösen Zungen,
Ruht sich's sanft von falscher Liebe.
Manchen hab' ich so bestattet,
Manchen auch im kühlen Grunde,
Im kristallnen Wasserschlosse
Gut beherbergt, daß er nimmer
Sich nach Menschen sehnt und Rückkehr.
Fürcht' dich nicht, ich kenn' die Liebe.
Wird mir's selber doch noch immer
Eng ums Herz, wenn ich des Schwarzwalds
Berge grüß' – und jubelnd stürz' ich
Über die Schaffhauser Felsen,
Schlag' mich mutig, wellenschäumend
Durch die Laufenburger Enge,
Denn ich weiß, bald eilt mein liebes
Schwarzwaldkind, die junge Wiese,
Still verschämt mir in die Arme,
Und sie plaudert mir in rauher
Alemann'scher Sprach' vom Feldberg,
Von den mitternächt'gen Geistern,
Von Bergblumen, von den großen
Hauben und vom Durst in Schopfheim.
Und ich lieb' sie, nimmer schau ich
Satt mich an den blauen Augen,
Und ich lieb' sie, nimmer küss' ich
Satt mich an den roten Wangen.
Oft renn' ich wie du, ein Träumer,
Wirr vorbei am alten Basel,
Ärgre mich an den langweil'gen
Steifen Ratsherrn, ruinier' auch
Im Vorbeigehn ein Stück Mauer,
Und sie glauben, es sei Zorn, was

Doch nur Übermut und Liebe.
Ja, ich lieb' sie, – es verfolgen
Mich viel andre schöne Damen,
Keine – selber nicht die stolze
Weinesreiche Mosel tilgt mir
Die Erinn'rung an die schmucke
Feldbergstochter, an die Wiese.

Und wenn ich im Sand von Holland
Müd' die müden Wellen schleppe
Und die Windmühl' trocken klappert,
Überfliegt mich's oft wie süßes
Heimweh nach der Jugendliebe,
Und es tönt ein dumpfes Rauschen
Weithin durch die kahlen Felder,
Weit hinaus bis an die Nordsee,
Aber keiner dort versteht mich.

Fürcht' dich nicht, ich kenn' die Liebe.
Und ich kenn' auch deutsche Träumer,
Die an meinen Ufern wohnen.
Bin ich selbst doch eurer Abbild,
Und des deutschen Volks Geschichte,
Sturm und Drang und bitt'res Ende
Steht in meinem Lauf geschrieben.
Ich auch komm' aus märchenhafter
Heimat, – fremde Alpengeister
Stehn an eiskristallner Wieg' mir
Und geleiten mich ans Taglicht.
Stark und wild ist meine Kindheit,
Und wer zählt die Felsenblöcke,
Die ich brausend dort zerschmettre
Und emporwerf' wie ein Ballspiel?
Frisch und flott durchschwimm' ich dann das

Schwäb'sche Meer und unversehret
Trag' ich meine stolze Jugend
Weiter in die deutschen Gau'n.
Und noch einmal steigt die ganze
Duftumhauchte Stromromantik
Vor mir auf, – die alten Träume
Kehren süß verkläret wieder:
Schaum und Brandung, feste Städte,
Burg und Fels und stilles Kloster,
Und die Rebe reift am Hügel,
Und der Wächter grüßt vom Turme
Und die Wimpel flattern lustig,
Und von hoher Klippe tönet
Wundersam der Lurley Singen.
Aber dann geht's schnell zu Ende,
Und ich klag' ob dem Verlornen
Und ergebe mich dem Trunke,
Bete auch zu Köln im Dome,
Und zuletzt werd' ich ein Lasttier,
Schäb'gen Krämern muß ich dienen.
Auf dem vielgeprüften Rücken
Schwimmt das niederländ'sche Treckschuyt,
Und im Sand, den ich so tödlich
Hasse, schlepp' ich müd' mein Dasein,
Und ich bin schon lang gestorben,
Eh' das Meeresgrab mich aufnimmt.
Hüt dich, hüt dich vor Versandung!
Ja, ich könnt' noch viel erzählen,
Guter Laune bin ich heute,
Und ich lieb' die jungen Burschen,
Die wie du und wie ich selbst hier
Frisch noch in die Zukunft schau'n.
Drum soll auch mit einem guten
Rat die lange Standred' schließen.

Weiß, daß bitter du verliebt bist;
Hör's: dein Lieb heißt Margareta,
Ist des Freiherrn schöne Tochter,
Dessen Schloß dort hell erglänzend
Sich in meinen Fluten spiegelt.
Oft erseh' ich auf dem Söller
Dort die Jungfrau – und ich freu' mich,
Trag' auch dich gern in die Nähe.
Dort der Kahn – und dort das Ruder!
Alles Weitre überlaß ich
Billig deiner eignen Weisheit.«
Sprach's und schüttelte die Locken,
Und hinab zum Grunde taucht' er.
Zischend schlug die Wogenbrandung
Über seinem Haupt zusammen,
Und von fern noch klingt sein Lachen,
Denn inzwischen war der Krebskampf
Ernst beendigt, einer lag im
Blut, dem andern fehlt' ein Schwanzstück.

Werner tat, wie ihm geraten.
Stand ein alter Turm beim Ufer
Quaderfest im Wassergrunde;
Dort, wo durch verstohlen Pförtlein
Niedersteigt zum Strand der Fischer,
War in lauschig stiller Rheinbucht
Kahn und Ruder in Bereitschaft.
Heute feierte der Bootsmann,
Und ohn' Anfrag' mocht' Jung Werner
Heut entführen ihm das Fahrzeug.
Abend war's inzwischen worden,
Da und dort klang von den Bergen

Hell und scharf ein einzeln Jauchzen,
Zeichen trunkner Bauernheimkehr.
Jenseits ferner Tannenwälder
Sah der Mond ins Tal hernieder,
Und die ersten Sternlein zeigten
Schüchtern sich am Himmelsfeld.
Ab vom Strande stieg Jung Werner.
Wie ein Roß, das, lang verschlossen
In dem Stall, sich freudig aufbäumt,
Freudig wiehernd, daß es seinen
Herrn ins Weite tragen darf,
So sprang keck und windschnell auf dem
Glatten Wasserpfad das Schifflein,
Sprang in hellem Lauf vorüber
An des Städtleins Mauerzinnen,
Sprang hinab zur alten Rheinbrück,
Die die holzverdeckten Bogen
Kühn zum andern Ufer spannt.
Glatten Wasserpfad das Schifflein,
Sprang in hellem Lauf vorüber
An des Städtleins Mauerzinnen,
Sprang hinab zur alten Rheinbrück,
Die die holzverdeckten Bogen
Kühn zum andern Ufer spannt.

Unterm dritten Pfeiler steuert'
Mutig durch der junge Schiffsmann,
Lachend, als zum Schabernack den
Kahn der Strudel wirbelnd packte,
Dreimal hob und dreimal senkte.
Bald erschaute er des Schlosses
Hohe Giebel, Erkertürme
Mondumschienen durch des Gartens
Mächtige Kastanien glänzen.

Gegenüber ragte niedrig
Aus den Fluten eine Kiesbank –
Unbewachsen – oftmals gänzlich
Überflutet sie die Strömung,
Scherzend heißt der Mann im Rheintal
Sie den Acker Fridolini.
Dorthin trieb der schwanke Kahn jetzt.
Dorten hielt er – auf den spitzen
Kieselboden sprang Jung Werner,
Und die Blicke hielten Umschau,
Fragend, ob er Sie erspähe.

Nichts erschaut' er – als im fernen
Erkerturm ein fernes Lichtlein;
Aber dies war schon genug ihm.
O wie oft erquickt im Leben
Mächt'ger uns ein ferner Schein, als
Reiche Fülle des Besitzes,
Und es gönnet ihm das Lied drum
Seine Freud' aus Rheines Mitten
Aufzuschauen nach dem Lichtlein,
Vor dem traumumflorten Blicke
Lag ein neues reiches Leben,
Sonn' nicht glänzt', nicht Sterne drinnen,
Nur das eine kleine Lichtlein,
Und vom Turm, darin es brannte,
Kam mit leisem Flügelschlag die
Lieb' zu ihm herabgerauschet
Und saß bei ihm auf der Kiesbank,
Auf dem Acker Fridolini,
Und sie reicht ihm die Trompete,
Die auch hierher ihn begleitet,
Und sprach: Blase, blase, blase!

Also blies er; und sein Blasen
Zog melodisch durch die Nacht hin.
Lauschend hört's der Rhein im Grunde,
Lauschend Hecht und Lachsforelle,
Lauschend auch die Wasserfrauen,
Und der Nordwind trug die Klänge
Sorgsam auf zum Herrenschloß.

Hans Thoma (1839–1924)

AUF DER BRÜCKE VON SÄCKINGEN*

Bei diesem Regensommer 1912 war ich in dem mir altvertrauten Säckingen, das bei den mächtigen Rheinbiegungen eine sehr schöne Lage hat – es hat noch eine gedeckte Holzbrücke, die den Verkehr mit der Schweiz herstellt; sie diente mir bei Regen als Wandelhalle, und ich konnte stundenlang dem Wellenspiel zusehen, das immer gleich und immer neu um die Pfeiler wirbelt und rauschend unter der Brücke hervorbrodelt; in zwei Nischen auf den Brückenpfeilern sind der hl. Nepomuk und der hl. Franz Xaver, große Holzfiguren von fast affektiert zu nennender Innigkeit in den Gebärden, im Gesichtsausdruck und in den bauschigen Gewändern – da ich sie öfters sah, sind sie mir lieb geworden. Im Brückenverkehr sieht man barfüßige Kinder und alte Weiblein mit kleinen Körben hin und her gehen, sie holen über die Brücke allerlei Lebensmittel, die in der Schweiz billiger sind und die in kleinen Quantitäten zollfrei herüber dürfen ... Es ist gut, daß der schöne Götterfunke Freude in gar winzigen Portiönchen verteilt werden kann – Kleingeld für die Allzuvielen ...

Johann Fischart (1545–1589)

VON SECKINGEN NACH RHEINFELDEN

Und redten von der Salmen wog
Wie der Rhein da viel Salmen zog:
  Folgends auf Seckingen sie schifften,
  Die das Volk der Segwanen stiften,
Da des Rheins achtest Brück angeht,
Und in Sant Fridlins Insul steht.
  Noch mußten sie sich weiter schicken,
  Zu einem Strudel unter Bücken,
Welcher der dritt ist in dem Rhein
Und schrecklich laut vom Namen sein.
  Dann er genannt ist im Höllhacken,
  Weil nach den Schiffen er tut zwacken,
Da sprachen sie dem Schifflin zu,
Das es jetz und sein bestes tu,
  Und eil auf Rheinfelden geschwind,
  Da es die neunte Rheinbrück find,
Wann es durchbrech den Wasserbruch,
So find es danach, was es such.
  Eh sie dies hätten ausgeredt
  Waren sie hindurch auf der Stätt,
Da lobten sie den Rheinen Fluß,
Das er so g'dultig ohn Verdruß
  Durchdring durch sein Standhaftigkeit
  Der Felsen Ungestümigkeit.
Also müßt' allen den gelingen
Die durch den Neid nach Ehren ringen,
  Also auch unserm Schiff geling,
  Das es noch heut sein Lauf vollbring:
Indes kamen sie für Rheinfeld,
Welchs billig also würd gemeldt

Dieweil daselbs der Rhein fängt an
Zurinnen rein und still davon,
Das er sicht wie ein eben Feld,
Und unbetrübt sich forthin stellt.

Christian Morgenstern (1871–1914)

DER SALM

Ein Rheinsalm schwamm den Rhein
Bis in die Schweiz hinein.

Und sprang den Oberlauf
Von Fall zu Fall hinauf.

Er war schon weißgottwo,
Doch eines Tages – oh! –

Da kam er an ein Wehr:
Das maß zwölf Fuß und mehr!

Zehn Fuß – die sprang er gut!
Doch hier zerbrach sein Mut.

Drei Wochen stand der Salm
Am Fuß der Wasser-Alm.

Und kehrte schließlich stumm
Nach Deutsch- und Holland um.

Carl Trog (1836–1913)

DER TOTE ZEUGE

Warum rufst Du mich herauf aus meinem Grabe?
Auf daß Du Zeugnis gebest von einer dunklen Tat.

Es war im 7. Jahrhundert, als der fromme Fridolin aus Schottland zum Oberrhein kam, um das Christentum auszubreiten. Da, wo heute Säckingen steht, baute er ein Kirchlein und ein Kloster, welches später ein adliges Frauenstift und anfangs dieses Jahrhunderts aufgehoben wurde. Eines Tages erschienen vor ihm Ritter Urso und sein Bruder Landolf. Urso begehrte in das Kloster aufgenommen zu sein, um den Rest seines Lebens in ungestörten Bußübungen verbringen zu können. Sein frommer Wunsch ward erfüllt, und er schenkte, mit ausdrücklicher Einwilligung seines Bruders, dem Kloster seine reichen Güter. Nach einigen Jahren starb Urso. Als nun Fridolin die geschenkten Güter für die Kirche in Besitz nehmen wollte, verwehrte dies Landolf mit Gewalt und setzte sich selbst zum Erben seines Bruders ein. Kühnen Mutes trat Fridolin vor den eigenmächtigen Ritter und sprach: »Gebt Gott, was Gottes ist. Das geraubte Gut bringt Euch und Euren Kindern nimmer Segen.« Der rohe Landolf lachte aber dem frommen Seelenhirten in das Angesicht und sagte: »Stelle meinen Bruder als Zeugen, so will ich die Güter herausgeben.«
Im Vertrauen auf die Gerechtigkeit seiner Sache und auf die Hilfe Gottes, ging Fridolin zum Grab Ursos. Er kniete nieder und betete lange und brünstig, dann erhob er sich, schlug dreimal mit seinem Hirtenstab an Ursos Grab und sprach: »Urso, dein Bruder Landolf hat dich als Zeugen vor Gericht geladen. Erscheine zur rechten Stunde und wende die Schmach von deinem und meinem Namen und verhelfe der Kirche zu ihrem Recht.«
Nach einigen Tagen saß der Gaugraf mit den Schöffen zu Gericht. Fridolin erschien als Kläger vor seinem Stuhl und forderte die Gü-

ter Ursos. Ritter Landolf aber sprach: »Mein Bruder Urso hat seine Güter nicht an das Kloster verschenkt, hätte er es getan, so würde unzweifelhaft ein schriftlicher Schenkungsvertrag angefertigt worden sein. Ein solcher Vertrag liegt aber nicht vor, deshalb nahm ich als der rechtmäßige Erbe die Güter an mich, und ich werde sie so lange behalten, bis Vater Fridolin meinen Bruder Urso als Zeugen für seine Behauptung stellt, anders glaube ich ihm nicht.«

Da sprang die verschlossene Tür auf, wie von Geisterhändel geöffnet, und herein schritt Urso, der verstorbene Ritter, im Totenkleid, bleichen und ernsten Angesichts. Alle Anwesenden durchlief ein Zittern und ein Grauen. Der Zeuge aus der anderen Welt aber sprach ernst zu Landolf: »Ein Wehe über dich, ungerechter Bruder, der du die Ruhe meines Grabes störst und Gott nicht gibst, was Gottes ist. Mit deiner Einwilligung habe ich dem Kloster meine sämtlichen Güter geschenkt. Fürchte Gottes Zorn und liefre die Güter unverweilt aus.«

Landolf war auf seine Knie gesunken, er hob die Hände flehend auf und rief: »Gott sei mir Sünder gnädig! Ich will zur Sühne meines Frevels alle meine Güter der Kirche schenken und als Büßender in Fridolins Kloster, in derselben Zelle mein Leben beschließen, wo Du, mein Bruder, dies auch getan hast.«

Da belebten sich die Augen des Verstorbenen, und, mit einem Blick voll Friede und Seligkeit auf den reuigen Bruder, entschwand er.

Fridolin nahm zur Stunde den Ritter Landolf unter die Brüder seines Klosters auf. Er erreichte ein hohes Alter und ging in der Zelle seines Bruders Urso zum ewigen Frieden ein.

Nikolai Michailowitsch Karamsin (1766–1826)

DER RHEIN TEILT DIE STADT IN ZWEI HÄLFTEN*

Basel ist die größte Stadt in der Schweiz; aber außer zwei ansehnlichen Häusern, die dem Bankier Sarasin gehören, habe ich hier weiter keine guten Gebäude gesehen, und die Straßen sind außerordentlich schlecht gepflastert. Einwohner hat Basel verhältnismäßig sehr wenig, und einige Nebengassen sind ganz mit Gras bewachsen. Der Rhein teilt die Stadt in zwei Hälften, und obschon dieser Fluß hier nicht so breit ist wie bei Mainz, gefällt er mir doch wegen seines rascheren Laufes und seiner grünen Farbe ungleich mehr als dort. Nur ist er ganz leer, kein Fahrzeug, nicht einmal ein Kahn, schwimmt auf seinem Rücken. Ich begreife nicht, warum die Basler den Vorteil der Schiffahrt nicht ausnutzen, da sie doch einen ziemlich wichtigen Handel mit Deutschland treiben, wohin sie Leinwand, Bänder, seidene Zeuge und andere ihrer Fabrikate schicken.

Johann Jakob Reithard (1805–1857)

DER BASLER TORWART UND SEIN TÖCHTERLEIN

Der Basler Torwart saß und trank
Am Stadtturm auf der Brückenbank;
Er goß den Wein, der wüste Prasser,
In seinen Schlund, als wär's nur Wasser,
Und um ihn, wie ein Maienwind,
Trieb spielend sich sein eigen Kind.

Blauäugig war's. Der Haare Gold –
Hei, wie's im Abendwinde rollt!
Zwei Rosen glühen seine Backen,
Ihm leuchtet Schnee von Stirn und Nacken;
Sein Leib ist schlank. Ihm fehlt fürwahr
Zum Engel bloß das Flügelpaar.

Des Vaters Aug', der zechend saß,
Starrt allgemach wie trübes Glas;
Doch traf es auf das holde Wesen,
Schien zur Vernunft er zu genesen
Und stahl in seinen grassen Blick
Ein Strahl von Liebe sich zurück.

Dann glotzt er wieder wirr und wild,
Fast wie des Lallenkönigs Bild,
Das, bald nach außen, bald nach innen,
Die Zunge regt im Turmloch drinnen
Und dämisch seine Augen rollt,
Als wär' auch es im Wein ervollt.

Wie so der Torwart sich verschwellt,
Der Lallenkönig glotzt und lällt –
Klimmt still das Mägdlein aufs Geländer
Und hängt sich an die Brückenbänder
Und schlenkert ob des Stromes Flut
Den Leib in keckem Übermut.

Der Vater gröhlt und stiert und zecht –
Erst schaut er was und schaut's nicht recht;
Dann sieht er Kleid und Haare flattern
Und hört die Brückenlehne knattern –
Sein gläsern Auge Kraft gewinnt,
Er ruft sein Kind, sein süßes Kind.

»Komm' her! Komm' her!« so lallt er schwer,
Hinwieder neckt's: »Komm' her! Komm' her!«
Nun mahnt er grau'nvoll angstbeklommen:
»Halt fest, mein Kind! Gleich will ich kommen!«
Doch wieder schlenkert sich das Kind,
Indes Entsetzen ihn durchrinnt.

Jetzt stemmt er sich und bäumt er sich,
Ringt mit dem Rausche fürchterlich;
Er ächzt, er schäumt, will sich erheben –
Er heult um seines Kindes Leben –
Umsonst! – Entsetzliches Gericht! –
Ihn tragen seine Beine nicht!

Und plötzlich tönt ein geller Schrei –
Ein dumpfer Fall – es ist vorbei!
Er schnellt empor, er faßt die Lehne;
Er brüllt: »Bringt Kähne! Rettungskähne!«
Er reckt und streckt mit wildem Sinn,
Sich über das Geländer hin ...

Er schaut das treibende Gewand,
Er greift hinunter mit der Hand,
Er strebt die Brüstung zu erklimmen:
»Hinab! hinab! Ich kann ja schwimmen!«
Ja, wenn er's könnte, wär's ein Glück!
Doch reißt der Rausch ihn stets zurück.

Der Lallenkönig übern Tor
Reckt seine Zunge, wie zuvor,
Verdreht die grassen Augen höhnend,
Indes der Torwart ächzend, stöhnend
Sich wälzt – und endlich schnarchend liegt,
Vom wüsten Dämon ganz besiegt.

Und als der Torwart in der Nacht
Im Torgewölbe aufgewacht –
Da fiel ein Strahl der Pfortenleuchte
Aufs tote Kind, das stromesfeuchte,
Das, als er schlief, der Trunkenbold,
Man aus der Flut herausgeholt.

Von jener Nacht saß seelenkrank
Der Torwart auf der Brückenbank;
Sein Aug' war trüb, doch nicht vom Weine,
Er stierte rastlos nach dem Rheine;
Ihn irrt nicht Regen, Schnee, noch Wind,
Er wimmert stets: »Mein Kind! Mein Kind!«

Doch als an einem schönen Tag
Er nimmer stiert' und ächzte, lag
Der Torwart tief im Schilf des Grundes,
Geschloss'nen Auges, stummen Mundes;
Der Lallenkönig übern Tor
Rollt' Zung' und Auge wie zuvor.

Carl Trog (1836–1913)

DIE BASELER UHR

Wer hat das Recht uns zu befehlen?
Frei im Tannenwald haust der Bauer,
Über ihm steht nur die Sonne;
Also ist's in unsern Rodeln,
Ist im Einungsbuch zu lesen,
's steht nichts drin von Zins und Frohnden
Und leibeig'ner Dienstbarkeit.

Zur Zeit, als die Schweizerstädte mit ihren Zwingherren oft in blutiger Fehde standen, wurde Basel vom Feind eingeschlossen und hart bedrängt. Die Not war groß, doch größer noch der Mut, mit welchem die Stadteingesessenen um ihre Freiheit kämpften. Sturm um Sturm schlugen die Bürger ab. Der Feind sah endlich ein, daß er Basel mit Waffengewalt nicht zu gewinnen vermochte. Er griff deshalb zur List. Mit einer Zahl Unzufriedener in der Stadt faßte er den Plan, sich der Stadt und Festung durch eine nächtliche Überrumpelung zu bemächtigen. In der nächsten Nacht, mit dem zwölften Glockenschlag, sollten die Verräter die Wachen und Zinnen stürmen und den Belagerern die Tore öffnen, die dann mit ihren Scharen eindringen und Stadt und Land bewältigen wollten.

Der Plan war schlau ausgesponnen, doch, wie so oft im Leben, machte auch hier der Zufall einen dicken Strich hindurch und rettete Basel.

Fünf Minuten vor zwölf Uhr nämlich erhielt der Turmwächter Kunde von dem Verrat. Ihm blieb keine Zeit, die Wachen zu alarmieren, hier konnten nur rasche Taten helfen. Der kluge Türmer setzte List gegen List, er rückte schnell die Uhr eine Stunde vor und statt der Glockenschläge zwölfe, dröhnte einer in die Nacht hinaus.

Die Verschwörer in und außerhalb der Stadt stutzten und dachten: »Verschliefen wir die zwölfte Stunde oder erhielt der Stadtrat Kunde von unserem Streich?« Zweifel und Irrung herrschten unter ihnen; jeder Teil glaubte, die rechte Stunde versäumt zu haben, und während sie überlegten, was zu tun, gewann der Türmer Zeit, den Kommandanten der Festung zu warnen. Die Verräter schlichen stille nach Hause, und die vor dem Tor, nun, die lachten selbst sich aus und zogen am andern Tag, der vergeblichen Belagerung müde, ab.

Zum Gedächtnis an diese Rettung gebot der Rat der Stadt, die Uhr nicht wieder zurück zu stellen und so schlug es in Basel jedesmal eins, wenn es in aller Welt zwölfe schlug. Bis zum Jahr 1798 bestand diese Einrichtung. Daher das neckische Wort: »Die Baseler sind um hundert Jahre zurück und doch um eine Stunde vor.«

4. Der Oberrhein

Von Basel bis Mainz

Durch Bäume dringt ein leiser Ton,
Die Fluten hört man rauschen schon,
Da zieht er her die breite Bahn,
Ein altes Städtlein hängt daran.
Mit Türmen, Linden, Burg und Tor,
Mit Rathaus, Markt und Kirchenchor;
So schwimmt denn auf dem grünen Rhein
Der goldne Nachmittag herein.
Im Erkerhäuschen den Dechant
Sieht man, den Römer in der Hand,
Und über ihm sehr stille steht
Das Fähnlein, da kein Lüftchen geht.
Wie still! nur auf der Klosterau
Läuft fernhin eine alte Frau;
Im kühlen Schatten neben dran
Dumpf donnerts auf der Kegelbahn.

Gottfried Keller

Erasmus von Rotterdam (1466–1536)

PER SCHIFF UNTERWEGS AUF DEM OBERRHEIN*

Vernimm, lieber Beatus, die ganze Tragikomödie meiner Reise. Noch etwas empfindlich und schlapp, wie Du weißt, verließ ich Basel, ich war beim Himmel noch nicht wieder in Gunst, weil ich mich so lange daheim versteckt gehalten hatte, wegen unablässiger Arbeit. Die Fahrt zu Schiff war nicht reizlos, nur mittags war die Sonnenhitze lästig. In Breisach frühstückten wir, unangenehmer denn je. Der Nebel brachte einen fast um, schlimmer noch waren die Fliegen. Wir saßen länger als eine halbe Stunde müßig bei Tisch, während man das Mahl rüstete. Endlich brachte man etwas völlig Ungenießbares: schmutzigen Brei, Klöße, völlig ausgekochte Fische – zum Speien! ... Gegen Abend wurden wir in ein kaltes Dorf verschlagen; den Namen wollte ich nicht wissen, und wenn ich ihn wüßte, möchte ich ihn nicht verraten. Dort bin ich fast umgekommen. Im Souterrain, nicht groß, aßen wir, ich glaube mehr als sechzig Mann, eine buntgewürfelte Menschenmenge, und zwar bis gegen 10 Uhr – oh, dieser Gestank, dieses Gebrüll, zumal als der Wein sie erhitzte! Und doch mußte ich stundenlang bei ihnen aushalten!

Frühmorgens, noch in tiefer Nacht, wurden wir durch das Geschrei der Schiffer aus den Betten gescheucht. Nüchtern und unausgeschlafen betrete ich das Schiff.

Eduard Kaiser (1813–1903)

DAMALS IN LÖRRACH*

Die große Lieblichkeit, Fülle und Mannigfaltigkeit des landschaftlichen Bildes unserer Umgegend, der verklärende Duft, den die so allgemein bekannten und verbreiteten Gedichte Hebels über unser Tal hauchten, das einfache Stilleben, das ein landwirtschaftlicher oder kleinbürgerlicher Betrieb und Verkehr erzeugte, gaben nebst der geringen Einwohnerzahl dem damaligen Leben in Lörrach den Stempel des Idylls, dennoch aber hatten Krieg, Einquartierung, Truppendurchzüge und die Anhäufung fremder Nationalitäten vielfache, böse Spuren und Keime abgelagert oder zurückgelassen. Vor Mitte der zwanziger Jahre bestand im Ort noch kein »Lesezimmer« oder was man jetzt »Kasino« nennt. Die Männer hatten ihre Wirtshäuser, wo sie sich sahen und verplauderten, die Frauen und Mädchen hatten ihre »Lichtgänge«. Das war immer so, daß drei bis vier Hausfrauen samt Töchtern nach dem Nachtessen eine Freundin gemeinschaftlich besuchten und im Winter stets mit den Spinnrädern. Man setzte sich um den Tisch, spann, plauderte, sang und musizierte bisweilen dazu, man trank ein Glas Wein, einen Tee, einen Punsch im Notfall, es kam zu Pfänderspielen, und auch die Mägde durften in der Stube mit dabei sein und im Notfall ein Tänzchen probieren; etwa um 11 Uhr gingen dann alle hübsch lachend und scherzend nach Hause. Bälle gab es nur etwa zwei im Jahr, damals noch alle im »Ochsen«, wo das »schöne Großmütterle« Hebels wirtschaftete und Hebel später noch einkehrte. Selbst ein Theater, von einer ordentlichen fahrenden Truppe unternommen, war einmal mit viel Effekt aufgetreten und lange das Stadtgespräch geblieben. (1875)

Justinus Kerner (1786–1862)

GRUSS AN BADENWEILER

Sei mir gegrüßet, Badenweilers Au!
Ein Stück Italiens auf deutschem Grund!
Gebroch'nen Herzen, müdem Haupt, welch' Fund
Mit deinem Heilborn, mild'rer Sterne Tau!

Hier wehet frisch aus blauem Himmelszelt
Ein Hauch der Heilung über Wald und Flur,
Der Atem ist's der liebenden Natur,
Noch unvermischt mit Dünsten dieser Welt.

Auf zu der Berge Haupt! O welch ein Glanz
Von Himmel und von Erde! Dort im Schein
Des Sonnengolds der alte deutsche Rhein
Und der Vogesen dunkelblauer Kranz!

Land unter mir, sichtbar in Himmels Huld,
O Breisgau, Deutschlands bunter Blütenstrauß!
Ich breite betend meine Arme aus!
Gott schütze dich vor Unnatur und Schuld.

August Stöber (1808–1884)

DAS MÜNSTER ZU THANN

»Mein lieber Knecht Materne,
Für alle Deine Treu'n
Möcht ich mit Lohn Dich gerne
Zu guterletzt erfreu'n:
Doch was mir Goldes eigen war,

Das trugest Du ja selber
Den Waisen und den Witwen dar.

Nimm, was von allem bliebe,
Dies goldne Ringlein hin,
Das trage mir zu Liebe,
Wann ich gestorben bin.«
Entschlafen ist er alsobald
In seines Knechtes Armen
Der Bischof Theobald.

Maternus hat dem Greise
Die Augen zugedrückt,
Darauf mit Weinen leise
Sich nach dem Ring gebückt:
Er zieht – doch sieh der Finger bricht,
Und wie der Knecht ihn winde,
Vom Ringe läßt er nicht.

Kaum hat er unter Tränen
Bestattet seinen Herrn,
So treib es ihn mit Sehnen
Zur alten Heimat fern.
Er macht aus Umbria sich auf,
Und trägt den Finger heilig
In seines Stabes Knauf.

Und als er heimgeschritten
Ins Elsaß eben kam,
Und noch in Waldesmitten
Die letzte Ruhe nahm,
Lehnt er an einen Tannenbaum
Den Pilgerstab und legte
Sich hin zu kurzem Traum.

Nach seinem Stab geschwinde
Nun springt er wieder auf;
Doch an der Tannenrinde
Hält fest der heil'ge Knauf,
Verwachsen ist er ganz und gar
Und aus dem Wipfel steigen
Zwei blaue Flammen klar.

Er sieht sie staunend wehen
Da rauscht's im Dickicht nah'
Und vor dem Pilger stehen
Viel schmucke Ritter da,
Der Herr von Engelburg voraus,
Dem auf dem Felsen droben
Sich hebt das Grafenhaus.

Er hat im Waldesgrunde
Die Flammen leuchten sehn,
Und kommt, daß er erkunde
Was Wunder hie geschehn.
Was mit dem Ringlein seines Herrn
Sich alles hat begeben,
Das meldet ihm Matern.

Auch hebt er an zu künden,
Wie er vor langer Frist
Aus dieses Talesgründen
Einst ausgezogen ist,
Und bald zu Land, zu Meere bald,
Mit seinem Herrn gewandert,
Dem Ritter Theobald.

Wie der, gebeugt vom Schmerze,
Nicht Ruh noch Freude fand,

Bis leichter schlug sein Herze
Im geistlichen Gewand:
Und wie er Bischof ward zuletzt,
Und wo sein Leichnam ruhet
In kühler Erde jetzt.

Da ruft der Graf: »Materne!
Bist Du es wahr und echt?
Zurück aus weiter Ferne,
Du alter treuer Knecht?
Sieh her – von Engelburg der Graf
Bin ich, des junge Schwester
Der Blitz vor Jahren traf.

Als ihm die Braut verschieden,
Dein Herr von hinnen schwand;
So fand er denn den Frieden
Im geistlichen Gewand!
O Theobald und Adelheid
Ihr habt Euch wiederfunden
Nach mancher Trennung Leid!«

Der Stab wird ausgehauen:
Es drängt den Grafen gar
Das Ringlein zu erschauen:
»Der Brautring ist's fürwahr!
Das Wunder plötzlich deutet sich:
Das ist dieselbe Tanne,
Wo einst die Maid erblich!

Drum hielt an diesem Stamme
So fest des Stabes Knauf!
Es schlug die Zwillingsflamme
Aus diesem Ringlein auf!

Das hat im weiten Waldesraum
Getreulich aufgefunden
Den alten Tannenbaum.

O Schwester Adelheide!
Theobald, mein Bruder wert!
Wie diese Flammen beide,
Ist Eure Lieb' verklärt.
So soll auch diesem Baum geschehn;
An seiner statt soll künftig
Ein heilig Münster stehn.« –

Der dritte Morgen dämmert,
Schon hallt's im Waldesgau,
Der muntre Steinmetz hämmert,
Und bald ersteht der Bau;
Gen Himmel sproßt er kühn und schwank
Mit tausend lust'gen Ästen,
Wie eine Tanne schlank.

Und ringsum unverzüglich
Erhebt sich Haus an Haus,
Zum Tale schaut vergnüglich
Das Städtlein Thann heraus;
Sankt Theobaldus schirmt es mild,
Und eine Tanne führt es
In seinem Wappenschild.

Und alle Glocken mahnen
Am Tag St. Theobald,
Da kommt mit Kreuz und Fahnen
Der fromme Zug gewallt;
Und mancher hat zu Nacht gesehn,
Hoch aus der Münsterkrone,
Zwei blaue Flammen wehn.

Marianne von Willemer (1784–1860)

FAHRT NACH FREIBURG*

Was nun aber jenen 25. August anlangt, so kann ich ausführliches und überstimmendes Zeugnis von ihm geben: Morgens früh von Schaffhausen abgereist, kamen wir zeitig durch das überaus schöne Höllental nach Freiburg, wo wir sogleich den Münster sahen, und bis zur vollkommenen Dämmerung in der Kirche blieben. In dem Gasthof, wo wir abgestiegen waren (dem damaligen Zähringer Hof), hatten unsere Zimmer einen Balkon auf eine breite freundliche Straße, die ungemein belebt war; halb Freiburg ging spazieren, und als nun der Mond, den ich leider nicht aufgehen sah, über die Giebel der Häuser trat, war es so reizend und glänzend in dem behaglichen Städtchen, daß wir uns noch unter die Wandelnden mischten und den Weg nach dem Münster einschlugen, den wir im Silberlicht des Mondes unbeschreiblich schön sahen. Nach Hause gegangen, blieb ich noch lange Zeit auf dem Balkon, und ließ jenes unvergleichliche Mondlied dem Gefühl und den Worten nach in meiner Seele anklingen; ich erinnerte mich jener Zeit, wo ich es Ihnen so oft gesungen, und fühlte »jeden Nachklang froher und trüber Zeit«. Hätte ich ahnen können, wie in diesem Augenblick wirklich des Freundes Auge mild über meinem Geschick weilte, ich würde gern mit ihm gerufen haben: »Überselig ist die Nacht!«

Henriette Feuerbach (1812–1892)

DAS FREIBURGER MÜNSTER

Das Münster übrigens ist selber halbe Musik, wenigstens wirkt der Anblick ein ähnliches Gefühl, so von außen als von innen. Der Turm steigt mit aller Pracht seiner Verzierungen so leicht und schwebend in die Höhe, daß man kaum begreifen kann, wie von diesem wundervollen Geschöpf Menschenhände einen Stein an den andern gefügt haben, besonders Abends, wenn die untergehende Sonne durch die durchbrochene Pyramide schimmert, zu deren Füßen die dunkle Kirche wie ein schlummernder Koloß ruht, da hat der Bau etwas überirdisches – oder auch wenn's mondhell ist in der Nacht und man so leise in dem Schatten hingeht, den die Kirche auf den großen einsamen Platz wirft, da dacht ich neulich: So wandeln auch ganze Völker in dem Schatten, den ein großer Mensch auf sein Jahrhundert wirft. (1840)

Johann Heinrich Schreiber (1793–1872)

DIE BRUNNENMÄNNLEIN*

Wie jedermann weiß und sehen kann, ist es das alte Wahrzeichen von Freiburg:
Ein Münster ohne Dach,
Überall Brunnen und Bach.
Was aber nur ältere Leute wissen, die immer mehr aussterben, ist, daß es mit dem Brunnenmännlein eine eigene Bewandtnis hat. Es können alle finden, die durch die Straße gehen, Einheimische und Fremde, doch das ist vergeblich; denn am Tag ist das steinerne Männlein ganz unscheinbar und sieht einem andern so gleich, wie ein Ei dem andern. Aber gehe in der heiligen Nacht, genau um zwölf Uhr hin, sage niemandem etwas davon und halte den Atem an dich, vergiß aber nicht, einen ordentlichen Krug mitzunehmen; denn dann fließt aus dem Brunnen statt Wasser Wein, und wenn das Jahr gut wird, ein köstlicher Vierunddreißiger, und das Männlein hält eine blühende Traube in der Hand. Gib aber acht, daß nicht zwei zusammenkommen, denn sonst streiten sie schon in Gedanken um den Vorzug und in diesem Falle bekommt keiner etwas.

James Fenimore Cooper (1789–1851)

KAISERSTUHL*

Schon senkte sich der Abend herab, als wir von den Hügeln hinabfuhren und für kurze Zeit den Rhein erblickten. Der erste Eindruck war enttäuschend, denn der Strom war offensichtlich nicht breiter als die Limmat. Bald darauf erreichten wir die letzte abschüssige, gegen den Fluß absteigende Ebene und bogen nun durch ein festgemauertes Tor in ein düsteres Dorf ein. Es bestand aus einer einzigen steilen Gasse; eine dunkle Baumallee führte zu einer bedeckten Brücke. Der Gasthof lag am andern Ufer, aber wir konnten dort nicht unterkommen. So kehrten wir denn um, aber auch im Dorf wurden wir, nach mühsamer Bergfahrt, abgewiesen. Es blieb uns nichts andres übrig, als es nochmals mit dem Gasthof am andern Ufer zu versuchen: tatsächlich hatten wir diesmal Erfolg, wenn wir uns auch mit recht bescheidenen Zimmern begnügen mußten.
Jedenfalls hatten wir ein sicheres Obdach, und ich hatte Muße mich umzusehen. Der Gasthof stand sozusagen im Fluß, dicht unter unsern Fenstern rauschte das Wasser vorbei; wir hörten sein Brausen, als wir uns zu Tisch begaben. Der Fluß ist hier nicht breit, vielleicht sechshundert Fuß; aber sein Flutendrang und sein mächtiger Wogenprall machen doch einen gewaltigen Eindruck. Sein Wasser ist blau und nirgends trübe, es erinnert weit mehr an die Farbe von Meerwasser als die Sturzbäche in der Nähe der Gletscher.
Ganz in der Nähe des Gasthofes stand ein ungeheurer Turm, wohl hundert Fuß hoch. Früher war hier ein Schloß, und es muß wohl schon seit undenklichen Zeiten eine Brücke oder Fähre an dieser Stelle gegeben haben. Wer im Mittelalter einen solchen Übergang beherrschte, der war ein freier Herr; mit Hilfe von Zöllen und Räubereien konnte er gewiß leicht ein reicher Mann werden.
Ich vergaß zu sagen, daß wir uns nun in Deutschland befanden, im Gebiet des Großherzogs von Baden, in einem Teil des früher zum Reich gehörigen Schwabenlandes.

Karl Stieler (1842–1885)

BREISACH*

Hoch und steil fällt der Fels gegen das Ufer des Rheines ab, auf dessen Rücken Altbreisach sich hinzieht, weit über die dunklen Ziegeldächer, über Mauern und Wälle hinweg ragt das zackige Münster; das ganze Bild der Stadt ist durch seine Formen bedingt, so dominierend und charakteristisch wirkt dieser Bau. Der Heilige aber, dem es gewidmet ist, heißt St. Stephan, einer der großen Märtyrer, der den Verfolgern mutig die Stirne bot, ob er gleich ihren steinernen Geschossen erlag, und fürwahr das stolze Gotteshaus ist seines hohen Schützers würdig …
Die Häuser der Stadt sind klein und bescheiden, bis weit in die Mauer herab reicht ihr Ziegeldach, die offenen Lauben schirmend, die hier und dort das obere Stockwerk schmücken. Sie liegen zu Füßen des Berges, eines dicht an das andere gelehnt, wie eine kleine Schar, die im Gefühl der nahen Bedrängnis sich um den Stärkeren sammelt.

Johann Peter Hebel (1790–1826)

DIE GUTE MUTTER

Im Jahre 1796, als die französische Armee nach dem Rückzug aus Deutschland jenseits hinab am Rhein lag, sehnte sich eine Mutter in der Schweiz nach ihrem Kind, das bei der Armee war und von dem sie lange nichts erfahren hatte, und ihr Herz hatte daheim keine Ruhe mehr. »Er muß bei der Rheinarmee sein«, sagte sie, »und der liebe Gott, der ihn mir gegeben hat, wird mich zu ihm führen.« Und als sie auf dem Postwagen zum St. Johannistor in Basel heraus und an den Rebhäusern vorbei ins Sundgau gekommen war, treuherzig und redselig, wie alle Gemüter sind, die Teilnehmung und Hoffnung bedürfen, und die Schweizer ohnedem, erzählte sie ihren Reisegefährten bald, was sie auf den Weg getrieben hatte. »Find' ich ihn in Kolmar nicht, so geh' ich nach Straßburg; find' ich ihn in Straßburg nicht, so geh' ich nach Mainz.« Die andern sagten das dazu und jenes, und einer fragte sie: »Was ist denn Euer Sohn bei der Armee? Major?« Da wurde sie fast verschämt in ihrem Inwendigen. Denn sie dachte, er könnte wohl Major sein oder so etwas, weil er immer brav war; aber sie wußte es nicht. »Wenn ich ihn nur finde«, sagte sie, »so darf er auch etwas weniger sein; denn er ist mein Sohn!«

Zwei Stunden herwärts Kolmar aber, als schon die Sonne sich zu den Elsässer Bergen neigte, die Hirten trieben heim, die Kamine in den Dörfern rauchten, die Soldaten in dem Lager nicht weit von der Straße standen partienweise mit dem Gewehr beim Fuß, und die Generale und Obersten standen vor dem Lager beisammen, unterhielten sich miteinander, und eine junge weißgekleidete Person von weiblichem Geschlecht und feiner Bildung stand auch dabei und wiegte in ihren Armen ein Kind. Die Frau im Postwagen sagte: »Das ist auch keine gemeine Person, daß sie so nahe bei den Herren steht. Was gilt's, der, wo mit ihr redet, ist ihr Mann.« Der geneigte Leser fängt allbereits an, etwas zu merken; aber die Frau im Postwagen merkte noch nichts. Ihr Mutterherz hatte noch keine Ahndung, so nahe sie an ihm vorbeigefahren war, sondern bis nach Kolmar hinein war sie still und redete nimmer.

In der Stadt im Wirtshaus, wo schon eine Gesellschaft an der Mahlzeit saß, und die Reisegefährten setzten sich auch noch wo Platz war, da war ihr Herz erst recht zwischen Bangigkeit und Hoffnung eingeengt, da sie jetzt etwas von ihrem Sohn erfahren könnte; ob ihn niemand kenne, und ob er noch lebe, und ob er etwas sei, und hatte doch den Mut fast nicht zu fragen. Denn es gehört Herz dazu, eine Frage zu tun, wo man das Ja so gerne hören möchte, und das Nein ist doch so möglich. Auch meinte sie, jedermann merke es, daß es ihr Sohn sei, nach dem sie frage, und daß sie hoffe, er sei etwas geworden. Endlich aber, als ihr der Diener des Wirts die Suppe brachte, hielt sie ihn heimlich am Rock fest und fragte ihn: »Kennt Ihr nicht einen bei der Armee, oder habt Ihr nicht von einem gehört, so und so?« Der Diener sagt: »Das ist ja unser General, der im Lager steht; heute hat er bei uns zu Mittag gegessen«, und zeigte ihr den Platz. Aber die gute Mutter gab ihm wenig Gehör darauf, sondern meinte, es sei Spaß. Der Diener ruft den Wirt. Der Wirt sagt: »Ja, so heißt der General.« Ein Offizier sagte auch: »Ja, so heißt unser General«, und auf ihre Fragen antwortete er: »Ja, so alt kann er sein«, und: »Ja, so sieht er aus und ist von Geburt ein Schweizer.« Da konnte sie sich nicht mehr halten vor inwendiger Bewegung und sagte: »Es ist mein Sohn, den ich suche«, und ihr ehrliches Schweizergesicht sah fast ein wenig einfältig aus vor unverhoffter Freude und vor Liebe und Scham. Denn sie schämte sich, daß sie eines Generals Mutter sein sollte, vor so vielen Leuten, und konnte es doch nicht verschweigen. Aber der Wirt sagte: »Wenn das so ist, gute Frau, so laßt herzhaft Euer Bagage abladen ab dem Postwagen und erlaubt mir, daß ich morgen in aller Frühe ein Kaleschlein anspannen lasse und Euch hinausführe zu Euerm Herrn Sohn in das Lager.«

Am Morgen, als sie in das Lager kam und den General sah, ja, so war es ihr Sohn, und die junge Frau, die gestern mit ihm geredet hatte, war ihre Schwiegertochter, und das Kind war ihr Enkel. Und als der General seine Mutter erkannte und seiner Gemahlin sagte: »Das ist sie«, da küßten und umarmten sie sich, und die Mutterliebe und die Kindesliebe und die Hoheit und die Demut schwammen ineinander und gossen sich in Tränen aus, und die gute Mutter blieb lange in ungewöhnlicher Rührung, fast weniger darüber, daß sie heute die Ihrigen fand, als darüber, daß sie sie gestern schon gesehen hatte.

Als der Wirt zurückkam, sagte er, das Geld regne zwar nirgends durch das Kamin herab, aber nicht zweihundert Franken nehme er darum, daß er nicht zugesehen hätte, wie die gute Mutter ihren Sohn erkannte und sein Glück sah. Und der Hausfreund sagt: »Es ist die schönste Eigenschaft weitaus im menschlichen Herzen, daß es so gerne zusieht, wenn Freunde oder Angehörige unverhofft wieder zusammenkommen, und daß es allemal dazu lächeln oder vor Rührung mit ihnen weinen muß, nicht ob es will.«

Carl Trog (1836–1913)

DER KOLMARER SCHWUR

Das schändlichste der Übel
Nenn' ich lügenhafter Worte Trug.

Im Jahre 1424 hatten die Bürger von Kolmar einen Streit mit Ritter Ulrich von Rappoltstein im Elsaß. Die von Rappoltstein besaßen nämlich von alterher das Recht, von dem Hauenstein bis herab zum Hagenauerforst Streitjagden anzustellen. Genannter Ulrich betrachtete diese Jagd als Lehen und dehnte das vermeintliche Recht auch auf den Niederwald aus, welcher der Stadt Kolmar gehörte, ja er behauptete sogar, der Niederwald sei sein Eigentum. Da aber die von Kolmar besagtes Eigentumsrecht bestritten, verklagte Ulrich den ehrsamen Rat der Stadt und behauptete in seiner Klage, derselbe habe den Grenzstein bei dem Dachsbrunnen, auf welchem sich das Rappoltsteiner Wappen befunden, hinweg genommen. Aber trotz dieser und anderer kränkender Beschuldigungen behielt die Stadt ihr Recht und den streitigen Niederwald.
Der erboste Ritter Ulrich schwur den Spießbürgern von Kolmar Rache. Wie er dieselbe fand und ausübte, erzählt unsere Sage:
Eines Tages erschien Ritter Ulrich bei dem Bauer Werlin auf dessen Meierei hinter Gemar. Werlins Voreltern waren in Kolmar seßhaft gewesen und hatten sich daselbst eines blühenden Wohlstandes erfreut. Sie mußten aber aus besonderer Veranlassung die Stadt meiden, weshalb sie und ihre Nachkommen verarmten und dem

Boden mit harter Arbeit ihr Brot abgewinnen mußten, deshalb waren sie der Stadt Kolmar feindlich gesinnt. Ulrich redete das Bäuerlein gar freundlich also an:
»Ihr müßt Euch hart plagen, Alter! und ich weiß doch, daß Ihr heute in guter Ruhe als ehrsamer Bürger zu Kolmar in der Stadt sitzen könntet, wenn sie Eurem Großvater nicht so großes Unrecht zugefügt hätten.«
»Ei freilich, Herr!« erwiderte der Bauer giftig, »Die Kolmarer sind Schelme und Spitzbuben! Meinen Großvater, der auf den Ruf der Sturmglocke nicht an seinem Platz erschien, haben sie ins Elend gejagt, darum bin ich kein wohlhabender Stadtbürger, sondern ein armes Bäuerlein, das im Elend sitzt bis über die Ohren.«
»Potz Velten! Die filzigen Handwerker und Krämer!« rief der Ritter in erheucheltem Zorn. »Wir wollen solches Unrecht nicht mehr länger geduldig mit ansehen, wollen besser auf unsere guten Rechte pochen und den Tintenklecksern auf die Diebsfinger klopfen. Ihr wißt doch, guter Werlin, daß der Niederwald samt dem Ried von jeher unser eigen war, und daß uns ihn die Ränkeschmiede von Kolmar auf die schmutzigste Weise abgenommen haben? Es ist dies zwar schon vor langer Zeit geschehen, aber es ist noch in aller Leute Gedächtnis. Ach, ich sehe es an Euren Augen, Ihr wißt es ja auch noch! Mann, was Ihr doch für ein behaltsames Gedächtnis habt!«
Der Bauer Werlin hatte aber bis dahin von diesen Flausen nichts gewußt, als aber Ritter Ulrich weggegangen war, wußte und glaubte er die windige Geschichte, er behauptete sie auch steif und fest und sprach überall von Lug und Trug, welchen die Kolmarer an den Rappoltsteinern begangen hätten.
Bald ging denn auch ein übles Gerede durch den Elsaß. Allenthalben erzählte man sich: »Alte und glaubwürdige Männer wüßten, daß vor Jahren die Kolmarer aufgefordert worden, ihre Rechte an das Ried und den Niederwald zu beweisen, weil sie verdächtig seien, diese Güter durch betrügliche Anschläge an sich gebracht zu haben. Da wären denn sieben Kolmarer Ratsherrn auf dem

Ried vor dem Schiedsrichter erschienen und hätten geschworen: Bei dem Schöpfer über uns, wir stehen hier auf eignem Grund und Boden, das schwören wir Euch zu!

Auf diesen Schwur hin sei Wald und Ried bei der Stadt Kolmar geblieben. Von den sieben Schwörern sei aber keiner eines ehrlichen Todes gestorben, weil die Schelme samt und sonders falsch geschworen gehabt. Der Schöpfer nämlich, bei dem sie geeidet, sei ein Löffel gewesen, den jeder von ihnen unter der Mütze getragen, und der eigne Grund und Boden, auf dem sie gestanden, sei die Erde gewesen, die sie am Fuß des Kolmarer Galgens genommen und in ihre Schuhe gesteckt hätten.

Diese üble Nachrede machte im ganzen Elsaß die Runde und schadete dem Rat von Kolmar sehr. Es half ihm gar nichts, daß er sein wohlverbrieftes Recht bewies, es half ihm auch nicht, daß der Bauer Werlin auf seinem Sterbebett die ganze Schwindelei bekannte. Der fatale Schwur blieb den Kolmarern an den Rockschößen hängen und bereitete ihnen manchen Ärger, weil derselbe bei lustigen und streitigen Angelegenheiten von den Bauern als Stichelwort benutzt wurde, worüber sich dann die ehrsamen Städter sehr erbosten.

Auch heute ist die Schwurgeschichte des Rappoltsteiners noch nicht ganz eingeschlafen und schon manches Bäuerlein und mancher Witzbold ist darob mit zerzausten Haaren und empfindlichem Buckelweh nach Hause geschlichen.

Kommst Du, freundlicher Leser, etwa einmal nach Kolmar, so sei fein vorsichtig!

Dorothea Schlegel (1763–1839)

TEE IN KENZINGEN*
(1818)

Diesen Morgen trank ich meinen Tee am offenen Fenster in einer lachenden Landschaft, in Kenzingen. Es ist Markustag, wo die Prozessionen segnend durch die blühenden und grünenden Felder ziehen. Denk Dir nur das ganz nahe vor mir liegende Gebirg oben mit in der Sonne glänzendem Schnee bedeckt, in höchst malerischen Formen, darunter Hügel bis oben heran mit Wein bebaut, unten die herrlichsten Felder und blühenden Fruchtbäume, und nun eine Prozession wohlgekleideter Männer, niedlicher mit Bändern geschmückter Kinder und schöner wohlgewachsener Frauen und Mädchen in hellen sonntäglichen Kleidern, die Haare entweder in zierlichen Zöpfen aufgebunden oder mit Häubchen von verschiedenen und recht phantastischen Formen halb verdeckt, die roten flatternden Fahnen durch die blaue Luft und den Pfarrer mit einigen andern Geistlichen in Chorröcken, das goldene Kreuz vorgetragen, in langen Reihen durch die Felder und über die Hügel ziehend in schöner sittsamer Ordnung, singend und den Rosenkranz oder die Litanei von allen Heiligen betend – ich habe recht an Dich gedacht, was Dir das für Freude würde gemacht haben, und mich besonnen, auf welchem altem Bild Du wohl etwas Ähnliches gesehen zu haben Dich erinnern würdest.

Hans Jakob Christoffel von Grimmelshausen (1622–1676)

BLICK AUF DEN RHEINSTROM*

Ich wohnte auf einem hohen Gebürg, die Moß genannt, so ein Stück vom Schwarzwad und überall mit einem finsteren Tannenwald überwachsen ist. Von demselben hatte ich ein schönes Aussehen gegen Aufgang in das Oppenauer Tal und dessen Nebenzinken, gegen Mittag in das Kintziger Tal und die Grafschaft Geroldtzeck, allwo dasselbe hohe Schloß zwischen seinen benachbarten Bergen das Ansehen hat wie der König in einem aufgesetzten Kegel-Spiel, gegen Niedergang konnte ich das Ober- und Unter-Elsaß übersehen und gegen Mitternacht der niederen Markgrafschaft Baden zu, den Rheinstrom hinunter, in welcher Gegend die Stadt Straßburg mit ihrem hohen Münster-Turm, gleichsam wie das Herz, mitten in einem Leib beschlossen, hervorspranget.

Aloys Wilhelm Schreiber (1761–1841)

DER RING

Über dem Oppenauer Talgrund erhob sich einst die stattliche Bärenburg, von deren Mauern aber längst nichts mehr sichtbar ist. Bald nach ihrer Zerstörung hatte sich das Gerücht verbreitet, daß ein großer Schatz an Gold und Kostbarkeiten aller Art in einem unterirdischen Gewölbe dortselbst verborgen liege. Einem jungen kecken Edelknecht von dem benachbarten Schloß Bosenstein schwoll das Herz vom Gelüsten, den Schatz zu heben. Ein fahrender Schüler, der damals in der Gegend herumzog, lehrte ihn die zu dessen Beschwörung nötige Formel, mit deren Spruch er sich wirklich den Eingang in das tiefe modrige Gewölbe öffnete, worin die Ahnen der Bärenburger in ihren Särgen lagen. Er hob verwegen einen Deckel nach dem andern auf, doch lauter Gerippe starrten ihm entgegen und von Kleinodien war nicht das geringste zu erblicken. Endlich fand er im letzten Sarg den noch unverwesten Leichnam einer Jungfrau von Bärenburg, der Letzten ihres Stammes, welcher mit ihr ausgestorben war. Ihren Finger schmückte ein blitzender Diamant und ihren Nacken eine schwere goldene Kette. Rasch nahm ihr der Edelknecht beides ab und floh damit nach Hause. Doch, noch nicht begnügt mit diesem Fund, stand er schon des anderen Tages wieder im Totengewölbe, um weitere Nachforschungen anzustellen. Da richtete sich die bleiche, gestern von ihm beraubte Jungfrau langsam in ihrem Sarg empor, faßte plötzlich seine Hand und sprach mit schauerlichem Ton:

»Hast du den Ring genommen,
Mein Kettlein auch dazu,
Nun bist du mein Verlobter,
Leg' dich bei mir zur Ruh!«

Mit gesträubtem Haar riß der Edelknabe seine Hand aus dem Griff der ihrigen eiskalten los und stürzte hinaus, fort nach Bosenstein zurück. Doch wenige Tage darauf warf ihn ein Fieber auf die Leichenbahre.

Adolf Kußmaul (1822–1902)

EIN DENKMAL FÜR OFFENBURG*

Zwei Volkslieder, die für Erzeugnisse des Wandsbecker Boten Claudius galten, hatte ich als Student in Heidelberg singen hören, das »Kartoffellied« und das »Lied vom Dorfschulmeisterlein«. In jenem verkündet Claudius das Lob eines Wohltäters der Menschheit:

Herbei, herbei zu meinem Sang,
Hans, Jörgel, Michel, Stoffel,
Und singt mit mir das Ehrenlied
Dem Bringer der Kartoffel.

Fast möchte man glauben, es habe dieses Lied den Bildhauer Friederich in Straßburg angeregt, den englischen Seehelden Drake in Stein auszuhauen und der Nachbarstadt Offenburg zu schenken (1853), wo er in Admiralstracht vor dem Rathaus steht. Von den Bauern, die zu Markt fahren, wird er der Kartoffelmann genannt, weil ein Kranz Kartoffelknollen zu den Füßen des Admirals angebracht ist.

F. J. Kiefer (Lebensdaten unbekannt)

DER FUSS AN DER WAND

In reicher Flur, auf waldumbüschten Höhen,
Wo stolz der Rhein begrüßt die Ortenau,
Sieht man der Burg bemooste Trümmer stehen,
Von ferne schon, auf Felsen, steil und rauh:
Dort tönt es in der Morgenwinde Wehen
Oft süß, im Harfenklang im Abendtau
Erhebt sich neu die schaurig-milde Weise,
Und Geistertritte wandeln ernst und leise.

(K. Geib)

In den schönen Zeiten, da noch Feen und Nymphen und was es sonst für liebliche Wesen der Fabelwelt geben mochte, mit den Menschen einen erheiternden und beglückenden Verkehr pflogen, lebte auf seiner Burg Staufenberg ein reicher, junger Graf, dessen Liebenswürdigkeit und männliche Schönheit in der Gegend fast sprichwörtlich geworden war. Dem Vergnügen der Jagd leidenschaftlich ergeben, durchstrich er täglich Gebirge und Wald, und nicht selten gelangte er auf seinen Streifzügen an die unfernen Rheinufer, die damals nur wenig bewohnt waren.

Einst geschah es, daß er, müde von der fruchtlosen Verfolgung eines Hirsches, die ihn an das Stromufer geführt, sich daselbst in dem Schatten eines Baumes lagerte und einschlief. Als er erwachte, sah er eine junge Maid von nie gesehener Schönheit im Gras sitzen, die ihn freundlich begrüßte. Über die unerwartete Erscheinung ebensosehr erstaunt, als von ihrem Liebreiz angezogen, fragte er sie

nach ihrer Herkunft und Wohnung, und da erzählte ihm das holde Kind, daß es eine Nymphe des Rheins und sein Haus im Felsengrund des Flusses erbaut sei.
Diese Antwort setzte den Grafen in noch größere Verwunderung und erhöhte in ihm den Eindruck, den das rätselhafte Wesen auf ihn machte, so sehr, daß er, von den überirdischen Reizen der Nymphe bezaubert, sich nicht eher von ihr trennte, als bis sie ihm das Versprechen gegeben hatte, sich am anderen Tag an derselben Stelle wieder bei ihm einzufinden.
Fortan entsagte der Graf der Jagd und jeglichen Vergnügungen, die er bisher gesucht hatte; er hatte nur Sinn für die reizende Zauberin, die ihn mit magischen Liebesbanden bestrickte. Täglich sah er sie an dem stillen, traulichen Plätzchen, wo sie ihm zuerst erschienen war, und nichts störte ihn in dem Genuß süßer, beglückender Minne.
Den Schwur ewig treuer Liebe, den die Fee von ihm gefordert, hatte der Graf gern und mit der Versicherung geleistet, daß es ihm unmöglich sein würde, jemals einer anderen anzugehören; dagegen verhieß die Geliebte ihm immerwährende Freuden und ein langes Leben. »Könntest du«, sagte sie ihm bisweilen mit warnender Stimme, »könntest du dereinst deinen Schwur vergessen und die mir gelobte Treue brechen, so bliebe mir nichts übrig, als ewig zu weinen; denn nur einmal kann ich lieben und nie einen anderen als dich. Dir aber würde die Untreue verderblich sein; denn du würdest in deiner Burg, und wo sonst du auch wärst, meine Klagetöne vernehmen; und wenngleich ich selbst dir unsichtbar bliebe, so sähest du doch einen Fuß von mir, und dies wäre ein Zeichen, daß du nach drei Tagen, zur Strafe deines Meineides, eine Beute des Todes werden müßtest.«
Lange war der stille Liebesbund für den Grafen in mehr als einer Weise beglückend; denn durch den Zauber seiner Angebeteten gelang ihm jegliches Streben und Tun. Immer war er Sieger im Turnier wie auch im ernsten Kampf; immer traf seine Lanze sicher den Gegner, nie tat sein Schwert einen Fehlstreich, und der hohe

Ruhm seiner Waffen verbreitete sich weit im Land. Kein Wunder daher, daß gar manche Schöne um des schönen Grafen Gunst buhlte, doch blieb er seiner Nymphe treu.

Da traf es sich einst, daß der Kaiser, in dem rheinischen Land verweilend, ein großes Fest veranstaltete, und wie denn die vornehmsten Ritter daran teilnahmen, so auch der Staufenberger. Des Jünglings herrliche Gestalt und edle Haltung zogen bald aller Augen auf ihn, am meisten aber die Blicke der einzigen Tochter des Herrschers selbst. Sie entbrannte in Liebe zu dem Ritter und verhehlte ihrem Vater nicht, daß sie entweder des Grafen Gattin werden müsse oder niemals sich vermählen wolle. Der Kaiser nahm sich den Wunsch seines Kindes zu Herzen und suchte Gelegenheit, den Grafen mit diesem Wunsch bekannt zu machen. Diese Eröffnungen waren mit so glänzenden Anerbietungen und so lockenden Verheißungen begleitet, daß der davon Verblendete seinem kaiserlichen Herrn offenbarte, wie er einer Nixe des Rheins Liebe geschworen und daß dieses das Hindernis sei, das ihm nicht erlaube, die Tochter seines hohen Gebieters als eheliches Gemahl heimzuführen.

Da erschien an der Tafel gegenüber ein außerordentlich schöner und zierlicher weiblicher Fuß, der, bis zum Knie sichtbar, durch die Mauer gedrungen war, obgleich dieselbe unverletzt geblieben war. Zugleich ertönte in allen anstoßenden Gemächern ein herzzerschneidender, lange anhaltender Klageton.

Bei diesen unglückverheißenden Zeichen erblaßte der Graf. »Weh mir!« rief er aus, »das ist die Strafe für meine Untreue, das ist die Ankündigung meines nahen Todes!« Wahnsinn ergriff ihn, und wie von Furien gejagt, rannte er von dannen; nach drei Tagen fand man ihn, vom Blitz erschlagen, im nahen Forst.

Die unglückliche Braut aber, in Schmerz und Trauer versunken, entsagte der Welt und beschloß ihre Tage in einem Kloster.

Friedrich Lienhard (1865–1929)

SONNTAGMORGEN AUF DEM ODILIENBERG

Odilia wandelt über den Berg und segnet die sonnigen Gaue.
Was für ein Lachen und Leuchten heut' in Wald und schimmernder Aue
Frühglocken wecken fern und nah aus Wochentag und Sorgen –
Es liegt ein wundersamer Glanz auf diesem Sonntagmorgen.

Von Otrott und von Heiligenstein, von Klingental und weiter:
Aus Glockentönen steigt empor eine heilige Himmelsleiter.
Und alle die Edlen, die je gelebt im Lande der Alisassen,
Sie sammeln sich in der »Heidenstadt«, in unsichtbaren Gassen.

Es drängt sich wie ein Blütenwald um die Eine, die Hochverehrte.
Und all das Kelten- und Kriegervolk, das längst dem Herrn bekehrte,
O Geistermeer, o Tönemeer, du Leuchten in Wald und Aue!
Odilia wandelt über den Berg und segnet die sonnigen Gaue.

Adelbert von Chamisso (1781–1838)

DAS RIESEN-SPIELZEUG

Burg Niedeck ist im Elsaß der Sage wohlbekannt,
Die Höhe, wo vor Zeiten die Burg der Riesen stand;
Sie selbst ist nun verfallen, die Stätte wüst und leer,
Du fragest nach den Riesen, du findest sie nicht mehr.

Einst kam das Riesenfräulein aus jener Burg hervor,
Erging sich sonder Wartung und spielend vor dem Tor,
Und stieg hinab den Abhang bis in das Tal hinein,
Neugierig zu erkunden, wie's unten möchte sein.

Mit wen'gen raschen Schritten durchkreuzte sie den Wald,
Erreichte gegen Haslach das Land der Menschen bald,
Und Städte dort und Dörfer und das bestellte Feld
Erschienen ihren Augen gar eine fremde Welt.

Wie jetzt zu ihren Füßen sie spähend niederschaut,
Bemerkt sie einen Bauer, der seinen Acker baut;
Es kriecht das kleine Wesen einher so sonderbar,
Es glitzert in der Sonne der Pflug so blank und klar.

»Ei! artig Spielding!« ruft sie, »das nehm' ich mit nach Haus!«
Sie knieet nieder, spreitet behend ihr Tüchlein aus,
Und feget mit den Händen, was da sich alles regt,
Zu Haufen in das Tüchlein, das sie zusammenschlägt;

Und eilt mit freud'gen Sprüngen, man weiß, wie Kinder sind,
Zur Burg hinan und suchet den Vater auf geschwind:
»Ei Vater, lieber Vater, ein Spielding wunderschön!
So Allerliebstes sah ich noch nie auf unsern Höh'n.«

Der Alte saß am Tische und trank den kühlen Wein,
Er schaut sie an behaglich, er fragt das Töchterlein:
»Was Zappeliches bringst du in deinem Tuch herbei?
Du hüpfest ja vor Freuden; laß sehen, was es sei.«

Sie spreitet aus das Tüchlein und fängt behutsam an,
Den Bauer aufzustellen, den Pflug und das Gespann;
Wie alles auf dem Tische sie zierlich aufgebaut,
So klatscht sie in die Hände und springt und jubelt laut.

Der Alte wird gar ernsthaft und wiegt sein Haupt und spricht:
»Was hast du angerichtet? das ist kein Spielzeug nicht!
Wo du es hergenommen, da trag' es wieder hin,
Der Bauer ist kein Spielzeug, was kommt dir in den Sinn!

Sollst gleich und ohne Murren erfüllen mein Gebot;
Denn, wäre nicht der Bauer, so hättest du kein Brot;
Es sprießt der Stamm der Riesen aus Bauernmark hervor,
Der Bauer ist kein Spielzeug, da sei uns Gott davor!«

Burg Niedeck ist im Elsaß der Sage wohlbekannt,
Die Höhe, wo vor Zeiten die Burg der Riesen stand,
Sie selbst ist nun verfallen, die Stätte wüst und leer,
Und fragst du nach den Riesen, du findest sie nicht mehr.

August Stöber (1808–1884)

DAS ELSASS UND DER WASGENWALD

Den Berg hinab fährt sacht der Wagen,
O legt ihm nur den Hemmschuh an,
Daß ich mein Elsaß mit Behagen
Nach Herzenslust betrachten kann.
Willkomm', ihr heimatlichen Täler,
Beschirmt von hoher Berge Wall,
Und ihr, der Vorzeit graue Mäler,
Ihr sagenreichen Schlösser all!

Willkomm', ihr grünen Rebenhügel,
Wo purpurrot die Traube schwillt,
Wo unter heißer Lüfte Flügel
Des goldnen Weines Feuer quillt.
Sieh, wie vom Himmel reich gesegnet
Das weite Fruchtgebilde sprießt,
Wo kaum ein Fleck dem Aug' begegnet,
Der nicht von Segen überfließt.

Und sieh die trauten Dörflein alle
Von Obstbaumgärten rings umlacht,
Die Städtchen dort mit Turm und Walle,
Wo Bürgermut das Land bewacht.
Und sieh, wie dort im Abendglanze,
Wo silbern blinkt des Rheines Strom,
Aus Straßburgs altem Mauerkranze
Gen Himmel ragt der schlanke Dom.

Und weiter siehst du dort erglänzen
Des Rheines schillernd Silberband.
Ein Land, o ja, nicht scharfe Grenzen,
Das ganze Rheintal ist ein Land!
Ob jenseits andere Mächte thronten,
Die Herzen blieben sich verwandt;
Die hüben und die drüben wohnten,
Sie reichen sich die Bruderhand.

Friedrich Lienhard (1865–1929)

HOHKÖNIGSBURG*

Derweil zog ein wundersam hohes Abendrot – o ihr Wasgau-Abendröten! – seine Farbenpracht um den tiefschwarz sich abhebenden Waldkegel der Hohkönigsburg. Jeder Tannenbaum dort oben, jedes Reislein beinahe, war auf den scharf abgezackten Wasgaukämmen an dieser Glutenhinterwand sichtbar. Aber nach der hehren Klarheit, die dort an jedem Feierband das Herz des Werktagsmenschen mit himmlischen Farben und Freuden füllen will, heben nur wenige das Angesicht … Ich atmete erst wieder auf, als wir von Wanzel aus in die Waldluft der Hohkönigsburg eintraten. Die Hohkönigsburg trägt einen sehr klangvollen und stattlichen

Namen. Sie ist auch, neben dem uralten Girbaden, das schon zur Römerzeit Kastell war und von Wodan, dem wilden Jäger, noch immer umstrichen wird, die umfangreichste Ruine des Elsasses. Aber man tut wohl daran, nicht mit allzu großen Erwartungen nach dem zerfallenen und umwachsenen Mauerwerk emporzuklettern. Umfangreich sind ja die Ruinen in der Tat. Es ist da ein Vorwerk, ein äußerer und innerer Hof, ein Löwentor, hallende Räume, stattliche Mauerreste, auch eine Wendeltreppe, die zu einer überschauenden Turmhöhe hinaufführt. Aber eine Hauptsache fehlt: die Seele.

Die Geschichte dieser Burg mit dem anspruchsvollen Namen ist ganz und gar ungewiß und nicht bedeutend. Es stand dort am anderen Ende des Bergrückens noch eine kleinere Burg, die Ödenburg. Nun weiß man nie, wenn in Urkunden der Name Hohkönigsburg erwähnt wird, ob eigentlich die größere oder die kleinere Burg dieses einen Berges gemeint ist. Sie wird als Sitz der Landgrafen des Unter-Elsasses genannt; später war sie ein Lehen des Hauses Österreich und eine Weile von Sickingens Söhnen bewohnt. Auch Raubritter setzten sich hier oben fest. Das Hauptereignis im Leben der großen Steinmasse war wohl die Beschießung durch den schwedischen Oberst Fischer, im Dreißigjährigen Krieg, dem die Besatzung tapfer widerstand. Es ist möglich, daß seit dieser Zeit die Burg in Trümmern liegt. Kurz es fehlt der geräumigen Wüstenei die Weihe einer großen, tatenvollen Vergangenheit.

Eines aber zeichnet auch diese Stätte aus: die wunderschöne Aussicht, eine der schönsten der Wasgauberge. Links überblickt man in seiner ganzen Ausdehnung das Lebertal; wie eine hellgrüne Bucht, von Häuserpunkten wie von Kähnen durchzogen, schneidet dieses schön besiedelte Tal, dessen Endpunkt Markirch bildet, in die dunklen Gebirgswälder. Um uns wellen sich die überwaldeten Vorhöhen der Vogesen; dort der verrufene Geisterberg Tännchel, dahinter blauumflossen der Climont, und mit feinen Horizontlinien der große Belchen; rechts die Schlösser von Rappoltsweiler, hier drüben die Trümmer von Ortenberg, Ramstein, Frankenberg. Zu unseren Füßen die reiche Ebene des südlichen Elsasses, mit den Wiesenflächen der Ill, mit den üppigen Weinbergen am Wasgaurand – eine Fülle von wechselnden Farben auf der einen Grundfarbe, allenthalben mit großen und kleinen Ortschaften wie mit Blumen geschmückt, dort Schlettstadt. Dort der weit sich dehnende Rauch von Kolmar. Und immer gegenüber, über die blauschimmernde Mittagsebene ragend, verschwimmend im Sonnenduft, der treue Wasgaugeselle Schwarzwald.

Nikolai Michailowitsch Karamsin (1766–1826)

DAS ELSASS IST EINE HERRLICHE PROVINZ*

Das Elsaß ist eine herrliche Provinz. Alle Städte und Dörfer, durch die wir kamen, fand ich gut gebaut, und auf beiden Seiten des Weges breiten sich die fruchtbarsten Saatfelder aus. Die lothringischen Berge mit ihren Ruinen von alten Burgen und Raubschlössern geben eine romantische Ansicht und erheitern das ermüdende Einerlei der weiten Ebenen. Diese Berge entfernen sich immer weiter und verlieren sich endlich in der blauen Ferne. Jenseits des Rheins erhebt sich der dunkle Rücken des Schwarzwaldes und begrenzt in unermeßlicher Weite den Horizont, und nahe am Weg erblickt man hie und da Dörfer und kleine Gehölze.

Johann Peter Hebel (1760–1826)

MISSVERSTAND

Im 90er Krieg, als der Rhein auf jener Seite von französischen Schildwachen, auf dieser Seite von schwäbischen Kreissoldaten besetzt war, rief ein Franzos zum Zeitvertreib zu der deutschen Schildwache herüber: »Filou! Filou!« Das heißt auf gut deutsch: »Spitzbube!« Allein der ehrliche Schwabe dachte an nichts so Arges, sondern meinte, der Franzose fragte: »Wie viel Uhr?« und gab gutmütig zur Antwort: »Halber vieri!«

Moritz Blanckarts (1839–1883)

DAS KÜNSTLER-WAPPEN

Vor Sigismund dem Kaiser,
Als er in Straßburg war,
Erschien mit bittrer Klage
Ein edles Brüderpaar.

Das waren die beiden Junker,
Johann und Wenzel genannt.
Aus deutschem alten Geschlechte
Zu Eger im Böhmerland.

Sie hatten als große Künstler
Verlassen der Heimat Gau,
Am Münster aufzurichten
Des Turmes Wunderbau.

Und weithin priesen alle
Die Meister und ihre Kunst,
Drum standen sie auch beim Kaiser
In Ansehn und hoher Gunst;

Und doch sie drob erlitten
Der Kränkung schwerste Pein:
Mißachtung und Verhöhnung
Vom Grafen von Rappoltstein.

Die konnten sie nicht sühnen
Als Ritter mit dem Schwert,
Weil in den Staub getreten
Der Kunst erhabner Wert.

So kamen sie und heischten
Des Kaisers Gerechtigkeit,
Daß er entscheiden möge
Und schlichten diesen Streit.

Und als sie vorgetragen
Der triftigen Klage Grund,
Hub also an zu sprechen
Der Kaiser Sigismund:

»Ihr seid aus edlem Hause, –
Doch wärt Ihr es auch nicht,
Die Künstler hoch zu ehren
Bleibt meine schönste Pflicht:

Drum soll fortan das Wappen
Der Grafen von Rappoltstein –
Vermessenen Wahn zu tilgen –
Der Künstler Wappen sein!

Dieweil in Euch beleidigt
Die ganze Künstlerschar,
So soll auch sie es führen
Durch Euch für immerdar.

Denn stets soll sie sich rühmen
Der kaiserlichen Gunst,
Daß Deutschland sei und bleibe
Die Heimat wahrer Kunst!«

Er schwieg. Die Meister dankten.
Sein Wahrspruch blieb in Kraft;
Und heut' noch führt das Wappen
Die deutsche Künstlerschaft.

Antonio de Beatis (16. Jh.)

DAS SCHÖNE STRASSBURG UND SEIN MÜNSTER*

Nach Straßburg, das in der Ebene gelegen ist, eine halbe italienische Meile vom Rhein entfernt, gelangt man zu Schiff durch einen künstlich gemachten Kanal, der mit dem Rhein in Verbindung steht und so breit und wasserreich mitten durch die Stadt fließt, daß er einen dem Canale Grande zu Venedig vergleichenden Anblick gewährt. Doch fließt auch noch mehr Wasser durch die Stadt, besonders durch die Gräben. Straßburg ist eine große und volkreiche Stadt, mit sehr schönen Straßen und Plätzen, die Häuser größtenteils aus Stein erbaut. Es ist eine Reichsstadt, hat eine schöne und große Artillerie und ist mit guten Vorräten an Getreide, Korn und Hafer versorgt. Vor allem ist das wunderschöne, gewaltige Münster zu nennen. Der Turm ist beträchtlich höher als die Kuppel von St. Liberata zu Florenz, der Turm des Asinelli in Bologna, der Campanile von San Marco in Venedig oder jedes andere Gebäude in Italien, das ich gesehen oder von dem ich gehört habe. Der Turm kann auf einer Wendeltreppe auf allen vier Seiten leicht erstiegen werden. Der Kardinal ging bis zur halben Höhe hinauf und einige von uns anderen bis ganz oben, wobei wir mehr als 800 Stufen zählten, jede eine Spanne hoch.

Thomas Coryate (1577–1617)

STRASSBURG

Straßburg steht im Niederelsaß etwa eine Viertelmeile vom Rhein entfernt in einer prächtigen und erfreulichen Ebene, die noch von drei anderen Flüßchen bewässert wird, der Kinzig, der Ill und der Breusch, von denen die letztere durch einen Teil der Stadt fließt, die in Fruchtbarkeit und Sattheit gebettet ist, wie ein englischer Kaufmann, Robert Kingman aus Hertfordshire, der seit Jahren mit seiner ganzen Familie in Straßburg lebt, sagte, so daß es in seinem Reichtum an allem, was das Herz begehrt, alle anderen Städte in der Umgebung übertrifft. Es gibt viel Schönes in dieser berühmten Stadt, wodurch sie sich auszeichnet, wie die Höhe der Häuser, die Breite ihrer Straßen, die stets sauber gefegt sind, die große Anzahl ihrer Bewohner, die ungeheuere Festigkeit ihrer aus massiven Steinen errichteten Umwallung, deren Majestät noch durch Türme und Zinnen, starke Bollwerke und prächtige Tore und die tiefen Wassergräben, die sie begleiten, erhöht wird. Eigentlich sind es zwei Mauern, welche die Stadt in angemessener Entfernung voneinander umziehen, und jede hat ihren eigenen Wallgraben. Doch was die Stadt am herrlichsten schmückt, sind zwei unvergleichliche Kunstwerke, so unerreichbar großartig, daß keine Stadt in Europa Ähnliches aufweisen kann, über die ich ausführlicher schreiben muß. Es handelt sich um den Turm des Doms und um eine Uhr in seinem Innern …

Die berühmte Münsteruhr ist der Phönix unter allen Uhren der Christenheit. Denn sie übertrifft bei weitem alle Uhren, die ich sah, sogar die an der Piazza von Sankt Markus zu Venedig, die zu Middelburg in Zeeland und alle anderen, so sehr (sage ich) wie eine schöne junge Lady von achtzehn Jahren, die stets angehalten ward ihre Schönheit aufs eleganteste herauszuputzen, eine ungebildete und grobe Trulle vom Land übertrifft oder eine reiche Orient-Perle ein ganz gemeines Stück Amber.

Adolf Stöber (1810–1892)

DIE UHR AUF DEM MÜNSTER ZU STRASSBURG

Kommst Du zum Portal herein,
Wo Dich unsrer lieben Frauen
Bildnis grüßet, einst in Stein
Von Salinas Hand gehauen,
Sieh, da steht zur Rechten Dir
Hoch ein Uhrwerk aufgerichtet,
Reich an wunderlicher Zier,
Doch sein Schlag ist längst vernichtet.

Unten ist ein Pelikan mit dem Himmelsball zu sehen,
Mond und Sonne sah man dran täglich auf- und untergehen.
Drüben ein Kalender hängt, rechts Apoll sich niederneigte,
Daß er mit dem Pfeil gesenkt jeden Tag des Jahres zeigte.

Und darüber wohl gereiht schaun die sieben Götter nieder,
Jeder wartend bis die Zeit ihn berief zu herrschen wieder:
Kam sein Tag, gebietend dann sah man ihn zuvörderst ragen,
Wie er lenkt' ein Tiergespann auf dem schmucken Siegeswagen.

Und ein Rad steht oben dran, sacht umschwingend vier Gestalten:
Kind und Jüngling, einen Mann, und zuletzt noch einen Alten;
Auf- und abwärts Tag und Nacht ging ein jeder seine Strecken,
Jeden Viertelstundenschlag schlagend auf ein Zimbelbecken.

Drüben hängt ein Glöckchen frei, das die Stunde schlagen sollte.
War ein Viertel kaum vorbei, kam der Tod, der läuten wollte;
Doch hervor trat Jesus Christ und befahl dem Tod, zu fliehen,
Erst wann voll der Stunde Frist, ließ er ihn am Strange ziehen.

Und zu oberst unterm Dach war ein Glockenspiel zu preisen;
Kirchenlieder mannigfach spielt' es auf in alten Weisen.
So mit frommer Kunst vollbracht, aller Christenheit zur Freude,
Stand in seiner vollen Pracht Isaak Habrichs Uhrgebäude.

Aber links dort konterfeit siehst Du einen Alten stehen,
Der dem Werk einst prophezeit, daß es bald müß' untergehen.
Als man noch am Bauen war, kam er oft zur Morgenfrühe,
Und mit Lächeln sagt' er wahr, eitel sei die ganze Mühe.

Ludwig Uhland (1787–1862)

MÜNSTERSAGE

Auf der Plattform des Straßburger Münsters steht unter vielen auch Goethes Name, von seinen akademischen Jahren her, eingehauen.

Am Münsterturm, dem grauen,
Da sieht man, groß und klein,
Viel Namen eingehauen;
Geduldig trägt's der Stein.

Einst klomm die lust'gen Schnecken
Ein Musensohn heran,
Sah aus nach den vier Ecken,
Hub dann zu meißeln an.

Von seinem Schlage knittern
Die hellen Funken auf;
Den Turm durchfährt ein Zittern
Vom Grundstein bis zum Knauf.

Da zuckt in seiner Grube
Erwins, des Meisters, Staub,
Da hallt die Glockenstube,
Da rauscht manch steinern Laub.

Im großen Bau ein Gähren,
Als wollt' er wunderbar
Aus seinem Stamm gebären,
Was unvollendet war. –

Der Name war geschrieben,
Von Wenigen gekannt;
Doch ist er stehn geblieben
Und längst mit Preis genannt.

Wer ist noch, der sich wundert,
Daß Ihm der Turm erdröhnt,
Dem nun ein halb Jahrhundert
Die Welt des Schönen tönt!

Johann Peter Hebel (1760–1826)

IM »LAMM« ZU KEHL*

Drei lustige Kameraden saßen beisammen zu Kehl im »Lamm«, und als sie ein Saueressen verzehrt hatten und noch eine Flasche Klingelberger miteinander Tranken, sprachen sie von allerlei, und fingen zuletzt an zu wünschen. Endlich wurden sie der Rede eins, es sollte jeder noch einen kernhaften Wunsch tun, und wer den größten Wunsch hervorbringe, der solle frei ausgehen an der Zeche.

Da sprach der Erste: »So wünsche ich denn, daß ich alle Festungsgräben von ganz Straßburg und Kehl voll feiner Nähnadeln hätte, und zu jeder Nadel einen Schneider, und jeder Schneider müßte mir ein Jahr lang Maltersäcke nähen, und wenn ich dann jeden Maltersack voll doppelter Dublonen hätte, so wollte ich zufrieden sein.«

Der Zweite sagte: »So wollte ich denn, daß das ganze Straßburger Münster bis unter die Krone des Turms hinauf voll Wechselbriefe vom feinsten Postpapier läge, so viele darin Platz haben, und wäre mir auf jedem Wechselbrief so viel Geld verschrieben, als in allen Deinen Maltersäcken Platz hat, und ich hätt's.«

Der Dritte sagte: »So wollte ich denn, daß Ihr beide hättet, was ihr wünscht, und daß Euch alsdann beide in einer Nacht der Henker holte, und ich wäre Euer Erbe.«

Der Dritte ging frei aus an der Zeche, und die zwei andern bezahlten.

Johann Wolfgang von Goethe (1749–1832)

IN SESENHEIM*

Die älteste Tochter kam wieder hastig in die Stube, unruhig, ihre Schwester nicht gefunden zu haben. Man war besorgt um sie und schalt auf diese oder jene böse Gewohnheit; nur der Vater sagte ganz ruhig: »Laßt sie immer gehn, sie kommt schon wieder!« In diesem Augenblick trat sie wirklich in die Tür; und da ging fürwahr an diesem ländlichen Himmel ein allerliebster Stern auf. Beide Töchter trugen sich noch deutsch, wie man es zu nennen pflegte, und diese fast verdrängte Nationaltracht kleidete Friederiken besonders gut. Ein kurzes weißes rundes Röckchen mit einer Falbel, nicht länger als daß die nettsten Füßchen bis an die Knöchel sichtbar blieben; ein knappes weißes Mieder und eine schwarze Taffetschürze – so stand sie auf der Grenze zwischen Bäuerin und Städterin. Schlank und leicht, als wenn sie nichts an sich zu tragen hätte, schritt sie, und beinahe schien für die gewaltigen blonden Zöpfe des niedlichen Köpfchens der Hals zu zart. Aus heiteren blauen Augen blickte sie sehr deutlich umher, und das artige Stumpfnäschen forschte so frei in die Luft, als wenn es in der Welt keine Sorge geben könnte; der Strohhut hing ihr am Arm, und so hatte ich das Vergnügen, sie beim ersten Blick auf einmal in ihrer ganzen Anmut und Lieblichkeit zu sehen und zu erkennen.

Eduard Brauer (1811–1871)

DIE SAGE VON BADEN(-BADENS) URSPRUNG

Es reiten drei Recken durch Waldung und Moor,
Am Borne da hüpfen drei Fräulein hervor:
»Zieht mit uns, ihr Brüder, wir kennen den Pfad!«
Die Wandrer mißtrauten dem weiblichen Rat.
»Zieht mit uns, ihr Brüder, zu duftigen Höhn!«
Sie blickten so freundlich, sie nickten so schön.
Bald zogen drei Pärlein im eiligen Lauf
Mit Singen und Springen den Hügel hinauf.
Hoch oben empfing sie ein lachender Grund,
Durchflochten mit Blumen gar wunderlich bunt.

Es blinkte die Lilie so bräutlich und lind,
Liebflammend die Rose, der Sehnsucht Kind.
»Herbei, ihr Gesellen, wir stehen am Ziel,
Nun ruft uns des Tanzes ergötzliches Spiel!«
In Lüften erhob sich ein Harfengekling,
Sie sangen und sprangen, und schlossen den Ring.
»Herbei, ihr Gesellen, nicht lange bedacht!«
»Juchheisa!« es trieb sie zum Tanze mit Macht.
»Juchheisa!« doch mitten im taumelnden Reih'n
Brach jählings der Boden ins Feuchte hinein.
Aufbrauste die Wiese, ein schauriger See –
»Ade, ihr Betrognen, auf ewig Ade!«

Tief unter den Wogen da sitzt auf dem Thron
Der König des Sees mit kristallener Kron'.
Mit grünlichen Locken, im Silbergewand,
Die Lilie schwingt er als Stab in der Hand,
Und um ihn da tanzen wie Schwäne so weiß
Die perlenumgürteten Nymphen im Kreis –
Rings blinken die Wände wie schwärzlicher Stahl,
Demantene Säulen erhellen den Saal.
Korall' und Karfunkel bezaubert den Blick;
Die Ohren, der singenden Quellen Musik.
»Wer wagt es, zu nahen dem Wasserpalast,
Den nimmer betreten ein irdischer Gast?
Rotwangige Knaben, erbleichet im Tod!
So will es des Wassers uraltes Gebot.«
»O König der Fluten, entlaß uns der Schuld!
Uns täuschten drei Mägdlein mit tückischer Huld.«
Da schwenkte der König den Lilienstab,
Nicht blieb ihm verborgen, was jüngst sich begab.
»Wohlan, ihr Verführten, so geb' ich euch frei,
Doch treffe mein Zorn die verführenden Drei.«
Er schwenkte die Lilie. – »O König, halt ein!

Wir flehen, du möchtest auch ihnen verzeihn.«
Der König besann sich – er blickte versöhnt:
»Nicht bin ich um Großmut zu markten gewöhnt.
Den Groll der Unsterblichen mildert und stillt
Die Liebe, die Leides mit Liebem vergilt.
Ihr habt es erbeten, so sei es gewährt,
Dazu noch ein Gnadengeschenk euch beschert.
Empfangt hier drei Kiesel, unscheinbar und schlecht,
Doch werter als Kronen, benützt ihr sie recht.
Schlägt klingend ein solcher den starrenden Fels,
So wird er die Wiege heilkräftigen Quells.«
Er schwenket die Lilie; auf tut sich das Tor,
Schnell wirbelt ein Strudel die Wandrer empor.
Noch stehn die Gesellen am schilfigen Strand,
Sie wiegen das Königsgeschenk in der Hand.
»O ärmliche Gabe, du schlechtes Gestein,
Dich werf' ich zum Spott in die Wogen hinein!«
So höhnte der Jüngste mit frevelndem Mund,
Und schleudert den Kiesel hinab in den Schlund.
Da scholl aus der Tiefe ein klägliches Weh',
Da krachte die Erde, da kochte der See.
Und schwärzliche Wolken entstiegen der Flut,
Draus Hagel und Donner und Blitz sich entlud.
Wie Koboldsgepolter durchtost' es die Luft,
Und Scharen von Schlangen entkrochen der Kluft.
Da rannten die Wandrer, wie Rehe verzagt,
Umgeißelt von Blitzen, von Schlangen gejagt,
Bergüber, bergunter, waldein und waldaus,
Sie blickten nicht um sich, sie ruhten nicht aus.
Doch endlich, als mälig der Sturm sich gelegt,
Am Fuße des Berges ward Ruhe gepflegt.
Dort lagen sie müde, des Odems beraubt,
Und neigten zum Schlummer ihr schwindelndes Haupt.
Und wie sie so liegen und schlafen im Moos,

Erweckt sie ein neuer, gewaltiger Stoß.
Der zweite der Steine, ein spitziger Kies,
Entschlüpfte des Sackes gesprengtem Verlies,
Und kollerte lustig den Felsen hinab;
Kaum glaubt ihr der Sage, was nun sich begab:
Wo tönend am Felsen der Kiesel geprallt,
Entfesseln sich Quellen mit Sprudelgewalt.
Nun ringt sich zu Tag, was Jahrtausende schlief
Im Busen des Felsens gewaltig und tief.
Es murmelt und rieselt, es plätschert und sprüht
Das Wasser, von magischen Kräften durchglüht.
Ein reicheres Leben mit mächtigem Strahl
Durchlodert des Oosbachs glückseliges Tal.
O Wunder! Des Bächleins bescheidnes Gestad
Hat Baden geboren, das herrliche Bad.
Und als die Gesellen dies Wunder ersahn,
Erkannten sie erst, welch Geschenk sie empfahn.
Den dritten der Steine besaßen sie noch,
Sie wahrten ihn sorglich und hielten ihn hoch.
Bald kehrten sie wieder zum heimischen Herd.
Dort hat sich der Zauber des Kiesels bewährt.
Durch heilende Quellen gesegnet hinfort
Ward reich und gepriesen ihr Heimatort.

Clemens Brentano (1778–1842)

ZIEH BADEN(-BADEN) VOR*

Wäre es nicht viel herrlicher, wenn Du nach Baden gingst, ein Bad sieben Stund von Straßburg, achtzehn von hier, wo wir alle wunderlichen Schwaben und Bayern und Elsässer als Kurgäste haben, umgeben von herrlichen Wäldern, alten Burgen, in tiefer katholischer Einsamkeit; wie viel, viel hübscher wäre es dort, wo wir beide noch nicht waren und wo wir uns herrlich delektieren könnten. Der Schreiber, der mein recht guter gefälliger Hausfreund ist, geht nächstens hin, ist von dort und gewissermaßen der Cicerone von dort; zugleich kommen wir in den lustigen Herbst von Affental, ein »Herbst, der noch alle alten scherzhaften Pritscher und Hanswursten mit sich führt, und welcher am Rhein gar nicht mehr ist. Ich bitte dich sehr, zieh Baden vor, Du tust mir eine große Freude.

Karl Stieler (1842–1885)

BADEN-BADEN UND SEINE SPIELBANK*

Den Anstoß zur jüngsten modernen Entwicklung Badens, die sich zunächst an französische Normen anschloß (bis das Jahr 1870 diese Traditionen brach) gaben die zahllosen Flüchtlinge, die vor dem Schrecken der großen Revolution über die Grenze flohen und vom Bodensee bis Koblenz hin die deutschen Städte bevölkerten. Seitdem hat sich die Zahl der Fremden in rapider Steigerung vermehrt, denn wenn sie zu Beginn der zwanziger Jahre noch kaum fünftausend betrug, so sind es gegenwärtig sechzigtausend im Jahr. Die Anstalten aber, die zum Vergnügen dieser gastlichen Lawine getroffen wurden, haben einen Grad der Vollkommenheit erreicht, daß die Bewohner mit Recht ihr Bad als das erste der Welt bezeichnen.

Freilich ist dies weniger im hygienischen Sinne als im Sinne vornehmer Geselligkeit gemeint: die Krankheit, wogegen Baden-Baden am meisten helfen soll, ist Langeweile. Denn jener alte Ruf, der durch die ganze Menschheit geht und immer wieder von tausend Lippen aufgenommen ward, wenn er auf tausend erstarb, der Ruf nach Lust und Pracht, nach Glanz und Freude, er fand auch hier seinen stürmischen Widerhall. Rastlos trugen geschäftige Hände alle Güter der Erde zusammen, der Kaufmann seine Schätze und der Gärtner seine Blumen, der Goldschmied köstliches Geschmeide und der Künstler seine Kunst. – – An der brechenden Tafel braust die Musik, über die grüne Halde fliegen die Rosse und knallen die Schüsse, goldlockige Sirenen umdrängen den Quell, der einst in tiefer Waldesstille lag, unermüdlich schallt und dröhnt es, singt und klingt es: Genießet, lebt, vergeudet! Doch weil all' dieser Genuß nur Sättigung und nicht Glück schafft, so kam noch einer herbei, der hielt eine glänzende Kugel in seiner Hand und sprach: Hier ist das leibhaftige, verkörperte Glück – versucht es! Dann ließ er die Kugel rollen, Tausende von glühenden Augen folgten ihr, Tausende an klingendem Gold rollten ihr nach bei jedem Wurf, und immer aufs Neue wiederholte der hagere Croupier sein eintöniges: Messieurs, faites votre jeu – le jeu est fait, rien ne va plus! – So ist Baden-Baden zu dem geworden, was es ist!

Josef Bader (1805–1883)

ÜBER DIE EICHENWÄLDER VON RASTATT*

»Der Weg von Karlsruhe nach Rastatt führt durch eine fünf Stunden lange prächtige Pappelallee. Die hohen grünen Wände schwankten, während unten alles still war. Durch die Zwischenräume erblickten wir eine fruchtbare Ebene und hinter ihr die niedern Vorberge des Schwarzwaldes, über welche hohe dunkle Gipfel emporsteigen. Da sind ganze Höhengruppen mit Bergwiesen, Tannen- und Eichenwäldern üppig bedeckt; rechts aber dehnen sich sorgfältig angebaute Ländereien aus, durch welche ungesehen, zwischen tiefen, mit wucherndem Gehölz bewachsenen Ufern der Rhein strömt, und ferne erscheinen die Vogesen wie blau in blau getuscht.

Das merkwürdige Rastatt besitzt eine höchst anmutige Lage. Besonders schön ist die Aussicht von der nordwestlichen Terrasse des Schloßgartens, wo die ganze weit aufgeschlossene Gegend, episodisch in reizende Gemälde geteilt, im Stil italienischer Landschaften sich darstellt. Zunächst liegt ein frischer Eichwald, zu welchem der angenehmste Fußpfad neben einem rauschenden Bach einladend hinführt. Schöne Pappelgruppen bezeichnen die Plätze zierlicher Landhäuser, und das mahnte mich an jene Gegend bei Rom, welche man vom Balkon der Villa Albani erblickt. Auch fehlte der alte Algidus nicht; er erschien mir in dem üppig bewaldeten Berg, welcher sich zu unserer Rechten erhob – und links öffnete sich in den felsigen Vorbergen des Schwarzwaldes die tiburtinische Ferne.«

Während ich diese beredte Schilderung las, hatten wir uns dem »merkwürdigen Rastatt« eben auch genähert. Ich blickte auf – wo waren die prächtige Pappelallee, der frische Eichenhain, die niedlichen Landhäuser? Ein ganz anderes Bild begegnete meinem Auge. »So ändern sich die Dinge«, dachte ich und spähte nach den neuen Festungswerken, welche sich aus der kahlgeschorenen Ebene da und dort erhoben. Alle Reisebeschreiber früherer Zeit, welche Rastatt berührten, sprechen von dem Stolz der dortigen Waldungen. Ich habe dieselben auch noch gesehen und mich der Augenweide ihres mächtigen Laubwerkes, der Labung ihres heiligen Schattens erfreut. Da grünten Eichen von urwaldlicher Größe – es war eine Pracht. Unstreitig gehört der Verlust dieser Waldungen zu dem Empfindlichsten, was die gute Stadt, seit sie zur Festung geworden, schon erleiden mußte.

Immer hat es mich mit einer gemischten Empfindung von Schmerz und Ärger erfüllt, daß wir im Land mehr und mehr unsere Eichenwälder verlieren. An so manchen herrlichen Hain uralter Eichen erinnere ich mich, welcher jetzt als verstümmeltes Gehölze erscheint oder völlig verschwunden ist. Es beschleicht mich bei dieser Betrachtung ein gewisses unheimliches Gefühl, indem sie noch auf andere Dinge führt, welche ein schlechter Trost für die Aussicht in unsere Zukunft sind.

Im Mittelalter waren die Eichenwaldungen von der größten Bedeutung. Sie bildeten meistens Allmenden, welche den Gemeinden nicht allein das nötige Taugen-, Stecken-, Bau- und Brennholz lieferten, sondern auch ein jährliches, selten gänzlich mißratenes Eckerich[1]. Dieses letztere machte es dem Landmann möglich, eine besonders große und gute Schweinezucht zu treiben. Welchen Wert aber dieselbe für die damalige Landwirtschaft und das damalige Bauernleben gehabt, besagen uns die alten Urkunden, worin viele genaue und ausführliche Bestimmungen über die Eichelmast enthalten sind. Wenn wir lesen, daß ein Schweinehirt oft 500 Stück unter sich hatte, deren je 70 von einem besondern Knecht geführt wurden, so gibt das einen ziemlichen Begriff von dem mittelalterlichen Betrieb dieses wichtigen Zweiges der Viehzucht. Jetzt hängt er von den Kartoffeln ab.

Zu Rastatt boten der Brufhard, der Ober- und Niederwald einen großen und reichen Bezirk für die Eichel- und Büchelmastung, daher hat die Gemeinde bis in spätere Zeiten herab eine sehr starke Schweinezucht getrieben. Die Regierungs- und Stadtbehörde war auch sorglichst auf die Erhaltung dieser Wälder und ihrer Nahrungsfähigkeit bedacht. Die Eichen und Buchen, wie die wilden Birn- und Apfelbäume, durften als gebannte Hölzer ohne besondere Erlaubnis nicht gehauen und mußten immer sorgfältig wieder nachgepflanzt werden.

Die Eichen hieb man »ihrer Köstlichkeit und des tragenden Eckerichs wegen« nur, wenn sie windfällig oder gipfeldörrig waren, daher wenig Eicheln mehr trugen. Der Ertrag wurde also nicht allein nach dem Holz, sondern ebenso nach dem Nutzen berechnet, welchen die »armen Leute« (oder der gemeine Mann) während des langen Lebens einer Eiche aus ihrer Frucht zogen.

1. Eckerich = Eicheln zur Schweinemast

Karl Friedrich Drollinger (1688–1742)

AUF DEN BAU ZU KARLSRUH

Der Friede hatte kaum Germanien erblicket,
Den neulich ihrem Wunsch der Himmel zugeschicket,
Als unser Vaterland, von dessen Glanz erweckt,
Sein lang bedrängtes Haupt auch wieder aufgestreckt.
Da sah es unverhofft, bei den Olivenzweigen,
Ein prächtiges Gebäud' aus seiner Gegend steigen,
Das unser großer Karl zum Sitz der Ruh' erwählt,
Die ihm, und uns zugleich, noch bis anher gefehlt.

Nun, sprach es freudenvoll, nun ist es mir gelungen:
Nun hat sich einst mein Fürst zu seiner Ruh' gezwungen,
Der von der Wiegen an, wie seiner Ahnen Schar,
Ein unversöhnter Feind von aller Ruhe war.
Ja, Herr! ich werde stets den schönen Vorsatz ehren,
Der deine Tage soll zu grauem Alter mehren,
Die Tage, denen sonst die lange Stetigkeit
Und Last des Regiments ein frühes Ende dräut.
Was hast du nicht der Welt für Arbeit schon gewiesen!
Die Taten deiner Hand sind nie genug gepriesen
An Werte noch an Zahl. Was hast du nicht vollbracht,
Als mich der Franzen Heer zu überraschen dacht'!
Du sahest solche kaum aus ihren Grenzen gehen,
Und gegen Friedlingen auf deinem Boden stehen,
So wachte schon dein Mut, und eilte sonder Ruh'
Auf die verwegne Tat mit schneller Rache zu.
Da sah man Glück und Sieg sich deiner Faust gesellen.
Der Feind erkannt es wohl; drum sucht er dich zu fällen.
Doch, als ein frecher Hauf dich wirklich schon umschloß,
So machte dich dein Arm und deine Klugheit los.

Wie hat nicht deinen Preis des Neides Mund erhoben!
Mein Held bewährte sich kaum durch die ersten Proben,
So legt ihm Villars schon das große Zeugnis bei,
Daß er ein ganzes Heer zu führen würdig sei.

Was aber soll ich erst von jenem Tage sagen,
Dem Anfang meines Heils, dem Ende meiner Plagen,
Da meiner Deutschen Mut, als aus dem Schlaf, erwacht,
Und ihren alten Ruhm bei Hochstätt neu gemacht?
Sie sind erwachet; Ja! Doch du, der nie geschlafen,
Ermunterst sie, den Hohn der Gallier zu strafen.
Dein Eifer hatte sich dem Haufen zugewandt,
Und, wer dich fechten sah, der wurd' auch selbst entbrannt.

Was hast du ferner nicht für neues Lob errungen,
Als man dem stolzen Feind sein Landau abgezwungen?
Da zeugte Joseph selbst von deiner Taten Wert,
Daß dir ein großer Teil des Sieges zugehört;
Daß andre deinen Ruhm zum Beispiel auserwählet;
Und daß auch Joseph dich zu seinem Glücke zählet,
Als das Verhängnis ihm zu seinem schweren Stab
Bei seinem ersten Zug dich zum Gefährten gab.

Allein, was red ich viel? Die Worte sind verloren.
Wer kennt nicht deinen Mut? Er ist dir angeboren.
Du kannst nicht anders sein. Es bleibet so versehn,
Daß lauter Helden nur aus deinem Hause gehn:
Nur hierin laufest du in deiner Ahnen Schranken.
Dies aber kannst du mehr der eignen Tugend danken,
Daß, als des Landes Heil dich zu dem Schluß bewegt,
Du dein beglücktes Schwert großmütig abgelegt.
Man sah dich überall von Sieg und Ehren glänzen,
Dem Kaiser angenehm, beliebt auf allen Grenzen.
Wir sahen deinen Arm um den verlaßnen Rhein –

Der Freunde Zuversicht, des Feindes Schrecken sein.
Wie leichte war es dir, dich vollends aufzuschwingen!
Was konnte dich denn wohl von diesem Vorsatz bringen?
Zwang dich ein kühner Feind, o Vater! je hierzu;
Nein! Dies vermochte nur mein Wunsch und meine Ruh'
Als deines Vaters Geist sich dieser Welt entschlagen,
Und dir das große Werk der Herrschaft aufgetragen,
Da war es, da dein Arm die Ruhe sich erkor,
Die doch dein weises Haupt nur allzuviel verlor.
Des Regimentes Bürd' auf eigne Schultern heben,
Und keine Sache leicht den Räten übergeben,
Die du mit klugem Fleiß nicht erstlich durchgeblickt,
Und, was darauf zu tun, derselben beigerückt;
Den ganzen Staat durchsehn, und seine Fehler heilen;
Der Untertanen Last mit klugem Maße teilen;
Erquicklich jedem sein, auch dem geringsten Knecht,
Mit gnädigem Gehör und unverlangtem Recht;
Der Pest des Müßiggangs in deinem Lande wehren;
Doch die, so wirklich arm, mit milder Treu' ernähren;
Die Waisen, denen sonst kein Trost noch Heil erschien,
Mit väterlicher Sorg' in eignem Haus erziehn;
Vor allem aber dich um Kirch' und Schul' bemühen,
Damit bei reiner Lehr' auch reine Sitten blühen;
Und, was du dann einmal mit reifem Schluß ersehn,
Getrost und unbewegt vonstatten lassen gehn:
Dies alles, großer Fürst! und tausend andre Werke
Hat dein beherzter Arm und deines Geistes Stärke
Verwunderlich vollbracht. Da ist kein Wunder nicht,
Wenn dir auf solche Last die teure Ruh' gebricht.

Doch, solltest du, o Herr! wohl lange ruhen können?
Es wird dein hohes Amt dir schlechte Ruhe gönnen.
Die Sorgen folgen dir. Sie dringen mit Gewalt
Bis in das Innerste von deinem Aufenthalt.

Den Eifer für dein Land kannst du unmöglich lassen.
Vergeblich freuen sich, die meine Wohlfahrt hassen.
Mein Fürst verschläft sich nicht. Er sorget immerzu;
Es wacht sein muntrer Geist auch mitten in der Ruh.
So wie ein Adler tut, der auf dem Felsen nistet,
Und seine Jungen deckt, zwar ruhig, doch gerüstet,
Bis daß ein Geierflug die werte Brut umringt
Und sich danach bereits, als einer Beute, schwingt.
Dann wacht sein Eifer auf, das Seine zu bewahren:
Er stürmet plötzlich los auf diese Räuberscharen,
Und was sich ihm nicht schnell mit weiter Flucht entrückt,
Das wird von seinem Grimm ergriffen und zerstückt:
So scheint sich auch mein Fürst der Ruhe zu bedienen.
Wenn über seinem Land ein Ungemach erschienen,
So ist er gleich gerüst. So bleibet allezeit
Sein Haupt zu klugem Schluß, die Hand zum Streit bereit.
Nun, Herr! So ruhe denn! Erleichtre dir die Bürde …

Ferdinand Alexander August Schnezler (1809–1853)

ZWEI SAGEN VOM TURMBERG BEI DURLACH

Der Turmberg bei Durlach

Auf dem Gipfel des Turmbergs stand einst eine stattliche Burg. Darin hausten Räuber, die ihre Gefangenen in Körben in das stockfinstere Verlies des Heidenturms hinabzuhaspeln pflegten, um sie nie mehr herauszulassen. Da ihre Räuberei stets ärger wurde, ließ der Kaiser endlich das Schloß stürmen und alle außer einem hinrichten.

Von der Burg führten später fünf unterirdische Gänge ins Tal, nämlich in das Schlößlein, nach Gottesau, in die Augustenburg, gegen Stupferich und in das Schloß zu Durlach. Durch den letzten Gang konnte man sechsspännig fahren und dann weiter im Durlacher Schloß bis zum Speisesaal im oberen Stockwerk gelangen.

Das Beste nicht vergessen

Auf dem Turmberg bei Durlach arbeitete einmal ein Mann in den Rebenhängen. Da erschien eine Jungfrau und forderte ihn auf, ihr zu folgen und sie glücklich zu machen. Er dürfe sich aber nicht umsehen, noch das Beste vergessen. Sie führte den Mann in einen unterirdischen Gang, viele Stufen hinab und durch viele Türen, die sich immer von selbst öffneten. Hinter ihnen waren Stimmen zu hören, doch der Mann schaute nicht um. Endlich gelangten sie in ein Gewölbe, wo goldene und silberne Münzen aufgehäuft lagen. In ihrer Mitte stand eine schöne, blühende Tulpe. Gierig griff der Mann nach dem Geld und schob in die Taschen, was sie faßten. Dann ging er mit seiner Begleiterin wieder hinweg und kam mit ihr beim Brunnenhaus wieder ins Freie. Jetzt fing die Jungfrau an zu klagen, daß er das Beste, nämlich die Tulpe, vergessen habe. Und nun sei es mit ihrer Erlösung vorbei. Darauf erhob sie sich in die Luft und verschwand.

Ludwig Eichrodt (1827–1892)

SELBSTBEHERRSCHUNG

Zu Karlsruh bei dem Tor,
Da steh' ich auf der Wacht,
Schau rechts und links und vor
Und hab' auf alles acht.

Major und Kommandant
Und Hauptmann noch viel mehr
Sind mir von fern bekannt;
Schnell greif' ich ans Gewehr.

Und kommt mit Saus und Braus
Der Großherzog heran,
So schrei' ich gleich: Heraus!
Und zieh' die Flinte an.

Gern rief ich, geht mein Schatz
Vorüber, auch: Heraus!
Sie spitzt den Mund zum Schmatz,
Ich schaue geradeaus.

Sie knüpft am Schuh das Band
Und tut nicht sehr pressiert;
Ich rühre nicht die Hand,
Mein Herz nur präsentiert.

Ludwig Uhland (1787–1862)

GRAF EBERSTEIN

Zu Speier im Saale, da hebt sich ein Klingen,
Mit Fackeln und Kerzen ein Tanzen und Springen.
Graf Eberstein
Führet den Reih'n
Mit des Kaisers holdseligem Töchterlein.

Und als er sie schwingt nun im luftigen Reigen,
Da flüstert sie leise (sie kann's nicht verschweigen):

»Graf Eberstein
Hüte dich fein!
Heut nacht wird dein Schlößlein gefährdet sein.«

»Ei«, denket der Graf, »Euer kaiserlich' Gnaden,
So habt Ihr mich darum zum Tanze geladen?«
Er sucht sein Roß,
Läßt seinen Troß
Und jagt nach seinem gefährdeten Schloß.

Um Ebersteins Feste, da wimmelt's von Streitern,
Sie schleichen im Nebel mit Haken und Leitern.
Graf Eberstein
Grüßet sie fein,
Er wirft sie vom Wall in die Gräben hinein.

Als nun der Herr Kaiser am Morgen gekommen,
Da meint er, es sei die Burg schon genommen.
Doch auf dem Wall
Tanzen mit Schall
Der Graf und seine Gewappneten all:

»Herr Kaiser, beschleicht Ihr ein andermal Schlösser,
Tut's not, Ihr verstehet aufs Tanzen Euch besser.
Euer Töchterlein
Tanzet so fein,
Dem soll meine Feste geöffnet sein.«

Im Schlosse des Grafen, da hebt sich ein Klingen,
Mit Fackeln und Kerzen ein Tanzen und Springen.
Graf Eberstein
Führet den Reih'n
Mit des Kaisers holdseligem Töchterlein.

Und als er sie schwingt nun im bräutlichen Reigen,
Da flüstert er leise (nicht kann er's verschweigen):
»Schön Jungfräulein,
Hüte dich fein!
Heut nacht wird ein Schlößlein gefährdet sein.«

Friedrich Hölderlin (1770–1843)

AM RHEIN BEI SPEYER*

Ich hatte vormittags so ziemlich mich in Speyer umgesehen. Nachmittags wollt' ich also ins Freie, um da in der Gegend umher mein Auge zu waiden. Ich lief den ganzen Nachmittag beinahe im ganzen Speyrer Bezirk umher, ohne was zu finden, das meine Aufmerksamkeit besonders an sich gezogen hätte. Es ging schon gegen Abend, als ich auf den sogenannten Gran kam, wo die Waren der Schiffe ausgeladen werden. Ich glaubte neugeboren zu werden über dem Anblick, der sich mir darstellte. Meine Gefühle erweiterten sich, mein Herz schlug mächtiger, mein Geist flog ins Unabsehliche – mein Auge staunte – ich wußte gar nimmer was ich sah, und da stand ich – wie eine Bildsäule.

Man denke sich, der majestätisch ruhige Rhein, so weit her, daß man die Schiffe kaum noch bemerkte – so weit hinaus, daß man ihn fast für eine blaue Wand ansehen könnte, und am gegenseitigen Ufer dicke, wilde Wälder – und über den Wäldern her die dämmernden Heidelberger Gebirge – und an der Seite hinab eine unermeßliche Ebene – und alles so voll Segen des Herrn – und um mich alles so tätig – da lud man Schiffe aus – dort stießen andere ins Meer, und der Abendwind blies in die schwellenden Segel – ich ging gerührt nach Haus und dankte Gott, daß ich empfinden konnte, wo Tausende gleichgültig vorübereilen, weil sie entweder den Gegenstand gewohnt, oder Herz wie Schmer haben.

Wolfgang Müller von Königswinter (1816–1873)

NÄCHTLICHE ERSCHEINUNG ZU SPEYER

»Wach auf«, erklingt's in des Schiffers Traum,
»Wach auf, Du Wächter am Strome!«
Und über ihm rauschet der Lindenbaum,
Und zwölfe schlägt es vom Dome;
Groß vor ihm steht einer im dunkeln Gewand,
Der Schiffer bringt ihn hinunter zum Strand,
halb schlafend, halb wachend, wie trunken.

Und während er träge löset den Kahn,
Beginnt es um ihn zu leben,
Viel riesige, hohe Gestalten nah'n,
Er sieht sie nicht schreiten, nur schweben;
Es tönet kein Wort, es rauschet kein Kleid,
Wie Nebel durchzieh'n sie die Dunkelheit;
So steigen sie all' in den Nachen.

Er sieht sie mit Staunen, mit Schrecken an,
Stößt schweigend und fürchtend vom Lande,
Kaum braucht er zu rudern, es flieget der Kahn,
Bald sind sie am anderen Strande.
»Wir kommen zurück, da find'st Du den Lohn.«
Gleich Wolken verschwinden im Felde sie schon,
Fern scheinen ihm Waffen zu klirren.

Er aber rudert sinnend zurück
Durch der Nacht ernstfriedliche Feier,
Wo sich die Heimat hebet dem Blick,
Das dunkeltürmige Speyer,
Sitzt wach bis zum Morgen am Lindenbaum,
Und war es Wahrheit, und war es ein Traum,
Er hüllet es tief in den Busen.

Und sieh, es ruft ihn die vierte Nacht
Als Wächter wieder zum Strome,
Wohl hält er schlaflos heute die Wacht,
Da schlägt es zwölfe vom Dome.
»Hol' über!« ruft es vom andern Strand,
»Hol' über!« da stößt er den Kahn vom Land
In stiller banger Erwartung.

Und wieder ist es die düstere Schar,
Die schwebend den Nachen besteiget,
Der Kahn zieht wieder so wunderbar,
Doch jeder der Dunkeln schweiget,
Und als sie gelandet zu Speyer am Land,
Gibt jeder den Lohn ihm behend in die Hand;
Er aber harret und staunet.

Denn unter den Mänteln blinken voll Schein
Viel Schwerter und Panzer und Schilde,
Goldkronen und funkelndes Edelgestein
Und Seiden- und Samtgebilde;
Dann aber einhüllt sie wieder das Kleid,
Wie Nebel durchflieh'n sie die Dunkelheit
Und schwinden am mächtigen Dome.

Doch wachend bleibt er am Lindenbaum
Mit sinnendem, tiefem Gemüte;
Ja, Wahrheit war es, es war kein Traum,
Als blendend der Morgen erglühte:
Er hält in den Händen das lohnende Geld,
Drauf glüh'n aus alter Zeit und Welt
Viel stolze Kaiserbilder.

Wohl sah er manchen Tag sie an
In forschenden, stillen Gedanken,
Da riefen sie drüben um seinen Kahn,

Das waren die flüchtigen Franken;
Geschlagen war die Leipziger Schlacht,
Das Vaterland frei von des Fremdlings Macht;
Der Schiffer verstand die Erscheinung.

Und löstet ihr, Kaiser, die Grabesnacht
Und die ewigen Todesbande,
Und halft in der wilden, dreitägigen Schlacht
Dem geängsteten Vaterlande,
Steigt oft noch auf und haltet es frei
Von Sünden und Schmach und Tyrannei:
Denn es tut not des Wachens! –

Wilhelm Wackernagel (1806–1869)

KAISER RUDOLFS GRABRITT

Was wandelt denn durchs Land für Trauerkunde?
Die Leute steh'n und weinen an den Wegen,
Und alle Glocken klagen in die Runde.

Und einen Zug sah ich herabbewegen
Zum Tale sich von Germersheim, dem Schlosse,
Und auf der Straße weit den Staub erregen.

Und herrlich raget über all dem Trosse,
Der weinend folgt und schmerzlich weheklagend,
Ein Greis hervor auf langsam geh'ndem Rosse.

Und Priester ihm zur Seite, Kreuze tragend,
Gebete sprechend, feierliche Lieder
Mit Schluchzen singend, Segensworte sagend.

Und durch die Felder geht der Zug hernieder
Zum Rheine hin; und alle Leute weinen
Und schau'n und fragen sich und weinen wieder.

»Der Kaiser ist's, den diese Klagen meinen,
Der Kaiser Rudolf ist's; er will mit denen,
Die schon in Speier schlafen, sich vereinen.«

»Der Kaiser Rudolf ist es: da, wo jenen,
Die vor ihm herrschten, ist das Grab bereitet,
Will er sein Haupt aufs Sterbekissen lehnen.«

»Der Kaiser ist's: er weiß, sein Engel leitet
In dreien Tagen ihn zur Todespforte;
Der Kaiser ist es, der zu Grabe reitet!« –

Und er ist tot! mit solchem Schmerzensworte
Geh'n Zähr' und Seufzer in das Land als Boten:
»Rudolf ist tot.« So klingt's von Ort zu Orte.

Und alles kommt und drängt und will mit roten
Verweinten Augen nur noch einmal schauen,
Nur einmal noch den heißgeliebten Toten.

Es zeigen ihren Kindern ihn die Frauen:
»Geht, diese Hand ließ einst sich das verwaiste
Deutschland als Braut in rechter Liebe trauen.«

Sie steh'n und jammern; doch die allermeiste
Wehklag' erhebt ein Alter, dem an Kinne
Und Scheitel längst die Locke schon ergreiste.

»Ihr Fürsten. Gönnt mir eins nur zum Gewinne,
Nur eins zum Trost. Ich schuf aus festem Steine
Einstmals sein Bild mit meinem besten Sinne.

Das Werk der Lieb und Treue, laßt es seine
Ruhestätte nun für alle Zeit bewahren;
Zu Rudolfs Denkmal g'nügt kein Bild alleine.

Zu Rudolfs Denkmal, der mit grauen Jahren
Die Krone wie ein Jüngling hat getragen,
Drin Wild' und Recht die schönsten Steine waren.«

Der Meister sprach's und trat mit neuen Klagen
Zum toten Kaiser, welchem tiefgefaltet
Der unbewegten Stirne Furchen lagen.

»Noch ist das Bild zur Erde nicht gestaltet!
So rühre, Meißel, manches Bild's Gestalter,
Noch einmal dich, eh' meine Hand erkaltet!«

Denn eine Falte grub ihm noch das Alter.
Nun sei, o Hand, zur letzten Arbeit eilig!
Wer so in Sorgen war des Reichs Erhalter,
An dessen Stirn ist jede Falte heilig.

Victor Hugo (1802–1885)

HEIDELBERG: DAS HAUS VON 1595*

Als hätte es sich in den Schutz der Bäume flüchten wollen, so liegt Heidelberg am Eingang des Neckartals zwischen zwei bewaldeten Höhenzügen, die jeden Hügel stolz überragen und doch nicht so steil wie richtige Berge sind; es hat seine wunderbaren Ruinen, zwei Kirchen aus dem 15. Jahrhundert, ein reizendes Haus von 1595 mit vergoldeten Statuen an der roten Fassade – das Gasthaus zum St. Georgsritter –, es hat alte Türme unten am Wasser, es hat seine Brücke, vor allem aber hat es seinen Fluß, diesen durchsichtigen stillen, ungezähmten, legenden- und forellenreichen, von Felsen starrenden, dessen Lauf, durch die Klippen behindert, ein unentwirrbares Netz von Wirbeln und Strömungen bildet, kurz, ein bezauberndes Mittelding zwischen Fluß und Wildbach, worin sicherlich niemals Dampfschiffe herumplanschen werden.

Wenn ich morgens ausgehe, so besuche ich zuallererst – damit auch mein Geist sein Frühstück bekomme – das Haus zum St. Georgsritter. Es ist wirklich ein entzückender Bau. Über drei Reihen schmaler Fensteröffnungen erhebt sich ein spitzer Giebel mit großen durchbrochenen gerollten Voluten; durch alle drei Stockwerke hindurch springen zwei Erkertürme mit phantastischen Firsten über die Straße vor, und diese ganze rote Sandsteinfassade ist über und über mit teils ernsten, teils spaßigen Bildhauerarbeiten buchstäblich ziseliert, graviert, skulpiert, mit Arabesken, Medaillons und vergoldeten Büsten. Als der poetische Erbauer dieses Hauses mit seiner Arbeit fertig war, setzte er mitten auf den Giebel folgenden frommen demütigen Vers: Si Jehova non aedificet domum, frustra laborant aedificantes eam.

Das war 1595. Fünfundzwanzig Jahre später, 1620, begann der Dreißigjährige Krieg mit der Schlacht am Weißen Berg bei Prag. Im Laufe dieser langen Ilias, deren Achill Gustav Adolf war, wurde Heidelberg viermal belagert, eingenommen und wieder zurückerobert, es wurde zweimal beschossen und 1635 verbrannt.

Ein einziges Haus entkam der Feuersbrunst, das von 1595. Alle andern, die ohne Anrufung des Herrn erbaut worden waren, verbrannten von oben bis unten.

Nach dem Friedensschluß kehrte der Kurfürst von der Pfalz, Karl-Ludwig, mit dem Beinamen »Salomo des deutschen Reiches«, aus England zurück und hob seine Stadt aus dem Schutt. Auf Salomo folgte Heliogabal, auf Karl-Ludwig folgte Karl, auf die pfälzische Linie Wittelsbach-Simmern folgte das Haus Pfalz-Neuburg, auf den Dreißigjährigen Krieg folgte der pfälzische Krieg. Im Jahre 1689 ließ ein Mann, dessen Name heute noch in Heidelberg als

Kinderschreck gilt, Mélac, Generalleutnant der Armee des Königs von Frankreich, Heidelberg plündern und verwandelte die Stadt in einen Trümmerhaufen. Ein einziges Haus überstand auch diese Verheerung, das Haus von 1595.

Immer noch steht diese entzückende rote, mit Gold damaszierte Fassade jungfräulich, unversehrt, stolz und großartig da, das einzige Gebäude, das sich in dieser bedeutungslosen Ansammlung weißer Häuser, dem heutigen Heidelberg, mit dem Schloß messen kann: in der Sonne glitzert die frohlockende Inschrift, und jeden Morgen lese ich da im Vorübergehen, daß Jehova der Baumeister dieses Hauses gewesen sei, daß Jehova es gerettet habe.

Allerdings dürfen wir nicht verschweigen, daß die Renaissance-Frömmigkeit auch mit heidnischen Einfällen gewürzt ist, und tatsächlich wird der Eindruck des feierlichen Psalmwortes ein wenig verändert durch eine profane Inschrift, die der Architekt gerade über ihr hat einhauen lassen: Praestat invicta Venus, die sich ihrerseits wiederum ein wenig behindert sieht durch die dritte Inschrift in der Giebelspitze: Soli. Deo. Gloria.

Eduard Brauer (1811–1871)

DIE SAGE VOM WOLFSBRUNNEN

Schon spiegelt auf des Neckars Flut der Mond sein blinkend Horn,
Wer wandelt flink und wohlgemut waldein zum grünen Born?

Schön Jetta ist's, vom Jettenbühl die hehre Seherin,
Getreuer Minne Machtgefühl ermutigt ihren Sinn.

Allabendlich zum Waldborn kam ein fremder Jägersmann,
Ein Recke kühn und minnesam, den Jetta liebgewann.

Oft bei des Mondes Dämmerstrahl hat sie die Nix' belauscht,
Wenn Kuß um Kuß der Fremdling stahl von Lippen glutberauscht.

Auch heute wagt' sie ihm zur Huld den späten Pilgergang,
Vor heißer Herzensungeduld deucht' ihr der Pfad so lang.

So lang und bang, der Mond erblaßt, es drängt sie mehr und mehr,
Waldvöglein singt vom Tannenast: »O eile nicht so sehr!«

Doch jetzt, nach fast vollbrachtem Lauf, sieht sie, vom Busch umzweigt,
Den Buhlen schon. »Mein Lieb, blick auf!« Er regt sich nicht und schweigt.

Da fliegt das Mägdlein sehnsuchtsschnell ihm zu mit Ungestüm
Umfängt sie, weh! nicht ihr Gesell, ein lechzend Ungetüm.

Ein Wolf, der dort den Durst gestillt, hat gierig sie umklaut,
Vom Blut, das ihrer Brust entquillt, wird Busch und Moos betaut.

O Quell des Jammers! Hört kein Ohr ihr herzzerreißend Schrein?
»O Waidmann, Waidmann, komm hervor, dein Liebchen zu befrein!«

Er naht, er hört' s, er eilt herbei, wie Wetter trifft sein Streich,
Das Untier sinkt, die Maid ist frei, doch leichenkalt und bleich.

Sie blickt zum letzten Mal ihn an, der Glück und Tod ihr gab:
»Fahr wohl, herzlieber Jägersmann, mein Brautkranz fällt ins Grab.«

Ihr Auge brach. Am Jettenbühl, wo lebend sie gehaust,
Da ruht die Jungfrau tief und kühl von Neckarflut umbraust.

Noch klagt dem schönen Pfälzerland die Sage Jettas Leid,
Und Wolfsbrunnen ward der Quell genannt sofort von jener Zeit.

Iwan Turgenjew (1818–1883)

DER SCHWETZINGER GARTEN*

Was ist das dort unten? Was ist das für ein Park mit den zugestutzten Lindenalleen, mit einzelnen wie Sonnenschirme zugeschnittenen Tannen, mit Säulenhallen und Tempeln im Geschmack Pompadours, mit Statuen von Satyren und Nymphen aus der Schule Berninis, mit Rokoko-Tritonen in der Mitte der Teiche, deren geschwungene Ufer von niedrigem Geländer aus schwarz gewordenem Marmor eingefaßt sind? Ist es nicht Versailles? Nein, Versailles ist es nicht. Ein kleines Schloß, gleichfalls im Rokokostil, blickt hinter den Kuppeln krauser Eichen hervor. Der Mond ist in Nebel gehüllt und leuchtet trübe. Über die Erde zieht ein feiner Dunst; das Auge kann nicht unterscheiden, ob es Mondlicht oder Nebel ist. Hier schläft auf einem der Teiche ein Schwan; sein länglicher Rücken schimmert weiß wie der gefrorene Schnee der Steppe; und dort flimmern im bläulichen Schatten der Statuen diamantene Leuchtkäfer. »Wir sind in der Nähe von Mannheim!« sagte Ellis, »das ist der Schwetzinger Garten.«

Joseph Freiherr von Eichendorff (1788–1857)

IM SCHWETZINGER SCHLOSSGARTEN*

Gegen halb 7 Uhr hatten wir Schwetzingen (kleiner offener Marktfleck, fast wie Laumstaedt) erreicht und begaben uns nach eingenommenem Frühstück sogleich in den hiesigen großherzoglichen Garten, der – vom Kurfürsten Carl Theodor angelegt – hundert Morgen beträgt, jährlich, bloß um erhalten zu werden, (viele, viele) Gulden kostet und einer der berühmtesten Deutschlands ist. Altfränkisches und nicht großes Schloß, durch das man hineingeht. Gleich beim Eintritt schöner Point de vue durch eine durchaus ausgehauene Allee auf den fernen blauen Donnersberg, grade symmetrisch in der Mitte. Zu beiden Seiten des Schlosses schließen sich – wie die Portici an der Peterskirche – ungeheuere Orangeriepaläste an. Großes Bassin mit Statuen und vielen Wasserkünsten. Ungeheuere, himmlische, meistens zweiundzwanzig Schritt breite Alleen, sich nach allen Richtungen durchkreuzend. (Hohenlohs Garten in Breslau eine elende Nachahmung davon.) Wir umgingen zuerst den Garten in seinem Umfang, wobei wir dann an verschiedenen Gräben und Teichen, deren Ufer sehr schön mit Trauerweiden behangen sind, an einer alten Ruine, die wir bestiegen, und wieder an einer anderen vorbeikamen. Darauf ließen wir uns in das Innere der prächtigen Moschée und der dazugehörigen Bäder führen und bestiegen auf einer ganz dunklen engen Wendeltreppe das eine von säulenartigen Türmchen, von dem wir die schönste Aussicht auf Speyer, Mannheim und das Heidelberger Tal genossen. Das schöne Plätzchen: wo die stillen Bächlein gehen, und der rinnende Felsen mit dem darauf sitzenden Faun. Unter diesem undurchdringlichen Schatten ruhten wir einige Zeit aus. Große Mengen von Vögeln in diesem kühlen Dunkel spielend. Herrlicher Apollo-Tempel mit einem Vorhof von Sphinxen und der Kaskade, hinten schattigte Altanen. Daneben ein sehr kostbar dekorierter Tempel, wobei fast die schönste Partie, nämlich ein langer Bogengang mit Holzgittern ganz nach altem Geschmack, aber sehr schön, in dessen Mitte eine Wasserkunst mit rings umgebauten Vogelhäusern und kühlen, ausgelegten Grotten und in dessen Hintergrund endlich eine große, oben etwas gewölbte Mauer, ein wenig abstehend, mit vorgewachsenen Sträuchern, worauf eine Landschaft mit Wasser und blauen Bergen und blauem Himmel bis oben hinauf, so täuschend gemalt ist, daß man bis auf acht Schritt durchaus glaubt, man habe eine wirkliche Gegend von zehn Meilen vor sich. Da wir heute nicht förmlich zu Mittag essen wollten, so begaben wir uns um 12 Uhr hinten aus dem Garten in das Wäldchen nach Speyer zu. Hier zogen wir uns, so viel als möglich, aus, streckten uns in den Schatten. (1807)

Alois Messmer (1822–1857)

DER RHEIN BEI MANNHEIM*

Mannheim, »das freundliche reinliche Mannheim«, wie es Goethe nennt, ist auch eine Stadt, an der unsereiner bald satt hat; keine großen historischen Erinnerungen sind sein Fundament, keine Poesie der Vergangenheit umschwebt es und keine Monumente alter Kunst verherrlichen es. Allerdings ist seine Lage nicht, wie die von Karlsruhe, eine Fürstenlaune, sondern naturgemäß; am Ausfluss des Neckars in den Rhein. Ferner hat es einige Geschichte hinter sich, wenigstens die einiger erlittenen Zerstörungen und die des berühmten Mannheimer Theaters. Auch ist die Natur nicht eben karg; sie bietet allerdings keine Höhen dar, aber eine schöne fruchtbare Ebene und den Rhein, der hier ruhig hinrinnt, wie ein See, nur dort und da leise Wirbel ziehend. Ja, es ist gar schön, von der Neckarbrücke den Aufgang und von dem Rheindamm aus den Niedergang der Sonne zu betrachten. Außerdem ist die Stadt von Gärten lebendigen Grüns umgeben und durchzogen, was ihr ein sehr behagliches Ansehen gibt.

Anonymus (1799)

MANNHEIM*

Bei Neckerau, einem kleinen an der Straße gelegenen Flecken, sieht man Mannheim, dessen Schloß und das Jesuitenkollegium vor sich liegen. Das Kurfürstliche Schloß, das beträchtlichen Schaden erlitten hat, steht an der nach dem Rhein zugewandten Stadtseite; von seiner Front hat es die Aussicht durch mehrere Straßen der Stadt, und von der Rückseite die auf den Rhein und die ebne Gegend, die aber nicht die interessanteste ist. Die Sehenswürdigkeiten desselben waren jetzt unbeträchtlich, das meiste: die Gemälde-Galerie, die Kupferstichsammlung, ein Naturalien- und Kunstkabinett so wie die Bibliothek und Aquarien-Sammlung hatte man vor der Zerstörungssucht der Neufranken durch Hinwegschaffung gesichert, und nichts als alte Schildereien und einige unbedeutende Merkwürdigkeiten blieben mir zu besehen.

Joseph Freiherr von Eichendorff (1788–1857)

IN MANNHEIM*

Darauf wanderten wir rauchend wieder weiter in die unübersehbare, anmutig bebaute Ebene hinein, hinter uns die dunklen Neckarberge, die von hier schon in einer malerischen Ferne liegen, und das lustige Städtchen Lauterberg, zur Rechten des Neckars, vor uns die blauen Vogesen und die langsam sich erhebenden Spitzen von Mannheim.

Durch abgelegene, fast öde Straßen verirrten wir uns gleichsam in das schöne Mannheim hinein und befanden uns plötzlich an dem Hof des hiesigen ungeheuren und herrlichen, von Karl Theodor ganz im alten französischen Geschmack erbauten Residenzpalais, das fast die ganze Stadt von der Rheinseite umschließt. Von hier wandten wir uns rechts in das Innere von Mannheim und fühlten uns ganz eigen erfreut durch den fast ganz neuen und einzigen Anblick einer so durchaus modernen Stadt. Große, breite und reine Straßen nämlich, die von einem Ende der Stadt zum andern laufen und überall perspektivisch, teils mit der Aussicht auf einen fernen blauen Berg, teils mit der Ansicht eines Teils der Residenz endigen, teilen, sich durchkreuzend, die ganze Stadt in gleichgroße regelmäßige Karrees. Die Häuser sind niedrig, aber schön, und wenige Paläste ausgenommen, durchaus von einerlei Höhe.

Von hier begaben wir uns auf einer Allee vor der Stadt zum Rhein, der hier schon beträchtlich breit ist. Hier stellten wir uns auf eine Schiffbrücke, die eine kleine Strecke in den Rhein hineingeht. Das äußerste Ende dieser Brücke, das auf zwei großen Schiffen ruht, ist ringsum mit Bänken und einem Geländer umgeben und mit einem galgenartigen Gerüst versehen, an welchem es durch ein großes Seil an mehrere Kähne befestigt ist, die mitten im Rhein vor Anker liegen. Wie erstaunten wir, als wir diesen Teil der Brücke sich plötzlich ablösen und ganz von selbst, ohne Ruderschlag, mit allen darauf befindlichen bunten Gewimmel von Menschen und Wagen wie einen schwimmenden Markt über den Strom schweben sahen.

Johann Peter Hebel (1790–1826)

DIE BESATZUNG VON OGGERSHEIM

Zu Oggersheim gegenüber von Mannheim, um die Wahl etwas weiter oben oder unten, je nachdem man sich stellt, als im Dreißigjährigen Krieg unversehens die Spaniolen vor Oggersheim anrückten, flohen fast alle Einwohner nach Mannheim. Nur zwanzig Hausväter blieben zurück und hatten das Herz, die Zugbrücke aufzuziehen und die Tore zu schließen. Es gehört nicht viel Herz zum Schließen, aber zum Öffnen. Denn als der spanische Feldhauptmann Don Gonsalva hineintrompeten ließ: »Wenn ihr bis morgen um diese Zeit den Platz nicht übergebt«, ließ er hineintrompeten, »alsdenn gebt acht, wer am Leben bleibt, wenn ich den spanischen Sturmmarsch schlagen lasse und doch hineinkomme«, da sahen die Helden einander an und sagten: »Der Weg nach Mannheim ist doch der sicherste.« Nur einer dachte: Was soll ich tun? Meine Frau steht an ihrem Ziel. Soll sie unterwegs oder gar auf dem Rhein ins Kindbett kommen? In Gottes Namen, ich bleibe da. Als nun die andern alle sich geflüchtet hatten und er noch allein in dem Städtlein war, trat er mit einem weißen Fähnlein auf die Stadtmauer und rief in das spanische Lager: »Kund und zu wissen sei euch im Namen des Herrn Kommandanten von Oggersheim, der Garnison und der ehrsamen Bürgerschaft! Ihr sollt uns versprechen das Eigentum zu schonen und die protestantische Religion unangefochten zu lassen. Wenn ihr dieses tut und halten wollt, so sollen euch in einer Stunde die Stadttore geöffnet werden. Ich, der Trompeter.« – Da sahen der Feldhauptmann und seine Leute einander an. Ja. Nein – Nein, Ja. »Was sollen wir katholisches Blut vergießen lassen«, sagte endlich der Feldhauptmann, »um einen ketzerischen Altar umzuwerfen, oder was werden wir in diesem Bauernstädtlein für Schätze finden«; und rief mit lauter Stimme: »Akkordiert!« Nach einer Stunde, als der Feind mit geschlossenen Reihen und Gliedern, mit fliegenden Fahnen und klingendem Spiel einzog, am äußern Tor war niemand. –»Sie werden am Innern sein.« Am innern Tor war auch niemand. – »Sie werden auf dem Platz sein.« – Auf dem Platz stand mutterseelallein mit dem weißen Fähnlein der herzhafte Bürgersmann. »Was soll das heißen? Wo ist der Kommandant und die Besatzung, wo ist der Bürgermeister und der Rat?« Da fiel der Bürgersmann vor dem Feldhauptmann auf die Knie nieder: »Gnädiger Herr, ich bin der einzige, der sich Euerer Großmut anvertraut hat. Die andern sind nach Euerer Aufforderung alle nach Mannheim geflohen. Nur meine Frau ist noch bei mir im Städtlein, aber ein ehlenlanger Rekrut wird nächster Tagen eintreffen. Unterdessen bin ich mein eigener Kommandant und mein Trompeter, mein Gemeiner und mein Profos. Wenn ich seit gestern hätte desertieren wollen, ich hätte mich selber wieder einfangen und Spießruten jagen müssen. »Da lächelte der Feldhauptmann und hieß ihn aufstehn, und obgleich die Spanier zur Zeit des Dreißigjährigen Kriegs keinen Spaß verstanden, so leistete er doch, was er versprochen hatte, und noch mehr. Denn als den andern Morgen der brave Bürgersmann wieder zu dem Feldhauptmann kam, »Ihro Gnaden«, sagte er, »wolltet Ihr mir nicht auf eine Viertelstunde Euern Feldpater leihen, wenn er evangelisch taufen kann? Der ehlenlange Rekrut ist angekommen und schon einquartiert«, da sagte der Feldhauptmann: »Ja, braver Kamerad, und ich will Gevattermann sein und dein Kind zur Taufe halten.« Also hielt der General das Kind zur Taufe und schenkte ihm ein spanisches Goldstück zum Andenken. Den folgenden Tag zogen die Spaniolen wieder weiters.

Conrad von Rappard (1839–1915)

DER ZWEIKAMPF

War einst zu Worms ein groß Turnei
Vom Kaiser ausgeschrieben
Das lockt die Ritter rings herbei,
War keiner heim geblieben.
Den ganzen lieben, langen Tag
Man tummelte und Lanzen brach,
War abends Tanz und Zechen.

Da kam auch aus dem Frankenreich
Ein Mann mit starken Wehren,
Er ritt heran als wollt er gleich
Die ganze Stadt verzehren.
Ein riesengroßes Schwert er schwang,
Sein Roß war sieben Ellen lang,
Vier Ellen in der Höhe.

Manch seltsam Wort und Wundermär
War ihm voraus geflogen
Und trug den Schrecken vor ihm her;
So kam er angezogen,
Kehrt in den besten Gasthof ein,

Läßt seinen Schild mit hellem Schein
Hoch aus dem Fenster leuchten.

Und rief: »Wer mich im Kampf besiegt
Dem geb ich mich zu eigen,
Doch muß auch wer mir unterliegt
Sich mir als Sklave neigen.«
So harrt er sieben Tage lang;
Doch wollte keiner sich den Dank
Mit seiner Haut gewinnen.

Der Kaiser, den das Ding verdroß
Und seiner Ritter Zagen,
Rief manchen tapfern Schildgenoß,
Den kühnen Strauß zu wagen;
Doch schon die zweite Woche schwand.
Und keiner noch dem Ritter stand,
Der immer stärker pochte.

Da ritt auf hohem, stolzem Roß,
In Waffen goldenhelle,
Ein Ritter von des Kaisers Schloß
Und rief: »Wohlauf, Geselle!
Heraus zum Kampf auf Spieß und Schwert,
Kannst einen Dank der Mühe wert
Mit starker Faust Dir holen.«

Der Riese langte von der Wand
Den Eichbaum, seine Lanze,
Er nahm das breite Schwert zur Hand
Und ritt zum Waffentanze.
So kamen sie zum weiten Plan;
Das Volk zu tausend zog heran
Dem Kampfe zuzuschauen.

Die brachen aufeinander los,
Zwei leuchtende Gewitter
Wie Donner kracht der Lanzenstoß,
Fest saßen beide Ritter;
Die Rosse aber kraftentmannt
Hinstürzten keuchend in den Sand
An allen Gliedern bebend.

Und drauf die beiden Ritter schnell
Sich aus den Sätteln schwangen,
Die Schwerter zogen, daß sie hell
Auf Stahl und Panzer klangen.
Wie Eichensturz des Franken Schlag,
Wie Blitze schnell und zuckend brach
Des Deutschen Schwert hernieder.

Da zum gewaltigen Streiche schwingt
Der Riese seine Wehre,
Der Ritter schnell zur Seite springt,
Entgeht des Hiebes Schwere
Und schlägt mit einem Schlag gewandt
Dem Franken ab die rechte Hand:
Der sank in Schmerz zusammen.

Und an des Himmels weitem Schoß
Bricht sich der Jubel wieder,
Der Sieger schlägt den Helmsturz los,
Das Volk sinkt dankend nieder:
Der Ritter, der mit solcher Tat
Den deutschen Ruhm gerettet hat,
War Kaiser Max geheißen.

Carl Trog (1836–1913)

DER JUDEN JERUSALEM AM RHEIN

Nach Mitteilungen des Rabbi von Tudela wohnten schon nach der Zerstörung des ersten Tempels (588 v. Chr.) Juden in Worms und gründeten daselbst eine Synagoge. Später, als wieder bessere Tage über Juda kamen, forderte der Hohenpriester die ausgewanderten Juden auf, in das Land der Verheißung zurückzukehren, und bedrohte sie im Weigerungsfall mit dem Fluch Jehovahs. Die Juden zu Worms mochten aber den Wonnegau nicht verlassen. Als Grund dafür stellten sie die Behauptung auf: »Worms ist unser Jerusalem und die Synagoge unser Tempel. Als wir das gelobte Land verließen, nahmen wir von den geweihten Orten Erde mit und mischten diese in das Fundament unserer Synagoge und unter die Erde unserer Begräbnisstätte. Also ist hier, wo wir beten und im Tod ruhen, auch verheißenes Land.«
Noch heute zeigt man auf dem Totenhof der Wormser Juden einen Ort, wo die aus Juda mitgebrachte Erde aufgeschüttet sein soll.

Max von Schenkendorf (1783–1817)

AM RHEIN
(26. Oktober 1814)

Ich bin herausgekommen
Von Worms, der alten Stadt,
Ich habe wohl vernommen,
Daß es gerufen hat.

Am Ufer dort, am rechten,
Erscheint ein Mädchenpaar;
Da weht in langen Flechten
Ein goldnes Lockenhaar.

Und hier am grünen Flusse
Die Stadt so wonnesam,
Zu der mit mildem Gruße
Der milde Siegfried kam.

Was hat mich denn gezogen?
Was klang in ferner Luft?
O meldet, liebe Wogen,
Wo ist sie, die mich ruft?

Nicht hüben und nicht drüben,
Von unten klingt's herauf;
Das Wünschen und das Lieben
Nimmt hier nur tiefen Lauf.

Du hast es ja gehöret
Das Lied nach weiser Kunst,
Wie Siegfried ward betöret
Von süßer Frauengunst.

Um holden Schatz zu werben
Kam er mit seinem Schatz,
Zu werben und zu sterben,
Kam er an diesen Platz.

Tief unten in dem Grunde,
Am feuchten, kühlen Ort,
Da ruht noch diese Stunde
Der Nibelungenhort.

So fließet nur ihr Wellen,
Und deckt ihn ferner zu,
Wenn Herzen sehnend schwellen,
Singt sie in stille Ruh.

Ich trag ihn fort im Herzen
Den rechten treuen Schatz,
Da finden Lust und Schmerzen
Für lange Jahre Platz.

Mich wird sie nicht verderben
Die süße Frauengunst;
Doch gerne will ich sterben
In heil'ger Liebesbrunst.

Johanna Schopenhauer (1766–1838)

IN WORMS*

Von außen sieht Worms mit seinen efeubewachsenen Türmen, seinen zackigen alten Mauern recht ehrwürdig-altertümlich aus, von innen öde und menschenleer. Keine Spur von der Kaiserpracht mehr, die vor grauen Jahrhunderten hier geherrscht haben mag; noch weniger einer von den im Nibelungenlied besungenen Rosengärten, außer dem Namen, den noch eine Insel im Rhein führt. Wir wollten wenigstens die berühmte Domkirche sehen, in der wir noch Überbleibsel alter Kunst zu finden hofften, aber nur mit Mühe trafen wir in den menschenleeren Straßen jemand, der uns den Weg zu ihr bezeichnete.

Karl Immermann (1796–1840)

DAS IST DER ROSENGARTEN*

Ich stieg zu dem Absatz des einen Turms empor und sah nun die herrliche Ebene der Nibelungen vor mir ausgebreitet, Sanfte Hügelzüge teilten die Fläche in mäßige Quartiere ab; der Rhein schlendert in Bogenkrümmungen daran her; in der Ferne begrenzen die Aussicht Taunus und Odenwald, rechts Donnersberg, Vogesen und Haardtgebirge. Kehrt man nun in die Nähe zurück, so versteckt sich mehr, als daß er sich aufdrängte, ein blasser grauer Werder im Rhein. Das ist der Rosengarten.

Die beiden größten Epen der Welt spiegeln in räumigen gebirgsumgrenzten Flächen. Man fühlt es, nur ein solches Terrain mit seiner ruhigen Mannigfaltigkeit ist der Boden jener Gattung. Da gedeiht das Heldengedicht, wie in einer Felsgegend die Sage sich anekdotenhaft verdichtet oder zersplittert.

Ein Ruisdaelscher weißblauer Himmel lag segnend übder der Bergstraße, die von allen Geistern der Fruchtbarkeit strotzte. Man glaubt es nicht, daß die Erde so viel tragen könne. Reben, so weit man sieht, dazwischen Obstbaum an Obstbaum und alle Feldfrüchte, Tabak, Hanf, Mais. Dazu der schöne einfache Gegensatz, rechts die sanften lieben Hügel, beherrscht vom Melbokus, links die goldene Fläche im sanft vermittelnden Abendlicht!

Matthias Quad, gen. von Kinkelbach (1557–1609)

KLOSTER LORSCH

Eine halbe Meile von dem Stettlin Benßheim liegt das Kloster Laurissa, zu Teutsch Lorsch, welches von Carolo Magno, oder wie etliche meinen, von Pipino, seinem Vater, erbaut ist und ward Herzog Tassilo von Bayern mit seinem Sohn Theodore vom Carolo in dies Kloster gestoßen, nachdem er ihn mit rechtfertigtem Krieg überwunden hatte, dann sie alle beide eidbrüchig an gemeltem Kaiser worden waren. Dies Kloster hat eine gar alte Liberei gehabt, dergleichen man in ganzem Teutschland nicht gefunden hat, aber die alten Bücher sind meist teils daraus verzuckt worden, es sind noch inwendig hundert Jahren Bücher darin gewesen, die Virgilius mit eigner Hand geschrieben haben. Zwischen Weinheim und dem Rhein gegen Wurmbs zu, liegt der Lorsche Wald, auf flachem Feld, läuft voller Hirsch und hinnen, und fällt die gemeine Landstraße dadurch, also das man unbeschädigt mitten durch das Wild hinziehet.

VOLKSLIED

aus des Knaben Wunderhorn
Melodie: Johann Friedrich Reichardt (1742–1814)

Der Baum im Odenwald

I.
Es steht ein Baum im Odenwald
Der hat viel grüne Äst,
Da bin ich schon viel tausendmal
Mit meinem Schatz gewest.

Da sitzt ein schöner Vogel drauf,
Der pfeift gar wunderschön;
Ich und mein Schätzlein lauern auf,
Wenn wir mit'nander gehn.

Der Vogel sitzt in seiner Ruh'
Wohl auf dem höchsten Zweig;

Und schauen wir dem Vogel zu,
So pfeift er alsogleich.

Der Vogel sitzt in seinem Nest,
Wohl auf dem grünen Baum;
Ach! Schatz, bin ich bei dir gewest,
Oder ist es nur ein Traum!

Denn jüngst in meinem Morgentraum
Hat mich ein Bild erschreckt,
Verdorben sah ich Blatt und Baum,
Das Vöglein hingestreckt.

Umschürzt mit einem goldnen Band,
Stand, die mir Treue schwur,
Mit einem andern Hand in Hand, –
Ach! war's ein Traumbild nur?

Der Baum, der steht im Odenwald
Und ich bin in der Schweiz,
Der Schnee, der liegt so kalt, so kalt,
Mein Herz es mir zerreißt.

II.
Es steht ein Baum im Odenwald,
Ging mir nicht aus dem Sinn.
»Gott grüß Dich, schönes Jungfräulein;
Wo bind' ich mein Rößlein hin?« –

»Nimm Du es, Dein Rößlein, am Zügel, am Zaum,
Bind es an den Lindenbaum,
Und setz' Dich ein' kleine Weil' nieder,
Und mach' mir 'ne kleine Kurzweil.« –,

»Ich kann es und mag es nicht sitzen,
Mag auch nicht lustig sein;
Mein Herz ist mir betrübet,
Feins Lieb von wegen dein.«

Was zog er aus der Taschen?
Ein Messer war scharf und spitz.
Er stieß es seiner Liebe ins Herze;
Das rote Blut gegen ihn spritzt.

Und da er's wieder heraußer zog,
Vom Blut war es so rot:
»Ach reicher Vater im Himmel,
Wie bitter ist der Tod!« –

Was zog er ihr aber vom Finger?
Ein schönes Goldringelein;
Er warf es ins flüssige Wasser;
Es gab einen hellen Schein.

»Schwimm hin, schwimm her, Goldringelein!
Bis an die tiefe See.
Mein feines Lieb ist mir gestorben,
Nun hab' ich kein feins Lieb mehr.« –

So geht's, wenn ein Mädel zwei Knaben lieb hat!
Tut wunder selten gut.
Das haben diese beide erfahren,
Was falsche Liebe tut.

Fr. Ernst (Lebensdaten unbekannt)

AN DER RIESENSÄULE IM ODENWALDE

Durch Jahrtausend' ausgestreckt
Auf der Schlummerstätte,
Hat dich keine Zeit geweckt,
Schreitend zu dem Bette.

Kaum geboren schliefst du ein.
Wann wirst du, zu leben,
Wieder rühren dein Gebein,
Und das Haupt erheben?

Blickst du niemals auf das Land
Hoch und stolz hernieder?
Löst der Himmel nie das Band
Deiner Riesen-Glieder?

Jüngst erstand wohl eine Zeit,
Sieges Donner hallte,
Zu erwecken dich bereit,
Nahend deinem Walde.

Und die Eiche neigte schon
Froh die grünen Reiser,
Um zu schmücken deine Kron';
Doch es hallte leiser.

Jener Donner rollte fort,
Ohne dich zu wecken,
Und die treue Eiche dorrt
Über ihrem Recken.

Riese, hebst du nie dein Haupt?
Wirst du nie erwachen?
Ach, die Eiche steht entlaubt!
Keine Donner krachen!

Johann Christian Scriba (1732–1782)

DER ODENWALD

Wie grünen die Eichen so frisch und so hold,
Wie glänzet so freudig das sonnige Gold,
Wie rauschen die Wellen so klar und so rein
Hervor aus dem ahnungsdüsteren Hain!
Wie bist du so schön! Dein Name allein
Ergreift schon das Herz mit Zaubergewalt,
Mein grüner, mein herrlicher Odenwald!

Es schmiegen sich zwischen den buschigen Höhn
Die Täler dahin so lachend und schön,
Es klappern die Mühlen am sprudelnden Bach,
Es winket des Kirchturms moosiges Dach,
Die hallenden Glocken rufen mir wach
Der Sehnsucht innige heiße Gewalt,
Mein grüner, mein herrlicher Odenwald!

Und Herzen voll Treue und Augen voll Lust,
Und Mädchen mit liebebewahrender Brust,
Und freier Sinn, kein zitternder Knecht,
Und fröhliche Sitte und gastliches Recht.
Wie trägst du das Alles so blühend und echt!
Es zieht mich nach dir mit stiller Gewalt,
Mein grüner, mein herrlicher Odenwald!

Im zerfallenen Schloß beim Abendschein,
Da füll' ich den Becher mit funkelndem Wein!
Es weiden die Herden auf duftigem Hang,
Es tönet im Wald des Jägerhorns Klang,
Es schallt aus der Tiefe der Glocken Gesang
Da ruf' ich hinaus mit Donnergewalt:
Hoch lebe mein herrlicher Odenwald!

Und muß ich einst scheiden, ach scheiden von hier.
Mein sehnendes Herz hängt ewig an dir!
Dein blühendes Tal und den düsteren Hain,
Die rauschende Mümling – sie lieb' ich allein;
Und schläft einst mein Auge auf immerdar ein,
So schwebet mein Herz mit letzter Gewalt
Nach dir noch, mein herrlicher Odenwald.

Carl Geib (1777–1852)

DER BURGGEIST RODENSTEIN

Seine Rast sind die Schlachten, in Wald und in Feld,
Sein Bett ist der Boden, sein Schloß ist das Zelt,
– Die Braut sein liebes Deutschland.

Auf einem waldigen Gipfel der Neunkircher Höhe, die sich, durch ihre Lage und Aussicht, im Odenwälder Gebirge besonders auszeichnet, erscheinen die Trümmer der alten Burg Rodenstein. Das Rittergeschlecht dieses Namens hat ohne Zweifel schon sehr früh in diesen Gegenden gehauset. Ein Marschall von Rodenstein kommt in einer Urkunde des Jahres 1265 vor. Freilich sind unter den Grabsteinen dieser Familie, welche man in der Kirche des eine Stunde von hier entlegenen Orts Fränkisch-Crumbach sieht, die noch gut erhaltenen und mit ausdrucksvollem Bildwerk gezierten aus dem 16. Jahrhundert; die verwitterten aber deuten auf eine weit ältere Zeit. Der Stamm erlosch gegen Ende des 17. Jahrhunderts, und seitdem scheint die Burg zerfallen zu sein.

Aber nicht von dieser, sondern von den Ruinen der eineinhalb Stunden weiter entfernten, uralten Burg Schnellarts, die vielleicht auch im Besitz der Familie Rodenstein war, geht der bekannte gespenstige Heerzug aus. Wenn, so heißt es, in diesem Gebirge die Nacht an die Stelle der Dämmerung tritt, erhebt sich dort manchmal ein wildes Getöse, Rossegetrab, wie von einer ganzen Reiterschar, Wagenrollen, hier dumpfes, dort gellendes Hundegebell, Peitschenknall, Hörnerklang und Kriegsgeschrei, das ein ringsum tönendes Krachen begleitet, hört man in der Luft. Der Zug geht durch die Scheune eines Bauernhofs in Oberkainsbach, und von da über die Orte Brensbach und Fränkisch-Crumbach hinweg; ja in ersterem will man Geraffel in einer Küche, und an einem Haus des letztern, wo vordem ein Hufschmied gewohnt, den Klang von Hämmern gehört haben, weil hier der Ritter sein Pferd beschlagen lasse. Der Volksglaube, daß dieser Auszug des Burggeistes einen nahen Krieg bedeute, indem dieser jedesmal darauf erfolgt sei, ist nicht allein im Odenwald, sondern in der ganzen Gegend des Mittelrheins verbreitet. Merkwürdig ist auch, daß man vom Jahre 1743 bis 1796 über diesen Spuk Leute aus den erwähnten Ortschaften vernommen, und ein amtliches Protokoll über ihre Aussagen geführt hat. Doch treten hier – wie Grill sagt – aus Kainsbach nur mehrere Glieder einer Familie, und drei Personen, wovon zwei ihre Nachbarn, über das Küchengeräusch in Brensbach aber nur einmal der Mann (von dem auch die Nachricht über das Hammergepolter in Crumbach herrühre), und ein Jahr später die Frau des Hauses, als Zeugen auf. – Daß es Naturerscheinungen gibt, wodurch schauerliche Töne in der Luft erregt werden, die eine abergläubische Einbildungskraft für Gespensterlärm hält, ist durch die Forschungen fachkundiger Männer im In- und Ausland bekannt. Auch findet sich in tiefen Gebirgswäldern eine Art wilder Vögel, wovon sich zuweilen bei Nacht eine unzählbare Menge mit so wunderbarem Gesaus und Geschrei erhebt, daß auch der von keiner Gespensterfurcht Wissende, wenn er die Ursache dieses Tumults nicht kennt, an ein übernatürliches Schreckbild denken möchte. Ob etwas hiervon auf den Zug des Rodenstein, der nach geschlossenem Frieden in der nämlichen Ordnung wieder nach der Schnellartsburg zurückgehen soll, anzuwenden sei, wollen wir nicht entscheiden, und erwähnen nur schließlich den Grund dieser Sage, die von einigen in die früheste Ritterzeit verlegt wird und manchen Stoff zu märchenhaften Dichtungen und Balladen gab. Hier stehe noch eine Kunde aus dem späten Mittelalter, die man in der dortigen Gegend erzählt, und deren Inhalt der genannte Schriftsteller in einer schönen Romanze besang.

Soliman II., einer der mächtigsten Sultane des türkischen Reichs, hatte den Rittern von St. Johann, nach der tapfersten Gegenwehr, die Insel Rhodos entrissen, drang nun siegreich in Ungarn ein und stand endlich vor Wien. In zwanzig Tagen ließ er zwanzigmal Sturm auf die wohlbefestigte Hauptstadt laufen; aber jedesmal schlug ihn die Besatzung mutvoll ab. Doch vielleicht wäre ihm auch dieser Kampf gelungen, hätte Kaiser Karl V. nicht schnell ein Heer gesammelt, mit dem er den Bedrängten zu Hilfe eilte. In den Feldern Wiens kam es zu einer furchtbaren Schlacht. Lange und unentschieden wankte der Sieg. Aber der kühne rheinländische Ritter Fritz von Rodenstein, der in des deutschen Kaisers Heer focht und wegen seiner übermäßigen Tapferkeit der Tolle hieß, warf sich jetzt im schnellsten Galopp mit seiner Reisigen Schar in den Rücken des Feindes, und trug Tod und Verwirrung in dessen Reihen. Die Kaiserlichen stürmten vor, die Muselmänner wandten sich heulend zur Flucht und ließen 80 000 Mann tot, verwundet und gefangen auf dem Schlachtfeld zurück; ja mit Mühe entrann der stolze Sultan selbst. Dies geschah im Jahre 1529. Der Kaiser berief nun den heldenmütigen Rodenstein zu sich und sprach »Ritter! Euch danke ich vor allen die Rettung meines Erbgutes und möchte Euch dafür belohnen. Man sagt, einer Eurer Vorfahren habe die Burg Rodenstein, Euer Stammschloß, verpfändet. Ich löse das Pfand und gebe sie Euch von heute an zu Lehen.« Und der Ritter neigte sich voll Ehrfurcht und erwiderte: »Gern, hoher Kaiser, bin ich Euer Lehnsmann auf Burg Rodenstein, und werde mich dankbar zeigen. Dem kaiserlichen Haus und dem deutschen Reich diene ich treu im Leben und im Tod, wenn es je ein Krieg bedräut; dann auch mein Geist soll noch ausziehen bei dunkler Nacht, und die Feinde des Vaterlandes schrecken.« Er begab sich dann ruhig auf seiner Väter Schloß als treuer Vasall des Kaisers und lebte hier noch manches Jahr. Aber einst, als er nach Schnellartsburg auf die Jagd ritt, stürzte sein Roß im felsigen Grund, und er starb am tödlichen Fall. Hier ist sein Grab. Doch fest hält er sein Wort; denn wenn ein Krieg entbrennt, so hört alsbald die Gegend umher des Rodensteiners donnernden Auszug.

Georg Christoph Lichtenberg (1742–1799)

O KÖNNT' ICH DICH, MEIN DARMSTADT, WIEDER KÜSSEN*

O könnt' ich dich, mein Darmstadt, wieder küssen,
Wo nie ein Schneider mir die Ruhe wehrt
Und wo beim eignen Wein mich nie in meinen Schlüssen
Ein Konto stört,
Wo ich, gleich weit vom Geizen und vom Borgen,
Kein steiles Glück und nicht Verachtung drückt,
Wo Amor nie, straft er mich gleich mit Sorgen,
Pedellen schickt.

Aurelio de' Giorgi Bertola (1753–1798)

FÜNF MEILEN VOR MAINZ*

Die Straße schlängelt sich nunmehr den Fluß entlang, der hier das kurpfälzische Gebiet verläßt. Die Höhen werden ein wenig schroffer, aber nicht so widerspenstig, daß sie etwa keine Reben mehr duldeten. Abermals berührt die Straße das Ufer längs einem Spalier nicht mehr von Bergen, sondern von Hügeln, die noch etwa fünf Meilen vor Mainz überall mit Reben und Obstbäumen prunken, bis sie mit einem freundlichen Ausbiegen um die Stadt ein schönes Amphitheater bilden. Bevor wir aber Mainz erreichen, erfreuen uns am sanften Uferhang die Kurfürstlichen Gärten, in deren Angesicht der Rhein seinen stärksten Vasallen aufnimmt und dabei soviel Größe und Majestät entfaltet, daß man meinen könnte, der Main träte hier in einen weiten See.

5. Der Romantische oder Mittelrhein

Vom »Goldenen Mainz« bis zum »Heiligen Köln«

Ein unendlicher Zauber begleitet den Reisenden
in diesen Gauen … Man muß nicht Deutscher sein,
um die Traurigkeit, die Schönheit, die Schwermut
gewaltig zu fühlen, aber man begreift leicht
die schwärmerische Liebe, die diese Ufer
im Herzen eines Deutschen erwecken,
dessen Geburtsland sie sind.

Hippolyte Durand

Antonio de Beatis (Lebensdaten unbekannt, 16. Jh.)

FÜNF MEILEN VON MAINZ WEG*
(1517)

Da der Anblick von Mainz bis Köln der schönste ist, den ich je gesehen habe oder bei irgendeinem anderen Fluß zu sehen erwarte, so scheint es mir angemessen und gebührend, ihn zu beschreiben. Auf beiden Ufern des Flusses sind nur Weinberge, fünf Meilen von Mainz weg bis drei italienische Meilen vor Köln sind die Hügel auf beiden Ufern ganz mit Reben bepflanzt. In Entfernungen von je einer halben italienischen Meile liegen auf beiden Ufern 235 Orte und 15 feste Städte, von denen je ein Teil den Erzbischöfen von Mainz, Köln und Trier und dem Pfalzgrafen gehört, und eine Anzahl von festen Schlössern des Adels auf den Höhen – wie es in Deutschland Sitte ist.

Ulrich von Hutten (1488–1523)

DAS GOLDENE MAINZ

Ich nenn' es das goldne, und wahrlich mit Recht. Denn ich meine, unter allen Städten deutscher Nation, die man wegen ihrer schönen Lage oder wegen ihrer gesunden Luft lobt, verdiene Mainz den ersten Preis. Nirgends hab' ich bessere Luft gefunden, auch liegt die Stadt so über die Maßen lustig am Zusammenfluß zweier großer schiffbarer Flüsse, auf denen man leicht und ohne große Kosten hin- und herschiffen kann und dabei immer erfährt, was es überall Neues gibt. Und ich meine auch, Mainz sei für jeden, der studieren und seine Vernunft gebrauchen will, der rechte Ort; ich kann wahrhaftig sagen, mir kommt es wie eine Erfrischung von Geist und Sinn entgegen, so oft ich nach Mainz reise, wenn ich die Stadt noch gar nicht zu Gesicht bekommen habe. Zu Mainz kann ich immer genug lesen und schreiben, und nirgendwo hab' ich größeren Trieb zum Dichten. Ich nenn' es das goldne Mainz, wie man etwas zu nennen pflegt, das schön und lustig ist, wonach wir eine besondere Begierde haben und was uns besonders gut gefällt. Doch ist dieser Zuname weder neu noch etwa gar von mir erfunden, er ist vielmehr altberühmt, wie der des »heiligen« Köln.

Alois Messmer (1822–1857)

MAINZ IST EINE ART MITTELPUNKT VON DEUTSCHLAND*

Endlich erschienen die Türme von Mainz, es war gegen 11 Uhr und bald lagen wir an dem stattlichen Landungsplatz still. Der erste Gruß, den ich auf der Rheinbrücke vernahm, war der schöne Radetzkymarsch, den die Kapelle der österreichischen Besatzung von der Stadt herab hören ließ. Das war in der Tat ein freundlicher Willkomm …
Der Dom ist ein Seitenstück zu denen von Speyer und Worms. Er ist großenteils aus hellrotem Sandstein, der besonders im Sonnenlicht prächtig erglänzt. An ihn schließt sich ein bedeutend großer Kreuzgang an in schönem gotischen Stil mit mächtig hohen Fensterbogen und einer zweiten Etage. Er ist mit grünem Gesträuch und jungen Bäumen bepflanzt und enthält das Grabmal des Sängers Frauenlob. Man sieht sich alsdann noch das Monument Gutenbergs auf dem nach ihm genannten Platz an …
Es ist hier eine Art Mittelpunkt von Deutschland, von hier beginnt die eigentlich schönste Rheinpartie, der Mittelrhein. Hier kommt der Main von Osten heran, hier ist die Verbindung mit dem Westen und Norden überall bequem. Es ist daher begreiflich, daß es sehr lebendig aussieht, es rennt und drängt und lärmt bunt durch die Gassen, besonders jetzt, da man hier ein kleines Vorspiel der Frankfurter Messe aufführt.

Carl Trog (1838–1913)

DIE SAGE ÜBER DEN URSPRUNG VON MAINZ

Der deutschen Ströme König bist du Rhein:
Wie herrlich Mainz umkränzt von Nektarhügeln,
Und Bacharach und Bingens Moosgestein
In deinem grünlichen Kristall sich spiegeln!

Das »goldene Mainz«, wie die alte Rheinstadt ihres Reichtums wegen im Mittelalter genannt wurde, war ursprünglich ein römisches Kastell. Schon vor der Römerzeit bestanden an diesem Punkt, wo Main und Rhein zusammenfließen, deutsche Ansiedlungen. Dies berichtet die Geschichte zwar nicht, doch die Volkssage weiß darüber folgendes zu melden:

Eintausend vierhundert Jahre vor Christi Geburt lebte zu Trier ein Zauberer mit Namen Requam. Derselbe ärgerte jedermann und war seiner Streiche wegen eine arge Plage der Stadt geworden. Kein Wunder, daß endlich den Bürgern der Geduldsfaden riß und sie Mosjö Requam zum Tor hinausjagten. Ob dieses Schimpfes kochte der Zauberer vor Wut, er schüttelte drohend die Fäuste gegen seine Vertreiber und schrie: »Ich werde in der Nähe eine Stadt bauen, die Trier an Reichtum und Ruhm weit übertreffen soll!« – Der »Windbeutel« wendete sich nun dem Rhein zu. Er wanderte stromaufwärts bis an die Stelle wo jetzt Mainz steht. Hier gefiel es ihm. Flugs zauberte er eine Stadt hervor und lud die Menschen der Umgegend ein, darin zu wohnen. Und die Menschen kamen und wurden durch klugen Handel so reich, daß man in aller Welt von dem »goldenen Mainz« sprach.

Den Mainzern behagte es aber gar nicht, daß ihre »goldene Stadt« einem Gesellen des Beelzebub ihr Dasein verdanken sollte. Sie sannen hin und her, fanden aber keinen Ausweg. Da legte sich Frau Saga ins Mittel und half über den Berg hinweg. Sie zog ihre Siebenmeilenstiefel an und rückte, – es kommt ihr bekanntlich auf ei-

nige hundert oder tausend Jährchen gar nicht an, – den Ursprung der Stadt ins graue Altertum, in die Zeit, als die Griechen die Stadt Troja zerstörten. Damals flohen viele Trojaner und die Furcht vor dem riesigen Holzpferd – in dessen Bauch versteckt die Griechen sich in Troja eingeschmuggelt hatten – trieb sie weit in die Welt hinaus. Einer dieser ausgerissenen trojanischen Helden mit Namen Moguntius kam an den Rhein, und da es ihm daselbst gut gefiel, baute er eine Stadt und nannte sie nach seinem Namen Moguntia, woraus später der Name Mainz entstand.
So hat Frau Saga die Ehre der »goldenen Stadt« gerettet, und den »Malefizkerl«, den Requam, aus dem Feld geschlagen.

Karl Simrock (1802–1876)

DIE GOLDENE LUFT*

Die naheliegende Vermutung eines Zusammenhangs des goldenen Mainz mit jener Stadtgegend, welche ihrer hohen und gesunden Lage wegen noch heute den schönen Namen der goldenen Luft führt, wird durch nichts bestätigt. Weniger zweifelhaft ist der Bezug der goldenen Luft auf den römischen Vicus salutaris. In den Römerzeiten war nämlich die bürgerliche Stadt nach dem Beispiel Roms in vier Quartiere (vicos) geteilt. Jeder Vicus hatte seinen eigenen Schutzgott. Die Lage des Vicus salutaris, welcher dem Jupiter und der Juno geweiht war, glaubt man wegen des entsprechenden Namens in der heutigen goldenen Luft zu finden. Was von dieser die Sage erzählt, möge uns Rückert berichten:

Friedrich Rückert (1788–1866)

DIE GOLDNE LUFT

Zu Mainz ist eine Straße
Die goldne Luft genannt.
Als einst von Gasse zu Gasse
Die Pest die Stadt durchrannt
Und was darin gewohnet
Hinraffte in die Gruft,
Da blieb allein verschonet,
Sagt man, die goldne Luft.

Und als die gift'gen Lüfte
Vertrieb der goldne Hauch,
Erheiterten die Grüfte
Der Stadt sich wieder auch.
Ausgoß von dort allmählich
Sich neue Bevölkerung.
Und füllte bald unzählig
Die Stadt mit alt und jung.

So ward mir jüngst erzählet
Von einem, den ich mir
Zum Führer hatt' erwählet,
Der zeigte mir die Zier
Der Stadt, die, altertümlich,
Einst Deutschlands Schutz und Wall,
Jetzt wieder pranget rühmlich
Nach des Tyrannen Fall.

Die Pest, die hier gehauset,
Wem ist sie nicht bekannt?
Sie ist es, die durchgrauset

Das ganze deutsche Land.
Verschont ist nichts geblieben
Von ihrem Moderduft,
Bis daß sie ward vertrieben
Von goldner Freiheit Duft.

Ernst Moritz Arndt (1769–1860)

MAINZ, EINER DER SCHÖNSTEN PLÄTZE*

Durch ihre Lage in einem Paradies der Natur, nahe am Zusammenfluß von zwei Strömen, wird Mainz immer einer der schönsten Plätze bleiben. Diese natürliche Anmut wird noch durch manche politische unterstützt, und als Stapelstadt, als Residenz des ersten Kurfürsten, als Straße ins überrheinische Land hinein, als Universität, als der Sitz vieler reicher Fürsten und Reichsbaronen, die hier einen Teil des Jahres zu verleben pflegen, hatte sie so manche Vorteile, die den meisten ihrer Schwestern mangelten. Dies gab Reichtum und Gewerbe, und diese wieder Lebendigkeit und Glanz und Pracht. So ward diese Stadt eine der ersten und ältesten im alten Germanien, zugleich eine der elegantesten und glänzendsten.
Die südöstliche Seite, oder die von der Zitadelle bis zur Rheinbrücke hinab, mit allem, was bei ihrem Durchschnitt rechter Hand gegen Nordosten liegen bleibt, ist die älteste und engste und häßlichste. Man geht von der Gegend der Zitadelle immer sanft gegen den Strom hinab durch schiefe und krumme Gassen, deren einige doch recht hübsche Häuser haben. Indessen ist in diesem Teil der Stadt unten am Rhein bei weitem die meiste Lebendigkeit und Geschäftigkeit. Weit schöner, neuer und regelmäßiger ist der andre südwestliche Teil der Stadt, der die schönsten Gassen und die stattlichsten Häuser und Paläste hat, und mit manchen hübschen Plätzen geschmückt ist. Hier findet man an der westlichen Außenseite

die drei Bleichen, drei schöne parallel nebeneinander hinlaufende Gassen, alle mit lustigen neuen Häusern und mit breiten Steinen gepflastert, da der bergigte Teil der Stadt spitzsteinig belegt ist. Linker Hand von diesen Bleichen liegt der schöne Tiermarkt, der jetzt der grüne Platz (place verde) heißt, mit Bäumen eingefaßt und mit netten Häusern und einigen Palästen umgeben, die nun leer stehen. Vorzüglich schön aber ist der große Schloßplatz, von welchem die Bleichen auslaufen, obgleich kein regelmäßiger. Hier liegt die alte ehrwürdige Residenz der Fürsten, die Martinsburg, hart am Rheinstrom, und von ihr sowohl als vom Platz selbst hat man eine herrliche Aussicht über ihn und seine Inseln und Rebenufer.

Alexander Kaufmann (1821–1893)

DIE ESELSMÜNZEN VON MAINZ

Als der gute Kaiser Max einst in Mainz hat übernachtet,
Trat der Pfinzing zu ihm ein, Probst und Dichter hoch geachtet:
Und so sprach der fromme Probst: »Herr, Ihr solltet eins gewähren!
Tut's dem heiligen Alban, unserm Schutzpatron, zu Ehren!
Herr, gewährt, daß, wenn im Dom jährlich sie die Münzen prägen,
Auch Sankt Alban prägen darf – reich belohnt's Euch Gottes Segen!«
Wie bered't der fromme Probst seine Bitte vorgetragen,
Max brummt mürrisch in den Bart: »Einen Esel müßt Ihr schlagen!«
Wenig Tage, schau, da ist abermals der Probst erschienen,
Bückt sich tief und lächelt fein: »Herr, mit Eseln kann ich dienen!« –
»Was mit Eseln?« – »Ei, nun ja! Sollt' ich denn nicht Esel schlagen?
Schaut die Gulden Stück vor Stück, ob nicht alle Esel tragen?
Hier Sankt Albans heilig Haupt, dort der Esel – hübsche Gulden?!«
Lachend fährt der Max empor: »Heilig' Reich, was muß man dulden
Preisen mag Dich Sankt Alban, pfiffigster der Reichsprälaten:

Deine Eselsmünzen, traun, sind gewichtig wie Dukaten.
Sei das Recht Euch dann gewährt, aber Esel nennt zur Stunde
Euern Kaiser, führt er je einen Esel mehr im Munde!«

Friedrich Hölderlin (1770–1843)

KÖNIGSTEIN IM TAUNUS*

Das Städtchen liegt am Gebirg, und Wälder und geschmackvolle Anlagen liegen rings herum; ich wohne gegen das Feld hinaus, habe Gärten vor dem Fenster und einen Hügel mit Eichbäumen, und kaum ein paar Schritte in ein schönes Wiesental. Das geh' ich dann hinaus, und diese unschuldigen Augenblicke geben mir dann wieder Mut und Kraft zu leben und zu schaffen. Es ist so gut, als ob man in der Kirche gewesen wäre, wenn man so mit reinem Herzen und offenem Auge Licht und Luft und die schöne Erde gefühlt hat.

Friedrich Hölderlin (1770–1843)

DIE EICHBÄUME IM TAUNUS

Aus den Gärten komm ich zu euch, ihr Söhne des Berges!
In den Gärten, da lebt die Natur, geduldig und häuslich,
Pflegend und wieder gepflegt, mit den fleißigen Menschen zusammen,
Aber ihr, ihr Herrlichen! steht wie ein Volk von Titanen
In der zahmeren Welt, und gehört nur euch und dem Himmel,
Der euch nährt und erzog, und der Erde, die euch geboren.
Keiner von euch ist noch in die Schule der Menschen gegangen,
Und ihr drängt euch, fröhlich und frei, aus der kräftigen Wurzel
Untereinander herauf und ergreift, wie der Adler die Beute,

Mit gewaltigem Arme den Raum, und gegen die Wolken
Ist euch heiter und groß die sonnige Krone gerichtet.
Eine Welt ist jeder von euch, wie die Sterne des Himmels
Lebt ihr, jeder ein Gott, in freiem Bunde zusammen.
Könnt ich die Knechtschaft nur erdulden, ich neidete nimmer
Diesen Wald und schmiegte mich gern ans gesellige Leben.
Fesselte nur nicht mehr ans gesellige Leben das Herz mich,
Das von Liebe nicht läßt, wie gern würd' ich unter euch wohnen!

Heinrich von Kleist (1777–1811)

IM RHEINTAL BEI WIESBADEN*

Wir standen damals (1793) in Biebrich in Kantonierungsquartieren. Vor mir blühte der Lustgarten der Natur – eine konkave Wölbung, wie von der Hand der Gottheit eingedrückt. Durch ihre Mitte fließt der Rhein, zwei Paradiese aus einem zu machen. In der Tiefe liegt Mainz, wie der Schauplatz in der Mitte eines Amphitheaters. Der Krieg war aus dieser Gegend geflohen, der Friede spielte sein allegorisches Stück. Die Terrassen der umschließenden Berge dienten statt der Logen, Wesen aller Art blickten als Zuschauer voll Freude herab, und sangen und sprachen Beifall – oben in der Himmelsloge stand Gott. Hoch an dem Gewölbe des großen Schauspielhauses strahlte die Girandole der Frühlingssonne, die entzückende Vorstellung zu beleuchten. Holde Düfte stiegen, wie Dämpfe aus Opferschalen, aus den Kelchen der Blumen und Kräuter empor. Ein blauer Schleier, wie in Italien gewebt, umhüllte die Gegend, und es war, als ob der Himmel selbst hernieder gesunken wäre auf Erden.

Ach ich entsinne mich, daß ich in meiner Entzückung zuweilen, wenn ich die Augen schloß, besonders einmal, als ich an dem Rhein spazieren ging, und so zugleich die Wellen der Luft und des

Stromes mich umtönten, eine ganze vollständige Sinfonie gehört habe, die Melodie und alle begleitenden Akkorde, von der zärtlichen Flöte bis zu dem rauschenden Kontra-Violon. Das klang mir wie Kirchenmusik, und ich glaube, daß alles, was uns die Dichter von der Sphärenmusik erzählen, nichts Reizenderes gewesen ist, als diese seltsame Träumerei.
Zuweilen stieg ich allein in einen Nachen und stieß mich bis auf die Mitte des Rheins. Dann legte ich mich nieder auf den Boden des Fahrzeugs, und vergaß, sanft von dem Strom hinabgeführt, die ganze Erde, und sah nichts als den Himmel.

Joseph Meyer (1796–1856)

ÜBER WIESBADEN*

Von den zahlreichen Bädern des Gebirges ist Wiesbaden das besuchteste, das berühmteste, das älteste. Die Römer schon kannten die mattiakischen Quellen. Dennoch ist das außerordentliche Aufblühen des Orts, welches jedem, der Wiesbaden besucht, auffällt, eine Erscheinung der neuesten Zeit, und die uralte Stadt scheint eine Stadt von gestern zu sein. Erst seitdem die Sitte, alljährlich in der Form einer Badekur, einige Wochen oder Monate der schönen Jahreszeit die Freuden der Natur und der Geselligkeit außer seinem Wohnort zu genießen, allgemein geworden ist und die mittleren Stände durchdrungen hat, hat sich Wiesbaden wie so viele Kurplätze Deutschlands, zauberisch schnell von einem kleinen Ort zu einer der anmutigsten Städte Deutschlands erhoben.

Michael Caspar Lundorff (1580–1629)

WIESBADEN: ALTE BADEREGELN

(1610)

Hör Gast, der du brauchst dieses Bad,
Dies Regel halt, ist dir ohn' Schad':
Früh, wann du aufgestanden bist,
Verricht dein Gebet zu jeder Frist.
Dann folgends, wann sechs schlägt die Glock',
Zieh aus dein Wams, das Hemd und Rock,
Geh in das Bad, es tut dir wohl,
Jedoch merk drauf, dann es nicht soll
Zu heiß sein anfangs überaus,
Du wirst sonst matt, und schlägst bald aus.
Bleib drin nicht länger, dann ein Stund,
Bis sieben schlägt, ist gar gesund.
Geh raus, und zieh an deine Jupp',
Den Koch frag, ob gar sei die Supp'?
Wann selbig dir ist angericht',
Ein guten Trunk vergiß dann nicht.
Ferners geh vor das Tor spaziern
Zum Wiesen-Brunn, dich zu lustiern.
Um halber zehen merk mich eben,
Tue dich wieder ins Bad begeben,
Ein Stund' sollst du dann bleiben drein,
Mittler Zeit wird es Mittag sein.
Alsdann schmeckt der Trunk grausam wohl,
Jedoch seh zu, sauf dich nicht voll.
Auch mäßiglich sonst halte dich!
Weiter merk mich ohne allen Scherz,
Mit guter Luft erfrisch das Herz,
Bis es wird um die Vesper-Zeit,
Ein Bettlein wird dir sein bereit,

Darein du sollest schlafen gahn,
Bis fünf schlägt, dann sollst du aufstahn,
Ins Bad dich wiederum fügen bald,
Der Wein in dem wird eben kalt.
Um siebne mach dich aus dem Bad,
Erfrisch das Herz mit eim Salat.
Nach diesem tue dann dein Gebet,
Und füg dich wiedrum zu dem Bett,
Schlaf ruhig ein die ganze Nacht.
Doch letzlichen noch eins betracht,
Dann so du ganz gebadet aus,
Und willst wiederum fahren nach Haus,
So zahl den Wirt, dank Gott dem Herrn,
So wird er zum Bad Glück beschern.

Karl Simrock (1802–1876)

KARL DER GROSSE UND ELBEGAST

Eines Abends; da der Kaiser schlief
Auf seiner neuen Pfalz am Rhein,
Da weckt' ein Engel ihn und rief:
»Auf, Kaiser Karl, ein Dieb zu sein!

Auf, Karl, und stiehl, es ist Gottes Gebot,
Auf, großer Kaiser, werde zum Dieb,
Und stiehlst Du nicht, es ist Dein Tod,
Geschwinde stiehl, wenn das Leben Dir lieb.«

Da sprach der Kaiser: »Ich bin so reich,
Mir zollt der Rhein und der Donaustrom,
Wer ist an Schätzen dem Kaiser gleich,
Dem Köln gehorcht und das ewige Rom?

Mit Ehren noch ist mir das Haar ergraut;
Soll ich nun stehlen, das wäre ein Spott!
Meinen Ohren habe ich zu viel getraut:
Warum geböte mir solches Gott?«

Der Engel warnte: »Grüble nicht nach,
Was der Herr Dir rät, dem folge blind,
Und dünkt Dich Diebstahl eitel Schmach,
So wisse, Du bist an Witz noch ein Kind.«

Da regte der Engel der Flügel Gold
Und hob sich empor zu himmlischen Höh'n.
»Du stehst nicht in der Hölle Gold,
Dazu ist Dein Gefieder zu schön!

Muß ich nun stehlen, ich alter Mann!
Es war kein Spuk, mir hat nicht geträumt:
Doch wie beginn ich's, wie greif ich's an?
Ich hab es in jungen Jahren versäumt.«

In Stahl und Eisen kleidet er sich,
Zu Häupten band er den lichten Helm,
Er nahm das gute Schwert und schlich
Sich vor das eigne Tor als ein Schelm.

»Wie waren Diebe mir stets verhaßt!
Wüßt ich nun einen, das wär mir lieb;
O käm zur Hülfe mir Elbegast,
Der schlaue Zwerg, der berüchtigte Dieb!

Ich hab ihm oft mit dem Galgen gedroht,
Durch Haid und Busch ihm nachgesetzt:
Nun wäre mir solch ein Lehrer not,
Der ist mit allen Hunden gehetzt.«

Da vermißt' er den Harnisch auf der Brust,
Den Helm vermißt' er auf dem Haupt,
Auch bemerkt er seines Schwerts Verlust:
Die hatt' ihm Elbegast geraubt.

Da stand vor ihm der kleine Wicht
Und sprach: »Sie schienen allzuhell,
Gewaffen taugt zum Stehlen nicht.
Ich trugs zurück in die Kammer schnell.

Wo willst Du nun stehlen? sag mir bald,
Ich bin Dir beizustehn bereit;
Doch meine Geschäfte sind mannigfalt:
Verlieren wir nicht die köstliche Zeit.« –

»Wo«, sprach der Kaiser, »ist einerlei,
Wenn es nur sonst der Mühe verlohnt.
Einen Kaufherrn weiß ich hier nahebei,
Und dort ist's, wo ein Bäuerlein wohnt.«

»Der Kaufherr hat schon längst zu viel,
Das Bäuerlein heut erst Geld gelöst:
Nun wähle Dir wen Du willst zum Ziel
Und morgen sind sie von allem entblößt.«

»Dem Bauer stehl ich nicht sein Obst:
Wer den Bauer schädigt, der verdirbt.
Der Bauer ist kein feister Probst.
Der mit Händefalten Gut erwirbt.

Dem Kaufherrn kostet's auch den Schweiß;
Ihn zu berauben, das bleibe fern:
Den Abt, den Bischof geb' ich Preis
Und Mönch und Knönch und geistliche Herrn.

Ich kenn ihrer viel im römischen Reich,
Ob die Seel aus dem Feuer springt,
Gilt dem gierigen Pfaffen gleich,
Wenn ihm das Geld im Kasten klingt.« –

»Du Heide, der Du an Klötze glaubst,
Laß Chorrock und Kaputz in Ruh!
Was Du dem Pfäfflein heute raubst,
Das legt der Bauer ihm morgen zu.

Ein würdiger Priester, ein treuer Hirt
Der Herde, die ihm Gott vertraut,
Von welchem der geärgert wird,
Dem ging es billig an Haar und Haut.

Weißt Du nicht einen Reichsbaron,
Der sich mit sechszehn Ahnen spreizt?
Er tut, als stützt' er Altar und Thron,
Doch seh ich nur, daß er birscht und baizt.«

Der Kleine sprach: »In der Burg dort sitzt
Eine rechte Plage für Stadt und Land.
Bei dem hab ich schon oft stibitzt;
Er ist Graf Harderich genannt.

Er macht sich des Volkes Not zu Nutz
Er bricht den Frieden und beugt das Recht
Bis sich der Freie in seinen Schutz
Begiebt als leibeigner Knecht.

Er ist auch seinem Herrn nicht treu,
Er wünscht sich nur des Kaisers Tod,
So dürft er hausen ohne Scheu,
Und brächte das halbe Reich in Not.« –

»Da ist gut stehlen, das ist mein Mann!«
Sprach Karl, den des Vasallen verdroß.
Da gingen beide, der Zwerg voran;
Sie kamen bald vor ein stolzes Schloß.

Das Zwerglein raunt' ein Zauberwort,
Das öffnete Tor und Tür zumal:
Der Kleine schlich in den Stall sofort;
Der Kaiser trat in den weiten Saal.

Neben dem Saal im Schlafgemach,
Da schlief die Gräfin und der Graf;
Doch plötzlich ward jetzt Harderich wach,
Pferdegewieher scheucht ihm den Schlaf.

Das Zwerglein wollt ihm leise nahn,
Da wieherte laut das treffliche Pferd.
Nun rief der Graf einen Knappen an:
»Geh, schau mir was den Hengst beschwert.«

Der Knappe taumelte schlummerfaul
Zu schauen, was den Hengst erschreckt:
Da hatte der Zwerg sich über dem Gaul
Lang hin auf einen Balken gestreckt.

Als da der Knappe niemand sah,
Zum Grafen sprach er aufgeräumt:
»Es ist keine lebende Seele da:
Dem Hengst hat wohl was Liebes geträumt.«

Harderich schickte sich zu ruhn;
Doch lauter wieherte jetzt das Roß.
Da rief der Graf: »Was sagst Du nun?
Ich sag, es sind Räuber in meinem Schloß.«

Die braune Fackel brannt er sich an,
Stieg selbst hinunter in seinen Stall:
Da suchte lange der sorgende Mann,
Die Räume durchforscht' er, die Winkel all:

Er fand von Räubern doch keine Spur;
Unwillig kehrte zurück der Graf.
Da sprach sein Weib: »Gesteh es nur,
Dir rauben andre Sorgen den Schlaf.

Du schliefst schon nicht die dritte Nacht,
Dir schmeckt kein Essen, mundet kein Trank,
Gern wüßt ich, was Dich so trübe macht,
Ich fürchte, Du wirst noch ernstlich krank.«

Er wollt es nicht sagen, sie ließ nicht nach,
Sie küßt ihn bleich und wieder rot;
Zuletzt ergab er sich und sprach:
»So wisse, wir schworen des Kaisers Tod.

Wir unser zwölfe« (er nannte sie ihr)
»Wir reiten morgen in seine Pfalz,
Zwölf scharfe Dolche wie dieser hier,
Die bohren wir ihm durch Brust und Hals.«

Das hörte der Kaiser Wort für Wort
Und behielt es wohl in seinem Sinn.
Er schlich sich leis zu dem Zwerglein fort;
Das dachte nur auf des Hengstes Gewinn.

»Ich stehle die Eier aus der Brut;
Dies Pferd litt nicht, das ich's bestieg:
Ich weiß kein Roß so wacker und gut,
Und wer es reitet, mit dem ist Sieg!

Es hat gewiehert und sich gebäumt«, –
Der Kaiser sprach: »Laß mich heran.«
Der hat es gesattelt und hat es gezäumt,
Lammfromm trug es den herrlichen Mann.

Der Kaiser ritt es aus dem Tor,
Er ritt zu seiner Pfalz in Hast,
Den Zwerg er aus den Augen verlor,
Nie sah er wieder den Elbengast.

Die Seinen rüttelt' er aus dem Schlaf,
Er rüttelte manchen aus süßem Traum:
»Kommt mit den zwölfen der falsche Graf,
Die hängt mir an den höchsten Baum.«

Sie kamen am Morgen zur Pfalz gesprengt,
Da ritt der Kaiser des Grafen Roß.
Dem Grafen ward das Herz so beengt,
Wehrlos ergab er sich dem Troß.

Sie fanden alle den grimmen Tod.
Der Zwölfe kehrte keiner heim:
Von dem Engel, der ihm zu stehlen gebot,
Hieß Karl die Pfalz nun Ingelheim.

Alfred Rethel (1816–1859)

KIRMESÜBERRASCHUNG IN OBERINGELHEIM*

Mein Freund hatte in Oberingelheim einen Onkel wohnen, den er besuchen ging, und er lud mich ein, mit zu gehen. Ich wurde dort mit echter Deutscher Gastfreundschaft und Herzlichkeit empfangen, und bald war ich einheimisch. Nachdem die ersten Bewillkommnungsakte vorbei waren, wurde uns dann mit Triumph kund getan, daß morgen Kirchweih im Ort sei; ich hatte gleich beim Eintritt ins Haus so etwas gemerkt, denn wir wurden mit mehligten Händen empfangen, und ich hätte mich beinah auf einen Apfelkuchen niedergelassen. Na! Bald saßen wir am Abendtisch und ich als Fremder kam zwischen die beiden Hausleute, wo ich sie näher kennen lernte. Er, ein kleines dickes Männchen voller Feuer und Leben, wo ihm denn seine Dicke und eine etwas stotternde Stimme sehr hinderlich ist, aber die Ehrlichkeit und Güte selbst. Er ist Doktor und heißt Gieswein, welcher Name sich sehr gut zu seinem herrlichen Weinkeller verhält; seine Frau, etwas größer als er, vereinigt alle Tugenden, die so viel ich weiß, eine gute Hausfrau haben muß, eine ganz herrliche Frau; sie haben einen einzigen Sohn, der im ganzen Sinn des Wortes ihr Alles ist; er ist in meinem Alter, ein sehr hübscher und gebildeter junger Mensch, und denselben Abend tranken wir noch nach altdeutscher Sitte Brüderschaft. Den andern Morgen wurden wir durch Wagenrollen unter uns aufgeweckt, ich steckte den Kopf zum Fenster hinaus und bemerkte, daß die eine Hälfte des Hauses aus dem Tor der Stadt Ingelheim bestand, wo aus Mainz und der Umgebung ein Blamaschwagen den andern hineindrängte, und aus allen Löchern kuckten tanzlustige Gesichter heraus; wir kleideten uns schnell an, und eilten hinunter, wo schon das ganze Zimmer voller Gäste war. Nun ging's an ein Bekanntschaft machen, und in Zeit von einer Stunde war mir, als kannte ich sie schon Jahre lang. Unter anderen machte ich zwei interessante Bekanntschaften, nämlich zwei junge hübsche Frauenzimmer, die ine aus Neustadt an der Hard, und eine der achtunddreißig Damen, die dort wegen politischer Sachen vor Gericht gestanden hatten, und die andere war die Schwester des jungen Metternich, der die deutsche Fahne in Gegenwart einer ungeheuren Volksmenge auf dem Niederwald bei Bingen aufpflanzte. Den ganzen Morgen kamen Fremde, so daß gegen Mittag achtundzwanzig da waren. Nun wurden Anstalten zum Essen gemacht, und jeder

Herr bekam eine Dame neben sich; bevor wir uns aber niedersetzten, rief der Herr Doktor sämtliche Herren zusammen, wir mußten uns alle in eine Reihe stellen und, er voraus mit einem Besen in der Hand, ging's nach seinem Weinkeller, wo jeder eine Flasche roten und weißen Ingelheimer bekam, die er nachher seiner Dame präsentierte und sie wählen ließ. Nun ging's ans Essen, ich hatte meine Neustädterin neben mir sitzen, wir unterhielten uns sehr liberal, wie denn auch die Gesinnung in dieser Hinsicht eines jeden am Tisch war, und sich auch als bald kund tat, indem Toaste auf Wirt, Siebenpfeifer und Hochdörfer ausgebracht wurden, und alles stimmte mit einem freudigen Hurra ein. Das Essen dauerte bis 6 Uhr abends, nun ging's Arm in Arm nach dem Markt und im Dorf herum, und als wir uns auf diese Art etwas erholt hatten, gings nach dem Ball, wo man bis zwölf Uhr blieb, und sehr lustig war; ich ward unter anderem in einem Kreis von schönen Damen von einem Professor des Mainzer Gymnasiums versteigert und eine der Schönsten gewann mich zu 24 Kreuzern, ohngefähr 7 Groschen; ich war also ihr Eigentum und stand zu jedem ihrer Dienste bereit, ich tanzte mehrmals mit ihr und hatte später das Vergnügen, sie nach Haus zu begleiten. So war also dieser Tag der Freude herum, ich wollte den andern Morgen schon wieder weiterziehn, allein daran war nicht zu denken, und so blieb ich denn vier Tage, und jeder derselben stand dem Ersteren nichts nach.

Carl Geib (1777–1852)

DIE URALTE STADT BINGEN*

Da, wo der majestätische Rhein, nachdem er von Mainz herab seine Wogen stolz und breit an den schönen, mit Rebenhügeln, Wiesen und Wald geschmückten Fluren des Rheingaues vorbeigeströmt, die aus den freundlichen Auen der Pfalz ihm zufließende

Nahe empfängt, und, mit einmal zwischen hohen Gebirgen in ein finsteres Tal tretend, jetzt in engen, schließenden Ufern dahinrollt, erblicken wir am Eingang der Bergschlucht die uralte Stadt Bingen. Als der römische Feldherr Drusus (Stiefsohn des Kaisers Augustus und Bruder seines Nachfolgers Tiberius), der besonders durch zwei glückliche Feldzüge gegen die Deutschen berühmt ist, obschon seine Siege am Strand der Elbe gehemmt wurden, längs dem Rhein hin 50 Kastelle erbauen ließ, um sich sowohl gegen die Überfälle der Germanier, als gegen die manchmal ausbrechenden Empörungen der Gallier zu sichern, schien ihm der gegenwärtige Punkt, wegen der Natur des Landes und wegen seiner Lage am Ausfluß der Nahe in den Rhein, sehr wichtig, und er legte hier eine Festung an, die er Bingium nannte.

Friedrich Johann Lorenz Meyer (1760–1844)

FAHRT DURCH DAS BINGER LOCH*

Glücklich durchschifft ist der Rheinstrudel, den die rustike Sprache der Gegend »das Binger-Loch« allzu prosaisch nennt. Wohl mag er den vorsichtig Schiffenden nicht gefährlicher sein, als drüben im Faro von Messina die alte Charybdis der Fabel mit ihren bellenden Ungeheuern: doch hat mich die kurze Fahrt durch diese felsigte Stromschlucht seltsam ergriffen und, ohne mir des Warums recht bewußt zu sein, tief das Gemüt bewegt. Diese pfeilschnelle Eile, womit bald nach der Abfahrt von Bingen, mitten im ruhigsten Wasser, angesichts unsrer ernsten Rossel dort oben, und der am Felsenriff schauerlich schwebenden düstern Burgruine Ehrenfels, die Strömungen des Strudels unsre Barke packten und mit Sturmgewalt fortschleuderten; dieses Wogen und betäubende Brausen des Wellenwirbels; dieses plötzliche heftige Schwanken der Barke: und nun der Blick auf die aus dem Strudel jäh aufsteigende, schroffe, nackte Felswand, an derem zerbröckelten Fuß, so wie an dem des schauerlich einsamen, einer Geisterburg gleichenden »Hatto-Turms«, die Brandung des Wellengetümmels schäumend zerschellt. Hehre, hohe, unvergeßliche Momente. Denn, kaum geschaut, und noch in Erwartung der Dinge, die da kommen sollten, geschah es mit beflügelter Eile. Die Barke ward ergriffen; an den schwindelnd vorüberfliegenden Felsenmassen fort, und um eine scharfe Bucht der Stromschlucht hingerissen – Und ich atme wieder frei auf diesem klaren Wasserspiegel, worin, wie durch ein drohendes Götterwort, die tobenden Wirbel plötzlich umgewandelt sind.

Victo Hugo (1802–1885)

DIE GESCHICHTE VOM MÄUSETURM ZU BINGEN*

In meiner Kinderzeit hatte ich über meinem Bett ein kleines Bild in schwarzem Rahmen hängen, das irgendeine deutsche Magd einmal mitgebracht hatte. Es stellte einen alten, einsamen, bemoosten, verfallenen Turm dar, rings von einem tiefen schwarzen Wasser umgeben, das ihn mit seinen Dünsten umhüllte, und von Bergen, die ihren Schatten darüber warfen. Der Himmel über dem Turm war dunkel und düster bewölkt. Nach dem Abendgebet, vor dem Einschlafen, habe ich immer dies Bild betrachtet. Nachts erschien es mir im Traum, aber schrecklich verändert. Da wuchs der Turm in die Höhe, das Wasser wallte, ein Blitz fuhr aus den Wolken, der Wind pfiff von den Bergen und steigerte sich manchmal zum Geheul. Eines Tages fragte ich die Magd, wie denn der Turm heiße. »Mäuseturm«, sagte sie und schlug ein Kreuz. Und dann erzählte sie mir eine Geschichte. Vor Zeiten habe zu Mainz, ihrer Heimat, ein böser Bischof namens Hatto gelebt, der sei überaus geizig gewesen und habe seine Hand lieber zum Segnen als zum

Geben ausgestreckt. In einem bösen Jahr habe er alles Korn aufgekauft, um es dem Volk für teures Geld wieder zu verkaufen, so habgierig sei dieser Priester gewesen. Da sei die Hungersnot so groß geworden, daß sogar die Bauern Hungers starben in den Orten am Rhein. Da habe sich das Volk versammelt vor dem Palast zu Mainz und weinend um Brot gebettelt, aber der Erzbischof habe es abgeschlagen. Und hier nun wurde die Geschichte ganz schrecklich. Nämlich das hungernde Volk zerstreute sich nicht, sondern umringte immer nur seufzend den erzbischöflichen Palast. Da ergrimmte Hatto, seine Häscher umzingelten das arme Volk, sie packten Männer und Weiber, Kinder und Greise, sperrten sie in eine große Scheune und legten Feuer daran. Das war, so sagte die Alte, gewiß ein Schauspiel zum Steinerweichen. Aber Hatto lachte nur, und als die unglücklichen Menschen in den Flammen drinnen vor Schmerzen schrieen, da sagte er: »Hört ihr meine Mäuse pfeifen?« Anderntags war die Scheune ein Aschenhaufen, in Mainz gab es fast kein Volk mehr, die Stadt schien öd und leer, aber auf einmal erschienen viele Ratten und Mäuse, sie kamen aus der Erde, ja sogar unter dem Pflaster hervor, sie drangen durch die Mauerrisse, und wenn man sie zertrat oder mit Keulen und Steinen erschlug, so vermehrten sie sich nur immer stärker; schließlich überfluteten sie die Straßen, die Festung, den Palast, Keller, Zimmer und Speicher. Ganz bestürzt flüchtete sich Hatto aus der Stadt ins Freie, aber die Mäuse folgten ihm. Er rettete sich in das hochummauerte Bingen, aber die Mäuse kletterten über die Mauern nach Bingen hinein. Da ließ der Erzbischof mitten im Rhein eiligst einen Turm bauen, zu Schiffe fuhr er dorthin, und sechs Ruderknechte schlugen das Wasser. Aber die Mäuse und Ratten stürzten sich in den Rhein, sie schwammen zu dem Turm, erkletterten ihn, zernagten Tore, Dächer, Fenster, Dielen und Decken, sie drangen endlich in das innerste Gemach, wo sich der böse Erzbischof verborgen hielt, und da fraßen sie ihn bei lebendigem Leibe auf. – Seitdem ruht der Fluch des Himmels und das Grauen der Menschen über dem Turm, und seitdem heißt er der Mäuseturm. Verlassen steht er mitten im Strom, er verfällt zur Ruine, und nachts sieht man zuweilen rötlichen Dampf aufsteigen, wie von einer Feueresse; das ist Hattos Seele, die da umgeht.

August Kopisch (1799–1853)

DER MÄUSETURM

Am Mäuseturm um Mitternacht
Des Bischof Hattos Geist erwacht:
Er flieht um die Zinnen im Höllenschein,
Und glühende Mäuslein hinter ihm drein.

Der Hungrigen hast du, Hatto, gelacht,
Die Scheuer Gottes zur Hölle gemacht;
Drum ward jedes Körnlein im Speicher dein
Verkehrt in ein nagendes Mäuselein!

Du flohst auf den Rhein in den Inselturm,
Doch hinter dir rauschte der Mäusesturm.
Du schlossest den Turm mit eherner Tür,
Sie nagten den Stein und drangen herfür.

Sie fraßen die Speise, die Lagerstatt,
Sie fraßen den Tisch dir und wurden nicht satt!
Sie fraßen dich selber zu aller Graus
Und nagen den Namen dein überall aus.

Fern rudern die Schiffer um Mitternacht,
Wenn schwirrend dein fremder Geist erwacht:
Er flieht um die Zinnen im Höllenschein,
Und glühende Mäuslein hinter im drein.

Bettina von Arnim (1785–1859)

AUF DEM ROCHUSBERG*

Warst Du schon auf dem Rochusberg? – Er hat in der Ferne was sehr Anlockendes, wie soll ich es Dir beschreiben? – So, als wenn man ihn gern befühlen, streicheln möchte, so glatt und samtartig. Wenn die Kapelle auf der Höhe von der Abendsonne beleuchtet ist und man sieht in die reichen, grünen, runden Täler, die sich wieder so fest aneinander schließen, so scheint er sehnsüchtig an das Ufer des Rheins gelagert mit einem sanften Anschmiegen an die Gegend und mit den geglätteten Furchen die ganze Natur zur Lust erwecken zu wollen. Er ist mir der liebste Platz im Rheingau; ich habe ihn schon morgens und abends, im Nebel, Regen und Sonnenschein besucht. Die Kapelle ist erst seit ein paar Jahren zerstört, das halbe Dach ist herunter, nur die Rippen eines Schiffsgewölbes stehen noch.

Durch die Öffnungen der Türen schauen die entferntesten Gebirge: auf der einen Seite der Altkönig, auf der anderen der ganze Hunsrück bis Kreuznach, vom Donnersberg begrenzt; rückwärts kannst Du so viel Land übersehen als Du Lust hast. Wie ein breites Feiergewand zieht es den Rhein schleppend hinter sich her, den Du vor der Kapelle mit allen grünen Inseln wie mit Smaragden geschmückt liegen siehst; der Rüdesheimer Berg, der Scharlach- und Johannisberg, und wie all das edle Gefels heißt, wo der beste Wein wächst, liegen von verschiedenen Seiten und fangen die heißen Sonnenstrahlen wie blitzende Juwelen auf; man kann da alle Wirkung der Natur in die Kraft des Weines deutlich erkennen, wie sich die Nebel zu Ballen wälzen und sich an den Bergwänden herabsenken, wie das Erdreich sie gierig schluckt und wie die heißen Winde drüber herstreifen. Es ist nichts schöner, als wenn das Abendrot über einen solchen benebelten Weinberg fällt; da ist's, als ob der Herr selbst die alte Schöpfung wieder angefrischt habe, ja als ob der Weinberg vom eigenen Geist benebelt sei.

Gottfried August Bürger (1747–1794)

DER WILDE JÄGER

Der Wild- und Rheingraf stieß ins Horn.
»Hollo, hallo zu Fuß und Roß!«
Sein Hengst erhob sich wiehernd vorn;
Laut rasselnd stürzt' ihm nach der Troß.
Laut klifft und klafft es, frei von Koppel,
Durch Korn und Dorn, durch Haid und Stoppel.

Vom Strahl der Sonntagsfrühe war
Des hohen Domes Kuppel blank.
Zum Hochamt rufte dumpf und klar
Der Glocken ernster Feierklang.
Fern tönten lieblich die Gesänge
Der andachtsvollen Christenmenge.

Rischrasch quer übern Kreuzweg ging's
Mit Horrido und Hussasa.
Sieh da, sieh da! kam rechts und links
Ein Reiter hier, ein Reiter da!
Des Rechten Roß war Silberblinken,
Ein Feuerfarbner trug den Linken.

Wer waren Reiter links und rechts
Ich ahn es bloß, doch weiß ich's nicht.
Lichthehr erschien der Reiter rechts
Mit mildem Frühlingsangesicht.
Groß, dunkelgelb der linke Ritter
Schoß Blitz vom Aug' wie Ungewitter.

»Willkommen hier, zur rechten Frist,
Willkommen zu der edeln Jagd!

Auf Erden und im Himmel ist
Kein Spiel, das lieblicher behagt.« –
Er rief's schlug laut sich an die Hüfte
Und schwang den Hut hoch in die Lüfte.

»Schlecht stimmet Deines Hornes Klang«,
Sprach der zur Rechten sanften Muts,
»Zu Feierglock und Chorgesang:
Kehr um! Erjagst Dir heut nicht Guts.
Laß Dich den guten Engel warnen
Und nicht vom Bösen Dich umgarnen!«

»Jagt zu, jagt zu, mein edler Herr!«
Fiel rasch der linke Ritter drein.
»Was Glockenklang? Was Chorgeplärr!
Die Jagdlust mag Euch baß erfreuen!
Laßt mich, was fürstlich ist, euch lehren,
Und Euch von jenem nicht betören!«

»Ha! Wohlgesprochen, lieber Mann!
Du bist ein Held nach meinem Sinn.
Wer nicht des Waidwerks pflegen kann,
Der scher ans Paternoster hin:
Mag's, frommer Narr, Dich baß verdrießen,
So will ich meine Lust doch büßen.«

Und hurre hurre vorwärts gings
Feld ein und aus, Berg ab und an.
Stets ritten Reiter rechts und links
Zu beiden Seiten neben an.
Auf sprang ein weißer Hirsch von ferne
Mit sechzehnzackigem Gehörne.

Und lauter stieß der Graf ins Horn;
Und rascher flogs zu Fuß und Roß.
Und sieh! bald hinten und bald vorn
Stürzt einer tot dahin vom Troß.
»Laß stürzen! Laß zur Hölle stürzen!
Das darf nicht Fürstenlust verwürzen.«

Das Wild duckt sich ins Ährenfeld
Und hofft da sichern Aufenthalt.
Sieh da! ein armer Landmann stellt
Sich dar in kläglicher Gestalt.
»Erbarmen, lieber Herr, Erbarmen!
Verschont den sauern Schweiß der Armen!«

Der rechte Reiter sprengt heran,
Und warnt den Grafen sanft und gut.
Doch baß hetzt ihn der linke Mann
Zu schadenfrohem Frevelmut.
Der Graf verschmäht des Rechten Warnen
Und läßt vom Linken sich umgarnen.

»Hinweg, Du Hund!« schnaubt fürchterlich
Der Graf den armen Pflüger an,
»Sonst hetz ich selbst, beim Teufel! Dich.
Hallo, Gesellen, drauf und dran!
Zum Zeichen, daß ich wahr geschworen,
Knallt ihm die Peitschen um die Ohren.«

Gesagt, getan! der Wildgraf schwang
Sich übern Hagen rasch voran,
Und hinterher, bei Knall und Klang,
Der Troß mit Hund und Roß und Mann.
Und Hund und Mann und Roß zerstampfte
Die Halmen, daß der Acker dampfte.

Vom nahen Lärm empor gescheucht,
Feld ein und aus, Berg ab und an
Gesprengt, verfolgt, doch unerreicht,
Ereilt das Wild des Angers Plan;
Und mischt sich, da verschont zu werden,
Schlau mitten zwischen zahme Herden!

Doch hin und her, durch Flur und Wald,
Und her und hin, durch Wald und Flur,
Verfolgen und erwittern bald
Die raschen Hunde seine Spur.
Der Wirt voll Angst für seine Herde
Wirft vor dem Grafen sich zur Erde.

»Erbarmen, Herr, Erbarmen! Laßt
Mein armes stilles Vieh in Ruh!
Bedenket, lieber Herr, hier grast
So mancher armen Witwe Kuh.
Ihr eins und alles spart der Armen!
Erbarmen, lieber Herr, Erbarmen!«

Der rechte Reiter sprengt heran
Und warnt den Grafen sanft und gut,
Doch baß hetzt ihn der linke Mann
Zu schadenfrohem Frevelmut.
Der Graf verschmäht des Rechten Warnen
Und läßt vom Linken sich umgarnen.

»Verwegner Hund, der Du mir wehrst!
Ha! daß Du Deiner besten Kuh
Selbst um- und angewachsen wärst
Und jede Vettel noch dazu!
So sollt es baß mein Herz ergetzen,
Euch straks ins Himmelreich zu hetzen.

»Hallo, Gesellen, drauf und dran!
Jo! Doho! Hussasassa!« –
Und jeder Hund fiel wütend an,
Was er zunächst vor sich ersah.
Bluttriefend sank der Hirt zur Erde,
Bluttriefend jedes Stück der Herde.

Dem Mordgewühl entrafft sich kaum
Das Wild mit immer schwächerm Lauf;
Mit Blut besprengt, bedeckt mit Schaum,
Nimmt jetzt des Waldes Nacht es auf.
Tief birgt sich's in des Waldes Mitte
In eines Klausners Gotteshütte.

Risch ohne Rast mit Peitschenknall,
Mit Horrido und Hussasa,
Und Kliff und Klaff mit Hörnerschall
Verfolgt's der wilde Schwarm auch da.
Entgegen tritt mit sanfter Bitte
Der fromme Klausner vor die Hütte.

Laß ab, laß ab von dieser Spur!
Entweihe Gottes Freistatt nicht!
Zum Himmel ächzt die Kreatur
Und heischt von Gott Dein Strafgericht.
Zum letzten Male laß Dich warnen,
Sonst wird Verderben Dich umgarnen.«

Der Rechte sprengt besorgt heran,
Und warnt den Grafen sanft und gut.
Doch baß hetzt ihn der linke Mann
Zu schadenfrohem Übermut.
Und wehe! trotz des Rechten Warnen
Läßt er vom Linken sich umgarnen.

»Verderben hin! Verderben her!
Das«, ruft er »macht mir wenig Graus.
Und wenn's im dritten Himmel wär,
So acht ich's keine Fledermaus.
Mag's Gott und Dich, Du Narr, verdrießen,
So will ich meine Lust doch büßen!«

Er schwingt die Peitsche, stößt ins Horn:
»Hallo! Gesellen, drauf und dran!«
Hui! schwinden Mann und Hütte vorn,
Und hinten schwinden Roß und Mann;
Und Knall und Schall und Jagdgebrülle
Verschlingt auf einmal Totenstille.

Erschrocken blickt der Graf umher,
Er stößt ins Horn, es tönet nicht;
Er ruft und hört sich selbst nicht mehr;
Der Schwung der Peitsche sauset nicht;
Er spornt sein Roß in beide Seiten
Und kann nicht vor- nicht rückwärts reiten.

Drauf wird es düster um ihn her,
Und immer düstrer wie ein Grab;
Dumpf rauscht es, wie ein fernes Meer.
Hoch über seinem Haupt herab
Ruft furchtbar, mit Gewittergrimme,
Dies Urteil eine Donnerstimme:

»Du Wütrich teuflischer Natur,
Frech gegen Gott und Mensch und Tier;
Das Ach und Weh der Kreatur
Und Deine Missetat an ihr
Hat laut Dich vor Gericht gefodert,
Wo hoch der Rache Fackel lodert.

Fleuch, Unhold, fleuch und werde jetzt
Von nun an bis in Ewigkeit
Von Höll und Teufel selbst gehetzt!
Zum Schreck der Fürsten jeder Zeit,
Die, um verruchter Lust zu frohnen,
Nicht Schöpfer noch Geschöpf verschonen!« –

Ein schwefelgelber Wetterschein
Umzieht hierauf des Waldes Laub.
Angst rieselt ihm durch Mark und Bein;
Ihm wird so schwül, so dumpf und taub!
Entgegen weht ihm kaltes Grausen,
Dem Nacken folgt Gewittersausen.

Das Grausen weht, das Wetter saust,
Und aus der Erd empor, huhu!
Fährt eine schwarze Riesenfaust;
Sie spannt sich auf, sie krallt sich zu;
Hui! will sie ihn beim Wirbel packen;
Hui! steht sein Angesicht im Nacken.

Es flimmt und flammt rund um ihn her
Mit grüner, blauer, roter Glut;
Es wallt um ihn ein Feuermeer;
Darinnen wimmelt Höllenbrut.
Jach fahren tausend Höllenhunde
Laut angehetzt empor vom Schlunde.

Er rafft sich auf durch Wald und Feld,
Und flieht, laut heulend Weh und Ach.
Doch durch die ganze weite Welt
Rauscht bellend ihm die Hölle nach,
Bei Tag tief durch der Erde Klüfte,
Um Mitternacht hoch durch die Lüfte.

Im Nacken bleibt sein Antlitz stehn,
So rasch die Flucht ihn vorwärts reißt.
Er muß die Ungeheuer sehn
Laut angehetzt vom bösen Geist,
Muß sehn das Knirschen und das Jappen
Der Rachen, welche nach ihm schnappen.

Das ist des wilden Heeres Jagd,
Die bis zum jüngsten Tage währt,
Und oft dem Wüstling noch bei Nacht
Zu Schreck und Graus vorüberfährt.
Das könnte, müßt er sonst nicht schweigen,
Wohl manches Jägers Mund bezeugen.

Johannes Butzbach (1477–1516)

DER RHEINGAU IST EIN GAR ANMUTIG LAND*

Der Rheingau, in dessen Mitte auf einem Berg unfern des Rheines das Kloster Johannisberg gelegen ist, hat zwar nur eine geringe Ausdehnung von vier Meilen und erstreckt sich von Walluff bis Lorch, der Stadt Bacharach gegenüber. Es ist aber ein gar anmutig Land, mit Wein, Getreide, Waldungen, Wasser und den verschiedenartigsten Obstbäumen reich gesegnet, mit vielen stadtähnlichen Ortschaften übersäet, unter denen zwei besonders bedeutend sind, nämlich Bingen und Eltfeld. Auch besitzt es als Zierde mehrere Klöster beiderlei Geschlechts, als nämlich Eberbach, vom Orden des heiligen Bernhard, Johannisberg, Rupertsberg bei Bingen, Gottestal und andre. Mittendurch strömt der Rhein, reich an Inseln und Wiesen, wovon einige von beträchtlicher Ausdehnung sind. Das Volk ist hier wohlhabend und tapfer, also daß sie vorzeiten sogar Mainz erobert haben. Es erfreut sich alter Gerechtsame und Gewohnheiten, die von den Altvordern her festgewurzelt sind. Vier Fürsten haben einstmals versucht, dieses Land anzugreifen: sie mußten zuletzt unverrichteter Same wieder abziehen. Also stark ist nämlich der Gau bewehrt durch seine Wälder, Berge und Wälle auf der einen Seite, während er auf der andern von dem Rhein umflossen wird. Über den Rheingau schreibt Bruder Bartholomäus der Engländer vom Orden der Minderbrüder in seinem Werke »Von den Eigenschaften der Dinge« im fünfzehnten Buch, hundertsiebenundzwanzigstes Kapitel, noch folgendes: »Der Rheingau ist ein kleines Gebiet, welches von Mainz abwärts am Ufer des Rheins bis nach Bingen sich erstreckt. Von dem mittendurch fließenden Strom hat es den Namen ›Rheingau‹ erhalten. Zwar klein ist nur das Ländchen, aber auf beiden Seiten des Rheines bis zu den Gipfeln der Berge hinauf wunderbar lieblich, und so fruchtbar ist die Gegend, daß es nicht bloß die Bewohner, sondern selbst den flüchtig am Ufer vorbeiziehenden Wanderer ergötzt und anmutet wie eine Heimat unnennbarer Lust. Der Boden ist daselbst so üppig und ergiebig, daß er Getreide und Obst in ebenso großer Fülle wie Schnelligkeit hervorbringt. Auf demselben Grundstück erzeugt derselbe die verschiedensten Obstsorten ebenmäßig wie Nüsse. Bei allem Obstreichtum fehlt es gleichwohl nicht an Getreide. Auch hindert die Obstbaumzucht ebensowenig den Weinbau. Im Gegenteil, ein und dasselbe Äckerlein bringt hier Getreide und Wein, Nüsse und Obst, Äpfel und Birnen und mannigfache andere Erzeugnisse hervor. Warme Heilquellen, nützlich für allerlei Übel des Körpers, entspringen hier dem Innern der Erde. So bietet dieses Land noch manches für die Bedürfnisse und Freuden des Lebens, welches alles im einzelnen zu erzählen zu weit führen würde.

Alois Henninger (1814–1862)

RHEINGAUER GLOCKENGELÄUTE

Deutungsvoll ist euer Klang,
Glockentöne, Festgeläute,
Führt er uns den letzten Gang,
Ruft er zum Altar die Bräute;
Doch in ganz besondrer Art
Seid Ihr auf des Wandrers Fahrt,
Dumpf und helle, ernst und heiter,
Durch den Rheingau ihm Geleiter!

Fremdling, kommst Du an den Rhein
Und gedenkest da zu kosten
An der Quelle von dem Wein,
Den die braven Winzer mosten;
O, so frage nicht erst lang,
Horche auf der Glocken Klang,
Die vom edlen Saft der Reben
Wunderbare Kunde geben!

Wo sie sich auf hohem Pfühl
Langsam hin und her bewegen,
Und das Lüftchen, mild und kühl,
Ihren Gruß Dir haucht entgegen,
Wo melodisch singt ihr Klang
Libers herrlichem Gesang:
»Bonum vinum, vinum bonum!«
Da schau Dich nach seinem Thron um!

Gönne Deinem Fuße Rast,
Laß kredenzen Dir den Becher;
Aber leer ihn nicht mit Hast,

Langsam trinkt der weise Zecher!
Willst Du sein genießen recht,
Dieses Trankes, gut und echt,
Muß ihn, gleich den Glockenschlägen,
Hin und her die Zunge wägen.

Nahst Du aber einem Ort,
Wo, anstatt der Glocken, Schellen
Dir ins Ohr in einem fort
Lästig ihr Gebämpel gellen;
Da beflügle Deinen Gang
Nach des Glöckleins raschem Klang:
»Malum vinum, vinum malum!«
Und schau nicht nach dem Pokal um!

Doch sofern Du, durstgeplagt,
Da ein Schöppchen müßtest machen;
Merke weiter, was Dir sagt
Sein Gebämpel – ohne Lachen!
Schnell getrunken, schmeckt das Glas
Halb so herb; drum mahnt Dich das:
»Schlicks hinunter, schlucks hinunter!«
Trinks denn rasch und scheide munter!

Otto von Roquette (1824–1896)

DER WEIN VON RÜDESHEIM*

Und als ich kam zum Niederwald
Da sah ich Rüdesheim,
Da war's so lustig und so schön,
Ich meint, ich wär daheim.

Zu Rüdesheim da wächst ein Wein,
Ich meint, das müßt der beste sein,
Der Wein von Rüdesheim.

Clemens Brentano (1778–1842)

PFINGSTEN IN RÜDESHEIM*

Pfingstmontag war ich den ganzen Vormittag allein, so still wie es im Weingarten war, man konnte hören das Gras wachsen. Da kam mancher Wagen vorbeigefahren mit lustigen Leuten, und wenn ihr Räderlauf in der Ferne sich verlor, da fingen die Glocken aus den Ortschaften rundum an zu läuten, so ist mir der Morgen vergangen von früh vier Uhr bis um elf Uhr. Da kamen so viele Gäste aus Bingen herüber, und so viele schifften hinüber nach Bingen, daß der Rhein ein großes Spektakelstück gab von Jauchzen und Musik auf den Schiffen, die sich bombardierten mit Trompetenstößen und allerlei verschiedener Tanzmusik und Liedern, die sich einer über den andern hinaus wollten vernehmen lassen, ich habe auch den Savigny bis Mainz begleitet ... Ich kehrte um mit dem Marktschiff, in Rüdesheim bin ich erst mit Sonnenuntergang zurückgekommen, alle Wirtshäuser tobten ganz ausgelassen; da hab' ich in meinem Giebelstübchen über das Gelärm hinaus mich recht einsamlich in alles, was das Leben mir bietet, hineingedacht, nur Deiner hoffe ich gewiß zu sein, daß auf allen meinen Irrwegen, wo vielleicht keiner mir begegnen mag, Du aber mir nachgehen wirst, und wenn ich mich verlassen wähne, ich dennoch die edleste Wohnung besitze, in Deinem Herzen nämlich. So war mein Abend beschlossen; getanzt und gejubelt wurde unter mir, ich hörte das Lachen und dann leise klopfen an meiner Tür, als ich aufmachte, fand ich einen Krug mit Maitrank – rheinischer Hippokras – auf der Schwelle und ein Stück Festkuchen; wärst Du hier, so würde ich geglaubt haben, Du hättest es mir vor die Tür gestellt. Aber wer soll's nun gewesen sein? – Es war ja die Walpurg, ich hörte sie am End' vom Gang laufen.

Emanuel Geibel (1815–1884)

RHEINSAGE

Am Rhein, am grünen Rhein,
Da ist so mild die Nacht,
Die Rebenhügel liegen
In goldner Mondespracht.

Und an den Hügeln wande
Ein hoher Schatten her
Mit Schwert und Purpurmantel,
Die Krone von Golde schwer.

Das ist der Karl, der Kaiser,
Der mit gewalt'ger Hand
Vor vielen hundert Jahren
Geherrscht im deutschen Land.

Er ist heraufgestiegen
Zu Aachen aus der Gruft
Und segnet seine Reben
Und atmet Traubenduft.

Bei Rüdesheim, da funkelt
Der Mond ins Wasser hinein
Und baut eine goldene Brücke
Wohl über den grünen Rhein.

Der Kaiser geht hinüber
Und schreitet langsam fort
Und segnet längs dem Strome
Die Trauben an jedem Ort;

Dann kehrt er heim nach Aachen
Und schläft in seiner Gruft,
Bis ihn im neuen Jahre
Erweckt der Trauben Duft.

Clara Hätzlerin (um 1430–nach 1476)

WEIN VON DEM RHEIN*

Wein, wein von dem Rein,
Lauter, claur und vein,
Dein var
Gibt gar
Liechten schein
Als cristall und rubein.

Guillaume Apollinaire (1880–1918)

RHEINISCHE NACHT

Mein Glas ist voller Wein und zittert wie ein Licht.
Hört an, wie träge da sein Lied ein Schiffer singt:
Der Frauen sieben sah er in dem Mondenlicht,
Sah flechten sie ihr Haar, das grün und lang sich schlingt.

Steht auf, singt lauter mir und tanzet froh umher,
Daß ich nicht höre, wie sein Lied der Schiffer singt.
Bringt alle Mädchen mir, die blonden, die beringt
Von schweren Flechten sind, und setzt sie um mich her.

Denn trunken ist der Rhein, drin mit der goldnen Nacht
Der Weinberg einfällt wie ein jäh erschauernd Blatt,
Und doch die Stimme noch, so träg und sterbensmatt,
Und auch die grünen Feen, in schwerer Sommernacht …
Zerbrochen ist mein Glas, als hätt' es laut gelacht.

Clemens Brentano (1778–1842)

MÜLLER RADLAUFS LIED AN DEN RHEIN

Im Rheingau, wo jetzt Rüdesheim liegt, stand vor undenklichen Zeiten eine einsame Mühle am Rhein, umgeben von einer grünen und blumenvollen Wiese. Auf dieser Mühle wohnte Radlauf, ein junger frommer Müllerbursche. Er lebte mit der ganzen Welt in Frieden, gab den Armen gern ein Mäßchen Mehl umsonst und streute seine Brosamen den Fischen und Vögeln aus. Jeden Abend setzte er sich auf den Mühldamm hinaus und hatte da seine Freude an den schönen grünen Wellen des Rheins, an den Ufern, die sich spiegelten, und den Fischen, die vor Lust aus der Flut emporsprangen. Ehe er aber schlafen ging, flocht er immer noch einen schönen Blumenkranz und sang dem alten Rhein ein Lied vor, ihm seine Ehrfurcht zu beweisen. Am Schluß des Liedes warf er dann den Kranz in die Wellen, die ihn freudig hinuntertrugen, und wenn Radlauf den Kranz nicht mehr schwimmen sah, ging er ruhig nach seiner Mühle, um zu schlafen. Das Lied aber, welches er gewöhnlich sang, lautete also:

Nun gute Nacht! mein Leben,
Du alter, treuer Rhein.
Deine Wellen schweben
Klar im Sternenschein;
Die Welt ist rings entschlafen,
Es singt den Wolkenschafen
Der Mond ein Lied.

Der Schiffer schläft im Nachen
Und träumet von dem Meer;
Du aber, du mußt wachen
Und trägst das Schiff einher.
Du führst ein freies Leben,
Durchtanzest bei den Reben
Die ernste Nacht.

Wer dich gesehn, lernt lachen;
Du bist so freudenreich,
Du labst das Herz der Schwachen
Und machst den Armen reich.
Du spiegelst hohe Schlösser
Und füllest große Fässer
Mit edlem Wein.

Auch manchen lehrst du weinen,
Dem du sein Lieb entführt;
Gott wolle die vereinen,
Die solche Sehnsucht rührt:
Sie irren in den Hainen,
Und von den Echosteinen
Erschallt ihr Weh.

Und manchen lehret beten
Dein tiefer Felsengrund;

Wer dich im Zorn betreten,
Den ziehst du in den Schlund:
Wo deine Strudel brausen,
Wo deine Wirbel sausen,
Da, beten sie.

Mich aber lehrst du singen:
Wenn dich mein Aug' ersieht,
Ein freudeselig Klingen
Mir durch den Busen zieht;
Treib fromm mir meine Mühle,
Jetzt scheid ich in der Kühle
Und schlummre ein.

Ihr lieben Sterne, decket
Mir meinen Vater zu,
Bis mich die Sonne wecket,
Bis dahin mahle du:
Wirds gut, will ich dich preisen
Dann sing in höhere Weisen
Ich dir ein Lied.

Nun werf ich dir zum Spiele
Den Kranz in deine Flut:
Trag ihn zu seinem Ziele,
Wo dieser Tag auch ruht.
Gut Nacht, ich muß mich wenden,
Muß nun mein Singen enden,
Gut Nacht, mein Rhein!

Dieses Lied und der Kranz freuten den alten Rhein immer gar sehr; er gewann den Müller Radlauf darum gar lieb und trieb ihm sein Rad gar ordentlich, nicht zu langsam und nicht zu geschwind.

Aloys Wilhelm Schreiber (1761–1841)

DER RAUBRITTER

– – O sieh, wie rund umher
Alles grünt und bleicht! die sinkenden Ruinen
Müssen selbst zum Schmuck des Ganzen dienen.

Am schroffen Abhang des Niederwaldes hängt, wie das Nest eines Raubvogels, die zerfallene Burg Ehrenfels, einst von den Kurfürsten von Mainz erbaut. Da lebte in alter Zeit ein Burgvogt, Hans von Ehrenfels genannt, der eine einzige Tochter, Uta, hatte, deren Schönheit am ganzen Rheinstrom gerühmt wurde. Ein Edelmann aus Mainz, der ein steinreicher Mann war, warb um sie, aber Uta gestand ihrem Vater offen, ihr Herz sei bereits versagt, und sie würde ihre Hand nie einem andern Mann geben, als dem jungen Ritter von Reichenstein.

»Wie, einem Räuber?« brüllte der Vater.

»Reichenstein ein Räuber!« stammelte Uta, und alles Blut wich aus ihren Wangen.

»Ja«, versetzte Hans von Ehrenfels, »der Alte und sein Sohn sind Raubritter, und der Kaiser hat geschworen, alle Raubnester am Rhein zu zerbrechen und keinen Stein auf dem andern zu lassen.«

»Nein, nein, es ist unmöglich!« rief Uta; »der Vater mag ein Räuber sein, aber der Sohn teilt gewiß seine Schuld nicht.«

Es war eine späte Abendstunde; Uta saß wie vernichtet in ihrem Gemach und neben ihr stand teilnehmend ihre Dienerin Elsbeth, die ihr Trost einzusprechen suchte. Aber das Fräulein hörte nicht auf ihre Worte; da trat Elsbeth ans Fenster, öffnete es und schaute hinaus in den Rhein. »Ach Gott!« rief sie plötzlich, »da drüben an Hattos Turm schreitet eine hohe, schwarze Gestalt, und unter dem Felsenloch bei Aßmannshausen leuchtet es wie der Widerschein von Flammen.« Plötzlich sprang Uta vom Sessel auf und ans Fenster. Als sie die Helle gewahrte, zuckte plötzlich ein Gedanke wie ein Blitz durch ihre Seele: wenn es Reichenstein wäre, das brennte! Wenn die

Soldaten des Kaisers die Feste schon genommen hätten! Sie bat Elsbeth, auf den Turm zu steigen, der eine weite Aussicht gewährte, und sich dort umzusehen. »Ich kann Dich nicht begleiten«, setzte sie hinzu, »denn meine Knie brechen unter mir.«

Elsbeth tat, wie ihr befohlen war, und kam bald mit der Nachricht zurück, es schiene, daß Rheinstein und Reichenstein wirklich in Flammen stünden.

Uta hielt sich mühsam an der Lehne eines Sessels. Elsbeth trat jetzt wieder ans Fenster; sie hörte Ruderschlag und bemerkte jetzt einen Nachen, der unter der Burg anlegte. Eine hohe Gestalt schwang sich auf die schmale Felsenterrasse, die sich am Fuß des Ehrenfels aus den Fluten erhob, und rief: »Uta! Uta!« Die Jungfrau erkannte die Stimme ihres Geliebten. Mit dem Ausruf: »Heinrich! Heinrich! Du hier!« trat sie ans Fenster.

»Uta, komm herab, zu mir, nur auf einige Augenblicke!« flehte der Ritter. »Reichenstein brennt, mein Vater ist tot, ich bin geächtet! Aber ich kann, ich kann nicht von dieser Gegend scheiden, ohne Dich noch einmal an mein Herz zu drücken!«

Uta befahl Elsbeth, ihr zu folgen. Sie ließ durch den Torwart sich ein kleines Pförtchen öffnen, welches an den Rhein hinab führte, und wenige Minuten nachher lag sie in des Ritters Armen.

»Uta«, sagte er, »ich habe Geld und Kostbarkeiten gerettet, folge mir. In einem fremden Land wollen wir uns ankaufen.«

»Ich liebe Dich wie meine Seele«, antwortete Uta, »und wäre ich Deine Gattin, dann sollte keine Gewalt mich von Dir trennen. Aber die Tochter darf das Haus des Vaters nicht ohne seine Segen verlassen, und die Jungfrau nicht dem Geliebten folgen ohne den Segen des Priesters am Altar.«

»Ich kann, ich kann nicht von Dir scheiden!« rief der Ritter, in dem er sie krampfhaft an seine Brust schloß.

»Es muß geschieden sein, Heinrich, leb wohl, leb ewig wohl!« In diesem Augenblick verließen sie ihre Lebensgeister; sie hing leblos in den Armen des Ritters; da ergriff diesen der Wahnsinn er umklammerte sie und stürzte sich mit ihr in die Fluten des Rheins. Am andern Morgen fand man ihre Leichname am Ufer.

Karl Simrock (1802–1876)

DIE KLEMENSKIRCHE

»Vom Wispertal die edle Maid
Die ist's, die der von Rheinstein freit.« –

»Ihr lieben Schwestern, glaubet nicht
Was man von meinem Brautstand spricht:

Der auf der Straße Beute nimmt,
Der Bräutigam ist mir nicht bestimmt.«

»Zum Straßenräuber machst du mich?
Ei, stolzes Fräulein, hüte dich!«

Das Fräulein wagt sich aus dem Tor,
Da springen drei schwarze Ritter hervor.

Ein schwankes Schifflein lag am Rhein:
»Du Räuberbraut, nur da hinein!«

Und wie der Kahn die Woge teilt,
Da kommt ein Wetter nachgeeilt:

»Ja, blase nur, du Wisperwind,
Wir entführen doch dein schönstes Kind.«

Die Wisper bläst und saust und stürmt,
Daß hoch sich Well' auf Welle türmt.

Die Wolke bricht, der Himmel flammt:
»Verloren sind wir allesamt.«

Schon sinkt, von Wasser schwer, der Kahn,
Da blickt das Fräulein himmelan:

»St. Klemens«, sprach sie, »heil'ger Papst,
Der du der Flut das Leben gabst,

Und littest strenges Martertum
Zu Gottes und der Kirche Ruhm,

Errette mich aus Wassersnot
Und von dem Bräut'gam, der mir droht:

So soll ein Kirchlein dir entstehn
Und dort aus Walnußbäumen sehn.«

Der Heil'ge hört's und schwebt herab
Mit Schlüsselkron und Hirtenstab,

Reicht ihr die Hand und führt sie gut
Und trocken durch gehobne Flut.

Der schwanke Nachen fuhr zu Grund
Und den von Rheinstein schlang der Schlund.

Da ward das Kirchlein aufgebaut,
Das dort aus Walnußbäumen schaut.

Darnach verging manch hundert Jahr,
Das Kirchlein lang verfallen war,

Bis mild es zu erneun befahl
Des Herrn von Rheinstein hehr Gemahl.

Carl Trog (1836–1913)

WOHER BACHARACH SEINEN NAMEN HAT*

Unterhalb der Stadt Bacharach, in der Mitte des Stromes, liegt die schönbegrünte Heilese-Insel. Zwischen diesem Eiland und dem rechten Ufer befindet sich jener merkwürdige Stein, der den Namen Ara Bacchi oder Altar des Bacchus führt, auch Elter- oder Alterstein genannt wird, und Bacharach den Namen gegeben haben soll. Auf diesem Altar sollen die Römer dem weinspendeden Götterknaben Bacchus ihre Libationen, das sind Trankopfer, dargebracht und ihm zu Ehren bacchanalische Feste gefeiert haben. Zeigt sich im Sommer bei niederem Wasserstand der Elterstein, so putzen jetzt noch die Schiffer einen Strohmann als Bacchus aus, umfahren die Insel mit Gesang und Musikspiel und veranstalten auf des Rheines Wogen und beim feurigen Rebensaft dem Heidengott zu Ehren eine fröhliche Feier, wofür Bacchus sich dankbar erzeigt und seinen Verehrern ein gesegnetes Weinjahr schickt.

Sonst und jetzt

Zu Bacharach an dem Rheine
Da steiget im Strom ein Altar
Da brachten die Alten mit Weine
Dem Bacchus ein Opfer dar.

Er stehet, ein Felsen, im Rheine,
Von wilden Wogen umrauscht;
Hier haben im edelsten Weine
Die Libationen[1] gerauscht.

1. Libationen = Trankopfer

Doch sind die Zeiten verklungen,
Kein Opfer wird längst mehr gebracht;
Der Rhein hat den Altar verschlungen
Und alles eben gemacht.

Wo Wein einst geflossen, da thronen
Die kühlen Wellen vom Rhein:
Wohl rauschen noch Libationen,
Doch nur – in die Gurgel hinein!

Heinrich Heine (1797–1856)

BACHARACH*

Unterhalb des Rheingaus, wo die Ufer des Stromes ihre lachende Miene verlieren, Berg und Felsen mit ihren abenteuerlichen Burgruinen sich trotziger gebärden, und eine wildere, ernstere Herrlichkeit emporsteigt, dort liegt, wie eine schaurige Sage der Vorzeit, die finstere, uralte Stadt Bacharach. Nicht immer waren so morsch und verfallen diese Mauern mit ihren zahnlosen Zinnen und blinden Warttürmchen, in deren Luken der Wind pfeift und die Spatzen nisten; in diesen armselig häßlichen Lehmgassen, die man durch das zerrissene Tor erblickt, herrschte nicht immer jene öde Stille, die nur dann und wann unterbrochen wird von schreienden Kindern, keifenden Weibern und brüllenden Kühen. Diese Mauern waren einst stolz und stark, und in diesen Gassen bewegte sich frisches-freies Leben, Macht und Pracht, Lust und Leid, viel Liebe und viel Haß. Bacharach gehörte einst zu jenen Munizipien, welche von den Römern während ihrer Herrschaft am Rhein gegründet worden, und die Einwohner, obgleich die folgenden Zeiten sehr stürmisch und obgleich sie späterhin unter hohenstaufische und zuletzt unter Wittelsbacher Oberherrschaft gerieten, wußten dennoch nach dem Beispiel anderer rheinischer Städte ein ziemlich freies Gemeinwesen zu erhalten. Dieses bestand aus einer Verbindung einzelner Körperschaften, wovon die der patrizischen Altbürger und die der Zünfte, welche sich wieder nach ihren verschiedenen Gewerken unterabteilten, beiderseitig nach der Alleinmacht rangen, so daß sie sämtlich nach außen zu Schutz und Trutz gegen den nachbarlichen Raubadel fest verbunden standen, nach innen aber wegen streitender Interessen in beständiger Spaltung verharrten; und daher unter ihnen wenig Zusammenleben, viel Mißtrauen, oft sogar tätliche Ausbrüche der Leidenschaft. Der herrschaftliche Vogt saß auf der hohen Burg Sareck, und wie sein Falke schoß er herab, wenn man ihn rief, und auch manchmal ungerufen. Die Geistlichkeit herrschte im Dunkeln durch die Verdunkelung des Geistes. Eine am meisten vereinzelte, ohnmächtige und vom Bürgerrecht allmählich verdrängte Körperschaft war die kleine Judengemeinde, die schon zur Römerzeit in Bacharach sich niedergelassen und späterhin während der großen Judenverfolgung ganze Scharen flüchtiger Glaubensbrüder in sich aufgenommen hatte.

Carl Gustav Carus (1789–1869)

DIE WERNERKAPELLE VON BACHARACH*

Längst nun war ich durch früher betrachtete Abbildungen gespannt, die merkwürdigen Ruinen der Wernerkirche zu sehen, und ich ließ es deshalb meinen ersten Gang sein, um noch, bevor der Abend tiefer herabsänke, mich an diesen alten Baulichkeiten zu weiden. – Aus enger Straße durch ein altes Kirchhofspförtlein manche Stufen hinauf, kam ich erst auf den kleinen Kirchhof der Stadtkirche, und vor mir lagen auf naher mittlerer Anhöhe, am Fuß eines viel höheren, wieder mit Burgruinen gekrönten Felsens, die öden Mauern der Wernerkirche, durch deren leere, nur noch mit den zierlichsten steinernen Rosetten versehenen Fenster die Luft zog, während die Wolken von oben frei auf den grasbewachsenen Boden der ehemaligen Kirche hereinsahen. Schnell stieg ich die Stufenreihe bis dahin noch hinan, durchging die Räume der nicht großen, aber den besten Stil des 14. Jahrhunderts verratenden und aus einem festen, roten Wasgauer Sandstein gebauten Kirche und suchte mir dann einen Standpunkt aus, von welchem ich zeichnend eine bleibende Erinnerung an diese außerordentliche Umgebung mitzunehmen vermöchte. – Wie ich nun da oben stand, die im reinsten Verhältnis geschwungenen gotischen Bogen mit den reichen Fensterverzierungen sich in den Abendhimmel erhoben, die Strebpfeiler und zierlichen Spitzsäulen in dem eigentümlichen gesättigten braunroten Ton ihres Gesteins das späte Tageslicht widerschienen, dahinter aber das gelbliche Mauerwerk des Stadtkirchenturms mit rundbogigen Fenstern und hoher schiefergedeckter Turmspitze aufragte, als ich weiterhin über der tiefer unten liegenden Stadt mit ihren alten Warttürmen und durch die Fensterbogen der Ruine den Rhein erblickte, und als nun das sonore, den Sonntag ankündende Abendläuten näher und ferner erklang, da ergriff mich ein Gefühl tiefer nachhaltiger Rührung.

Iwan (Sergejewitsch) Turgenjew (1818–1883)

WAS IST DAS FÜR EIN MÄRCHEN!*

Ach, nebenbei, was ist das für ein Märchen von der Lorelei! Da ist doch der Lorelei-Felsen zu sehen? Nicht wahr? Man sagt, sie ertränkte früher alle, und dann, als sie liebte, stürzte sie sich selbst ins Wasser. Mir gefällt dies Märchen!

Otto Heinrich Graf von Loeben (1786–1825)

DER LURLEYFELS

Da wo der Mondschein blitzet
Ums höchste Felsgestein,
Das Zauberfräulein sitzet,
Und schauet auf den Rhein.
Es schauet herüber, hinüber,
Es schauet hinab, hinauf,
Die Schifflein ziehn vorüber,
Lieb Knabe, sieh nicht auf!
Sie singt dir hold zum Ohre,
Sie blickt dich töricht an,
Sie ist die schöne Lore,
Sie hat dir's angetan.

Sie schaut wohl nach dem Rheine,
Als schaute sie nach dir,
Glaub's nicht, daß sie dich meine,
Sieh nicht, horch nicht nach ihr!
So blickt sie wohl nach allen
Mit ihrer Äuglein Glanz,
Läßt her die Locken wallen
Unter dem Perlenkranz.
Doch wogt in ihrem Blicke
Nur blauer Wellen Spiel,
Drum scheu die Wassertücke,
Denn Flut bleibt falsch und kühl.

Aloys Wilhelm Schreiber (1761–1841)

DIE JUNGFRAU AUF DEM LURELEI

In alten Zeiten ließ sich manchmal auf dem Lurelei um die Abenddämmerung und beim Mondschein eine Jungfrau sehen, die mit so anmutiger Stimme sang, daß alle, die es hörten, davon bezaubert wurden. Viele, die vorüberschifften, gingen am Felsenriff oder im Strudel zu Grunde, weil sie nicht mehr auf den Lauf des Fahrzeuges achteten, sondern von den himmlischen Tönen der wunderbaren Jungfrau gleichsam vom Leben abgelöst wurden, wie das zarte Leben der Blume sich im süßen Duft verhaucht. Niemand hatte noch die Jungfrau in der Nähe geschaut, als einige junge Fischer; zu diesen gesellte sie sich bisweilen im letzten Abendrot und zeigte ihnen die Stellen, wo sie ihr Netz auswerfen sollten, und jedesmal, wenn sie den Rat der Jungfrau befolgten, taten sie einen reichlichen Fang. Die Jünglinge erzählten nun, wo sie hinkamen, von der Huld und Schönheit der Unbekannten, und die Geschichte verbreitete sich im ganzen Land umher. Ein Sohn des Pfalzgrafen, der damals in der Gegend sein Hoflager hatte, hörte die wunderbare Mär, und sein Herz entbrannte in Liebe zu der Jungfrau. Unter dem Vorwand, auf die Jagd zu gehen, nahm er den Weg nach Wesel, setzte sich dort auf einen Nachen und ließ sich stromabwärts fahren. Die Sonne war eben untergegangen und die ersten Sterne traten am Himmel hervor, als sich das Fahrzeug dem Lurelei näherte.

»Sehet Ihr sie dort, die Zauberin!« riefen die Schiffer. Der Jüngling hatte sie aber bereits erblickt, wie sie am Abhang des Felsenberges nicht weit vom Strom saß und einen Kranz für ihre goldenen Lokken band. Jetzt vernahm er auch den Klang ihrer Stimme, und war bald seiner Sinne nicht mehr mächtig. Er nötigte die Schiffer, am Fels anzufahren, und noch einige Schritte davon, wollte er ans Land springen und die Jungfrau festhalten, aber er nahm den Sprung zu kurz und versank in den Strom, dessen schäumende Wogen schauerlich über ihm zusammenschlugen.

Die Nachricht von diesem traurigen Begebnis kam schnell zu den Ohren des Pfalzgrafen. Schmerz und Wut marterten das Herz des Vaters, der sofort den Befehl erteilte, ihm die Unholdin tot oder lebendig zu liefern. Einer seiner Hauptleute übernahm es, den Willen des Pfalzgrafen zu vollziehen, doch bat er sich's aus, die Hexe ohne weiteres in den Rhein stürzen zu dürfen, damit sie sich nicht durch böse Künste wieder aus Banden und Kerker befreie. Der Pfalzgraf war dies zufrieden, und der Hauptmann zog gegen Abend aus und umstellte mit seinen Reisigen den Berg in einem Halbkreis vom Rhein aus. Er selbst stieg mit drei beherzten Männern den Lurleifelsen hinan. Die Jungfrau saß oben auf der Spitze und hielt eine Schnur von Bernstein in der Hand. Sie sah die Männer von fern kommen und rief ihnen zu, was sie hier suchten? – »Dich, Zauberin«, antwortete der Hauptmann. »Du sollst einen Sprung in den Rhein hinunter machen.« – »Ei«, sagte die Jungfrau lachend, »der Rhein mag mich holen.« Bei diesen Worten warf sie die Bernsteinschnur in den Rhein hinab und sang:

Vater, geschwind, geschwind,
Die weißen Rosse schick' deinem Kind,
Es will reiten mit Wogen und Wind!

Sofort rauschte ein Sturm daher; der Rhein erbrauste, daß weitum Ufer und Höhen vom weißen Gischt bedeckt wurden; zwei Wellen, welche fast die Gestalt von zwei weißen Rossen hatten, flogen mit Blitzesschnelle aus der Tiefe auf die Kuppe des Felsens und trugen die Jungfrau hinab in den Strom, wo sie verschwand.

Jetzt erst erkannten der Hauptmann und seine Knechte, daß die Jungfrau eine Undine sei, und menschliche Gewalt ihr nichts anhaben könne. – Sie kehrten mit dieser Nachricht zu dem Pfalzgrafen zurück und fanden dort mit Erstaunen den totgeglaubten Sohn, den eine Welle ans Ufer getragen hatte.

Die Lurleijungfrau ließ sich von dieser Zeit an nicht wieder hören, ob sie gleich noch ferner den Berg bewohnte, und die Vorüberschiffenden durch das laute Nachäffen ihrer Reden neckt.

Alexandre Dumas d. Ä. (1802–1870)

DIE KÖNIGIN DES RHEINS

»O verfluchte Zauberin, du wirst endlich für all das Böse, was du getan hast, bezahlen.« Beim Klang dieser Stimme und dieser Drohung hob die Fee sachte den Kopf und betrachtete ihn mit sanftem Lächeln: »Was willst du, Alter«, sagte sie, »und was möchtest du mir antun, mir, die ich nur ein Schatten bin?« »Ich will«, antwortete Blum, »ich will, daß du mir den Leichnam meines jungen Herrn zurückgibst, den du auf den Grund des Rheins gestoßen hast. Und was ich mir erhoffe: ich hoffe, mich an dir für seinen Tod rächen zu können und für den Tod so vieler anderer, die vor ihm in den Abgrund gestürzt wurden, wo auch er verschwunden ist.« »Der junge Graf ist nicht mehr von dieser Welt«, murmelte die Fee mit ihrer melodiösen Stimme, »der junge Graf ist mein Gemahl. Er ist der König dieses Flusses, so wie ich die Königin bin. Er hat eine Korallenkrone, er hat ein Bett aus Sand mit Perlen, er hat einen schönen azurblauen Palast mit Kristallsäulen. Er ist glücklicher, als er es je auf Erden hätte sein können. Er ist reicher, als er es mit dem elterlichen Erbe je gewesen wäre, denn er hat alle Reichtümer, die der Rhein verschlungen hat seit dem Tag seiner Schöpfung bis zum heutigen Tag. Geh zu seinem Vater zurück und sage ihm, daß er nicht mehr weinen möge!«
»Du lügst, böse Fee«, antwortete Blum, »und du würdest gern meiner Rache entkommen, aber so wirst du mich nicht täuschen. Du bist in meiner Gewalt, und deine Stunde hat geschlagen, wenn ich nicht meinen jungen Herrn selbst sehe und er mir versichert, sei es mit Worten oder sei es durch Gesten, was du mir gesagt hast. Nun also mach dich bereit mir zu folgen.« Und er zog sein Schwert und machte einen Schritt auf die Fee zu, doch mit mächtiger Stimme und, den Arm nach ihm ausstreckend, sagte die Zauberin: »Einen Augenblick!«
Und sie nahm ihre Halskette ab und fädelte zwei Perlen herunter,

die sie in den Fluß warf. Im gleichen Augenblick brodelte der Fluß, und zwei riesige Wellen, die eine fantastische und unbestimmbare Form hatten, wie man sie den Seepferdchen zuschreibt, stiegen die Felsen empor bis zum Gipfel des Berges. Und auf einer dieser beiden Wellen war ein schöner Jüngling mit blassem Gesicht und langen herabhängenden Haaren, den der alte Blum als den jungen Grafen wiederzuerkennen glaubte; so deutlich, daß er starr vor Verwunderung blieb.

Währenddessen stiegen die beiden Wellen immer weiter, bis sie die nackten Füße der Fee zu benetzen begannen; dann setzte sich die schöne Lore auf die Welle, die noch frei war, und, während sie ihre Arme um den jungen Mann legte, gab sie ihm einen Kuß. Dann begannen die Wellen herabzusteigen, und als Blum sah, daß die Fee ihm entschwinden würde, wollte er ihr folgen. Da schaute ihn der junge Mann lächelnd an.

»Blum«, sagte er ihm, »sag meinem Vater, daß er nicht weinen soll und daß ich glücklich bin.« Mit diesen Worten gab er seiner Gemahlin den Kuß zurück, den sie ihm gegeben hatte, und alle beide verschwanden in den Fluten.

Seit jenem Tag sah niemand mehr die Lorelei, und die Flußschiffer mußten nicht mehr Sirenengesang fürchten.

Julius Wolff (1834–1910)

DER LURLEI SANG*

Doch wie auch Werb und Wellen blinken,
Die Berge sonnen ihren Schatz,
Wie Städtlein auch und Burgen winken
Und manch ein trunkgerechter Platz
Gleich diesem hier, – ich seh euch spähen
Nach jener schauerlichen Wand,

Die von dem First, dem schwindlicht jähen –
Schroff abfällt zu des Stromes Rand.
Man spricht seit vielen hundert Jahren
Von diesem Berg, ein altes Wort
Nennt ihn den »Lurlenberg«, bewahren
Soll er den Nibelungenhort.
Wüst ist die Wand und kahl der Gipfel,
Der Fels gefurcht von Spalt und Kluft,
Da grünt kein Strauch, da rauscht kein Wipfel,
Und keine Blume spendet Duft.
Nichts rührt und regt sich hoch dort oben
Tagsüber auf dem nackten Stein,
Und alles Leben scheint verstoben,
Der Wind weht über Gras und Grein.
Doch glänzt vom Abendrote wider
Der Berg im letzten Sonnenstrahl,
So tönen oftmals süße Lieder
Vom Felsenjoch herab ins Tal.
Es ist ein zauberstarkes Klingen,
Das einsam durch die Lüfte schallt,
Und wer es hört, das holde Singen,
Dem greift's ans Herz mit Wunschgewalt.
Er strebt hinauf mit allen Sinnen,
Von Sehnsucht höllenheiß erfaßt,
Die Sängerin sich zu gewinnen,
Hat nirgend Ruhe mehr und Rast.
Doch wehe, weh, wenn er sie schauet,
Wenn ihn umfängt die schöne Feil
Sie herzt und küßt ihn, daß ihm grauet,
Die liebeslist'ge Lorelei!

Ihr wollt nicht an die Hexe glauben
Und lächelt spöttisch, wenn ihr trinkt?
Nein, Brüder! bei dem Blut der Trauben,

Das hier in unsern Römern blinkt!
Die Lurlei lebte, lebt noch immer,
Saß auf dem Felsen schon und sang,
Bevor des Mondes Glanz und Flimmer
In die gebrochnen Burgen drang.
Geschichte waltet, Sage webet,
Und jede wird zur Dichterin,
Doch was durch Mit- und Nachwelt schwebet,
Das hat auch einen Grund und Sinn.
Und wie und wo in Volkes Munde
Nun Mären kommen oder gehn,
Von der Verführerin die Kunde,
Die konnte nur am Rhein erstehn,
Am Rhein, wo allezeit der Glaube
An seltsam Abenteuer siegt
Und überall zu Rausch und Raube
Versuchung auf der Lauer liegt.
Denn eingewurzelt mit den Reben
Ist, was ein hurtig Herz beglückt,
Ein unverwüstlich flottes Leben,
Das wie der Lurlei Sang berückt.
Es lockt mit Wein und Lied und Liebe,
Und wer nicht fest sich weiß und frei,
Tät besser, wenn er ferne bliebe
Ihm und der Zaubrin auf der Lei.
Schwer wird es jedem zu entrinnen,
Den einmal traf ihr Minnegruß,
Und schwer bringt wiederum von hinnen
Der Wandrer den bestaubten Fuß,
Weil, was er manchmal sieht und höret,
So dicht ans blaue Wunder grenzt,
Daß jeder Trunk ihn hold betöret,
Als hätt ihn Lorelei kredenzt.
Denn wie im Wein des Weines Blume,

Sein Geist und innerster Gehalt,
So nistet in des Rheines Ruhme
Der Nixe schillernde Gestalt.
Sie halten treulich, ungetrennet
In eurem Denken gleichen Schritt,
Und wo man seinen Namen nennet,
Tönt auch der ihre leise mit.
Vom Süden ist sie bis zum Norden,
Gehüllt in sagenhaft Gewand,
Des Volkes Eigentum geworden
Im ganzen deutschen Vaterland.

Erlaubt mir, daß ich euch berichte
Ausführlich, wie ich kann und mag,
Der Lurlei Leben und Geschichte
Von Anfang bis zum heut'gen Tag!
Ein Märchen ist's aus alten Zeiten;
Ihr wißt ja, ich beschwöre gern
Gestalten und Begebenheiten,
Die manches Säkulum uns fern.
Schon lange hat es mich getrieben
Zu diesem Sang hin ohne Ruh;
Nehmt's hin, wie ich's hier aufgeschrieben,
Als tränk ich fröhlich eins euch zu!
Rückt euch den Kranz, daß hier im Bunde
Die Lust euch aus den Augen blitzt!
Und voll die Römer in der Runde,
Wie Bruder neben Bruder sitzt!
Nur daß ich erst die Lippen netze,
Heb ich das Glas mit goldnem Wein,
Und eh ich's wieder niedersetze, –
Stoßt an! gesegnet sei der Rhein!

Clemens Brentano (1778–1842)

RHEINMÄRCHEN

Rechts von dem Bett des Vaters Rhein und gerade in der Mitte des Bodens war eine große und runde Öffnung mit einem goldenen Gitter umgeben; es führten Stufen hinab, und unten sah man rings eine Menge Bogengänge nach allen Seiten hin laufen, aus deren jedem ein anderer Glanz herausschimmerte: grün, rot, blau, gelb, violett, kurz alle möglichen Farben, und als die Nymphen den alten Wassermann fragten, woher dieser wunderbare Schimmer komme, sagte er:

An diesem wunderbaren Ort,
Da ruht der Nibelungen Hort;
Um ihn geschah wohl mancher Mord;

Hier liegen Schilder, Helm und Ringe,
Manch goldnes Heft, manch gute Klinge,
Kleinode und viel andre Dinge,

Der Frauen Zier, der Helden Wehr
Ruht da, viel tausend Zentner schwer,
Und streut das bunte Licht umher.

(...)

Die sieben Bogengänge führen
Zu sieben reinen goldnen Türen,
Die sieben Treppen dann berühren.

Und diese Treppen auf sich winden,
Bis sie in einem Saal verschwinden,
Dem sieben Kammern sich verbinden

Im Saal auf siebenfachen Thronen
Sitzt Lureley mit sieben Kronen,
Rings ihre sieben Töchter wohnen.

Frau Lureley, die Zauberinne,
Ist schönes Leibs und kluger Sinne,
Hoch hebt sich ihres Schlosses Zinne.

Von innen aus der Maßen fein,
Von außen schroff ein Felsenstein,
Umbrauset von dem wilden Rhein.

Sie ist die Hüterin vom Hort,
Sie lauscht und horchet immerfort,
Und höret sie ein lautes Wort,

Singt, tut ein Schiffer einen Schrei,
So ruft die Töchter sie herbei,
Und siebenfach schallt das Geschrei
Zum Zeichen, daß sie wachsam sei.

»Das ist recht wunderbar«, sagte der Weiße Main, – »ich will dich aber nicht fragen, wer die Frau Lureley eigentlich ist, und warum sie alles siebenfach hat, und wie sie zu dem Wächteramt gekommen; du möchtest mich wieder zu deinen vier weisen Meistern schicken.« – »Ach!« sagte der Wassermann, »die wissen auch gar nichts von ihr; Frau Lureley ist viel älter als diese Herren, obschon jeder von ihnen ein paar hundert Jahre älter ist als der andere. Frau Lureley ist eine Tochter der Phantasie, welches eine berühmte Eigenschaft ist, die bei der Erschaffung der Welt mitarbeitete und das allerbeste dabei tat; als sie unter der Arbeit ein schönes Lied sang, hörte sie es immer wiederholen und fand endlich den Widerhall, einen schönen Jüngling, in einem Felsen sitzen, mit dem sie sich verheiratete und mit ihm die Frau Lureley zeugte; sie hatten auch viele andere Kinder, zum Beispiel: die Echo, den Akkord, den Reim, deren Nachkommen sich noch auf der Welt herumtreiben. Doch das wird euch Frau Lureley selbst erzählen, und zwar siebenmal, wenn ihr sie darum fragt.«

Robert Reinick (1805–1852)

SONNTAGS AM RHEIN

Des Sonntags in der Morgenstund',
Wie wandert's sich so schön
Am Rhein, wenn rings in weiter Rund'
Die Morgenglocken gehn!

Ein Schifflein zieht auf blauer Flut,
Da singt's und jubelt's drein:
Du Schifflein, gelt, da fährt sich's gut
In all die Lust hinein?

Vom Dorfe hallet Orgelton,
Es tönt ein frommes Lied,
Andächtig dort die Prozession
Aus der Kapelle zieht.

Und ernst in all die Herrlichkeit
Die Burg herniederschaut
Und spricht von alter, guter Zeit,
Die auf den Fels gebaut.

Das alles beut der prächt'ge Rhein
An seinem Rebenstrand,

Und spiegelt recht in hellem Schein
Das ganze Vaterland,

Das freie, treue Vaterland
In seiner vollen Pracht
Mit Lust und Liedern allerhand
Vom lieben Gott bedacht.

Bettina von Arnim (1785–1859)

DIE PFALZ BEI KAUB*

Ich schreibe Dir in der kristallnen Mitternacht; schwarze Basaltgegend, ins Mondlicht eingetaucht! Die Stadt macht einen rechten Katzenbuckel mit ihren geduckten Häusern, und ganz bepelzt mit himmelsträubenden Felszacken und Burgtrümmern; und da gegenüber schauert's und flimmert's im Dunkel, wie wenn man der Katze das Fell streicht. Und wie ich eben in dem alleinigen, mit großen Federbüschen verzierten Ehebett nachdenke, hör ich draußen ein Liedchen singen in fremder Sprache. Ich springe ans Fenster und gucke hinaus, da sitzt mein spanischer Schiffsmann in der frischen Mondnacht und singt. Ich erkannte ihn gleich an der goldnen Quaste auf seiner Mütze; ich sagte: »Guten Abend, Herr Kapitän, ich dachte, Ihr wärt schon vor acht Tagen den Rhein hinab ins Meer geschwommen.« Er erkannte mich gleich und meinte, er habe drauf gewartet, ob ich nicht mit wolle. Ich ließ mir das Lied noch einmal singen; es klang sehr feierlich – in den Pausen hörte man den Widerhall an der kleinen scharfkantigen Pfalz, die inmitten umdrängender schwarzer Felsgruppen mit ihren elfenbeinernen Festen und silbernen Zinnen ganz ins Mondlicht eingeschmolzen war.

Hans Wachenhusen (1822–1898)

DAS STÄDTCHEN KAUB*

Das Städtchen Kaub und das Blüchertal wird überragt von der Burg Gutenfels, die ebenfalls einst Gustav Adolf beherbergte und noch heute mit ihren riesigen Mauern und den romanischen Fenstern von ihrer einstigen Stärke, aber auch von mannigfachen Stürmen redet. Man zeigt auch noch gern das Fenster, an welchem der Schwedenkönig gesessen und ins Tal hinab geschaut haben soll. Das Städtchen Kaub trat schon frühzeitig als Villula Cuba auf; indes hat's mit der Römerabkunft wohl wenig auf sich. Der Name Cupa oder Kube hat mehr Grund nach der Sage, daß der Heidenbekehrer Theonest in einer Weinkufe anstatt eines Kahns den Rhein herabgeschwommen kam und bei Kaub ans Ufer getrieben wurde. Hier machte er sich ein Dach auf seine Kufe, wohnte darin à la Diogenes und begann den Fischern zu predigen, womit er besseren Erfolg hatte, als der heilige Antonius, der zu den Fischen redete. Ein Heiliger, der in einer Weinkufe wohnt, mußte notwendig auch an den Weinbau denken, und das tat er, um die heidnischen Fischer an das Urbarmachen des Bodens zu gewöhnen.

Carl Schultes (1822–1904)

ELSLEIN VON KAUB

Es liegt ein Städtlein an dem Rhein,
's ist keines sonst ihm gleich,
Da drinnen wohnt die Liebste mein,
Die Schönst' im ganzen Reich,
Die Schönst' im ganzen Reich.
Ach Elslein, ach Elslein,
Du Rose im Laub,

Dich lieb ich ja ewig,
Mein Elslein von Kaub.

Was nützet Reichtum und Gesind
Was aller Ahnen Zahl,
Ist kalt das Herz, für Liebe blind,
Ade dann Welt zumal,
Ade dann Welt zumal.
Ach Elslein, ach Elslein,
Dem Treueschwur glaub,
Du bist mir ja Alles,
Mein Elslein von Kaub.

Laß fahren allen Erdentand,
Bleibt dir die Lieb' allein,
Sie führet an der Treue Hand,
Zur Seligkeit dich ein,
Zur Seligkeit dich ein.
Ach Elslein, ach Elslein,
Bis einst ich bin Staub,
Bin ich ja dein Eigen,
Mein Elslein von Kaub.

Karl Simrock (1802–1876)

DER HEILIGE THEONEST

Ihr Männer Kaubs, warum vergeßt
Ihr eures heil'gen, Theonest?
O säht ihr euer altes Siegel:
Da treibt er auf des Rheines Spiegel
In jener Kufe sanft hinab,
Die Kaub erst einen Namen gab.

In Mainz gemartert bis zum Tod,
Besargt in lecker Kufe Boot,
So wiegen ihn die blauen Fluten
Und wecken neue Lebensgluten:
Er fühlt sich heil, das Wasser dringt
Nicht ein zu ihm, der Feuer bringt.

Der Salm umhüpft den selt'nen Kahn,
Ihn lachen alle Hügel an,
Der Rheingau grüßt mit freud'gem Rufe
Den heil'gen Mann und seine Kufe,
Aufjubelnd rauscht der Niederwald,
Im Nahetal jauchzt ihm jung und alt.

Nun schnellt er durch das Binger Loch,
Der Rheinstein denkt: »O käm' er doch!«
»Gefiel es ihm, bei uns zu hausen!«
Erseufzen Lorch und Trechdingshausen,
»Erwählt' er unser warmes Tal!«
Ruft Bacharach und Steg zumal.

Ihr alle haltet ihn nicht fest,
Bei Kaub erst landet Theonest:
Er pflanzt mit dem Christenglauben
In Kaub die ersten süßen Trauben;
In seiner Kufe preßt' er sie:
Ihr Kauber, das vergeßt ihm nie.

Wann feiern wir St. Theonest?
In den Oktober fällt sein Fest,
Wenn aus der Kufe Todesbanden
Der junge Wein ist auferstanden.
Ja wenn ihr um die Kelter tanzt,
Dann denket des, der ihn gepflanzt.

Richard Voss (1851–1918)

CHORGESANG BEIM RHEINWEIN

Ihr habt doch Wein genug im Hause?
Mir ist so wohl!
Doch guten Wein zum guten Schmause
Von Winterkohl!
Steht irgendwo verpicht im Keller
Ein Ehrenwein, ein Herzensschweller:
Hinab und hol'!

Schon blinkt er her! O sei willkommen,
Du goldner Wein!
Gesandt zum Labetrunk den Frommen
Vom Vater Rhein!
Wie rings der Alte, kaum gelüftet,
Ambrossa-Gewölke düftet!
O schenket ein!

Johann Peter Hebel (1760–1826)

ST. GOAR, EINE HÜBSCHE STADT*

St. Goar, eine hübsche hessische Stadt, liegt zwischen dem Rhein und einem Berg. Denn Berge laufen hier zu beiden Seiten am Rhein herab, der deswegen auch sehr schmal ist. Auf einer respektablen Höhe gerade unterhalb Goar liegt das Schloß Rheinfels und hinten dran, landeinwärts die Festung. Alles hängt zusammen, Festung, Schloß und Stadt. Gegenüber, das heißt auf unserer Rheinseite, sind noch zwei Schlösser, die Katze und die Maus, und zwischen beiden auf der obersten Höhe der diesseitigen Berge waren damals drei Batterien 24-Pfünder, aus welchen man allen die Festung sekundieren konnte. Man sagt, der Kommandant habe sie auf die Aussage eines einzigen Deserteurs hin verlassen, welcher meldete, daß 30 000 Franzosen im Anmarsch seien zu stürmen. Die Festung soll einen ganzen Tag leer gestanden sein, eh die Franzosen wußten, daß sie verlassen sei. Hier war ich vier Stunden von Simmern, aber ich ging nicht hin. Auf dem Rückweg, den wir zu Fuß neben den Weinbergen machten, wurden wir zweimal vom Bammert gepfändet. Das gehört auch zu den Merkwürdigkeiten.

Arno Holz (1863–1929)

IN DER SONNENGASSE ...

In der Sonnengasse zu Sankt Goar,
Da kämmt sich die Resi ihr schwarzes Haar.
Sie lacht in den Spiegel verstohlenen Blicks,
Silbern über ihrem Bett hängt ein Kruzifix;
Ihr Pantöffelchen klappert, ihr Schnürleib kracht:
Heute Nacht!! Heute Nacht!!

In der Sonnengasse zu Sankt Goar,
Da wohnt ihr schrägüber ein junger Scholar.
Der pfropft sich in den Schädel lauter dummes Zeug,
Schwarz auf seinem Pult liegt der Pentateuch.
Da streift ihn die Sonne, und sein Leder kracht:
Heute Nacht!! Heute Nacht!!

Aurelio de' Giorgi Bertola (1753–1798)

UNGEWITTER ZU SANKT-GOAR*

Kaum war ich erwacht, als ich die Fenster meines Zimmers öffnete, welches die Aussicht auf den Rhein hatte. Ein schwaches Licht verbreitete sich an dem Himmel; ich hielt es für das Licht der Morgendämmerung; aber bald überzeugte ich mich, daß die Sonne schon seit einer Stunde über dem Horizont war, und daß Wolken den Himmel bedeckten, der den Tag vorher so heiter gewesen war. Es war, als wenn wir die Gegend von Sankt-Goar nur in einer ernsten Gestalt sehen sollten.

Die Wolken hatten von der einen Kette der Berge bis zur andern gleichsam ein Zeltdach von mannigfaltigen Streifen, Gruppen und Erhöhungen gezogen, deren einige wie unermeßliche Fortsetzungen der Berge selbst aussahen. Dieses Zeltdach war hier mit einem tiefen Grau, dort mit einem lichten Milchweiß gefärbt; hier dehnte es sich, gleich einem schwarzen Tuch, in verschiedenen Richtungen aus; dort erhoben sich die Streifen, Gruppen und Erhöhungen bald getrennt, bald übereinander getürmt; dort schienen sie sich endlich in einen dünnen Duft aufzulösen, und dem Azur des Himmels eine Öffnung zu gönnen. Gegen Morgen zu strahlten sie von einem silberhellen Glanz. Unter diesem Zelt strömte der Rhein in ernster und düsterer Majestät.

Noch malerischer waren die Nebel der Tiefe. An einer Stelle waren sie von oben bis unten gerissen, und zeigten eine ganze Ecke der Berge; an einer andern ließen sie nur einen grauen oder grünen Streifen durchschimmern; hier verhüllten sie alles bis an den Rand des Ufers, dort enthüllten sie einzelne Hütten. Die Festungen auf der Höhe erhoben stolz ihre Häupter über den Saum von Nebel, der sich um ihren Fuß zog, und schienen in der Luft zu hängen. Endlich zogen einige Streifen desselben wogend über den Fluß, dessen kräuselnde Gewässer sich in sich selbst zurückzuziehen schienen. Die Dunkelheit vermehrte sich; von Berg zu Berg rollte ein langer, schrecklicher Donner, und mit Ungestüm stürzte der Regen herab.

Ich bin nicht imstande, die Schönheit des Schauspiels zu beschreiben, das sich unsern Augen darbot, als der Regenguß aufhörte; wie die Wolken sich trennten und zerflossen; wie der Nebel entfloh, und die Sonne in schönerem Glanz hervortrat; wie sich die Busen und Klüfte der Anhöhen gleichsam von neuem öffneten; wie die Farben des Lichtes sich mit dem grünen schwankenden Haar der benachbarten Berge mischten, das von dem Regen noch naß war und neu belebt schien. Ich bin nicht der erste, der die reinere Gestalt der Natur nach einem Regen, und das herrliche Farbenspiel des Regenbogens zwischen Gebirgen bemerkt hat. Hier vereinigte sich mit den Bergen der majestätische Fluß, welcher dem Regenbogen, der an beiden Ufern zu ruhen schien, zum Spiegel diente, und so fern und so nah bei uns war, daß wir ihn mit der ausgestreckten Hand berühren zu können glaubten.

Allmählig und in schönen Abstufungen enthüllten sich die Erde und der Himmel vor unsern Blicken. Jeder Augenblick bot uns eine neue Erscheinung dar. Das herrliche Schauspiel gewann durch die Beschränktheit des Ortes, in welchem sich der Kontrast der einzelnen Teile vollkommener zeigte, indem sie sich zu gleicher Zeit inniger aneinander schlossen. Sie schienen, ja sie waren nur Eines. Sie bildeten ein Ganzes, welches keine Zerstreuung erlaubte, und für uns das war, was ein Gemälde im Rahmen ist. Wir maßen mit unsern Blicken und unserem Geist; in mehr als einem Sinne, die Umgebungen dieser schönen Bucht. Das Licht fiel zwar jetzt stark herein; aber noch immer boten die Klüfte und Vertiefungen, so wie der ganze Umfang der Gegend nur eine pathetische Ansicht dar; ohngefähr so, wie die Ansicht eines gedankenvollen, mit süßer Traurigkeit bedeckten Gesichtes, auf welchem ein sanftes Lächeln strahlt.

Martin Greif (1839–1911)

RHEINFAHRT

Wimpel grüßen, Böller krachen,
Lustig schwimmen wir im Rhein,
Tiefe Boote, leichte Nachen
Wollen uns Geleite sein.

Wohl, nun geht es rauschend weiter,
Lachend Bild, wohin wir sehn,
Die Gestade grün und heiter
Und dahinter Rebenhöh'n.

Städte mit den alten Zinnen
Laden gastlich uns herzu,
Burgen, die verlassen sinnen,
Ragen einsam tief in Ruh.

Überall in trauter Nähe
Winkt ein ander Bild herbei,
Eh' ich alles übersehe,
Ist es wie ein Traum vorbei.

Karl Simrock (1802–1876)

DER RHEIN BEI BOPPARD*

Die vielfachen Krümmungen, mit welchen der Rhein sich hier durch die Felsen windet, und die Nähe des Mosel- und Lahntals verleihen der Gegend dreifach und vierfach erhöhte Reize. Wer bei Boppard den Berg hinaufsteigt, sich im Wald verirrt und endlich wieder hinab gelangt, der weiß nicht, hat er den Rhein oder die Mosel vor sich. Ortschaften, die zu Wasser weit auseinander liegen, verbindet ein kurzer Weg über den Berg, und ihre Gemarkungen stoßen oben zusammen. Wenn man sonst mit der Eiljacht stromauf fuhr, so verließ man bei Rhense das Schiff; ging zu Fuß über den schön bewaldeten Bopparder Berg und gelangte unterhalb des Jakobsberger Hofes, eine Viertelstunde oberhalb Boppards, wieder ins Tal, während die Jacht sich noch mit keuchenden Pferden abmühte, den weintriefenden Bopparder Hamm zu erreichen. Es blieb also noch volle Zeit sich in Boppard von der Güte des Gewächses zu überzeugen.

Carl Geib (1777–1852)

RITTER KONRAD BAYER VON BOPPARD

Landabwärts von den Burgen Sternberg und Liebenstein, erscheint im grünen Tal das alte Städtchen Boppard, das unter dem Namen Bodobriga schon zu der Römer Zeit berühmt war; denn diese hatten hier ein festes Kastell und eine Poststation angelegt. Unter der fränkischen Monarchie erhob sich der Ort zu einer ansehnlichen Gemeinde; edle Geschlechter und eine Menge Einwohner von jeglichem Stand siedelten sich daselbst an, und auf dem hier erbaueten Königshof wurden sogar Reichsversammlungen gehalten; auch empfing die Stadt von den Kaisern und Fürsten besondere Rechte und Freiheiten. Sie stand zuerst unter kaiserlicher Vogteigewalt; als diese aufgehoben war, trat sie in den Rang der freien Reichsstädte. Doch aller Vermutung nach ward im Anfang das ganze Gemeinwesen von dem ritterlichen Adel geleitet, unter welchem das Geschlecht der Bayer von Boppard die meiste Gewalt besaß. Aber im 12. Jahrhundert, als man die Zünfte geordnet, erhielten auch die Bürger Teil an der städtischen Regierung, und die von ihnen erwählte Obrigkeit saß mit den Patriziern zu Gericht. Das Haus der genannten Bayer von Boppard war eins der ältesten und berühmtesten vom Adel des Rheinlandes, und ein Glied desselben gab der romantischen Poesie Stoff zu einer Sage, die auf wirklicher Geschichte beruht und hier mitgeteilt sei.

Ritter Konrad Bayer von Boppard war ein tüchtiger Fehdegesell, ein lustiger, etwas wilder Kumpan; sonst biederen und aufrichtigen Gemüts. Er lebte zu Kaiser Friedrichs I. Zeit, und als dieser heldenmütige Fürst, im Bund mit England und Frankreich, den berühmten Kreuzzug wider die Muselmänner antrat, mochte es die Ritter und reisigen Knechte, welche sich aus allen Gegenden Deutschlands her dieser Unternehmung beigesellt und namentlich die vom Rhein, vielleicht ein wenig wundern, daß unter ihren Fähnlein nicht auch das Banner Konrads wehete, den sein feuriger und mutiger Geist bei jedem Strauß dahin riß, wo der Kampf am stärksten und gefährlichsten war. Allein der Grund, daß er in dem heimischen Land blieb, mochte wohl darin liegen, daß die Reichsstädte während der Abwesenheit des Kaisers und seines Heeres gegen die Anfälle der tief im Gebirge hausenden Raubritter weit mehr als zuvor auf ihrer Hut und dem Schutz braver Degen sich anvertrauen mußten, weshalb denn diese Pflicht unseren Helden an seine Vaterstadt band. Vielleicht war auch der ehrgeizige Ritter, den gewiß Durst nach Taten in das syrische Land getrieben hätte, um so mehr geneigt, dem Wunsch seiner Mitbürger zu entsprechen, weil er ein schönes und sittiges Fräulein liebte, deren Schloß nicht weit von Boppard entlegen und deren Bruder mit Kreuzfahrern gezogen war. Sie hieß Maria; den Namen ihres Hauses hat die Sage nicht genannt. Mit inniger Glut hing die Jungfrau an ihrem Ritter, und trauete seinem Versprechen, daß er sie, sobald ihr Bruder aus Palästina zurückgekehrt sei, als Braut heimführen wolle.

Konrad bestand manchen derben Kampf mit den Freibeutern und Wegelagerern, denen wohl keine Unternehmung gegen die Stadt selbst, aber doch manchmal die Plünderung oder Beschädigung ihrer Güter und Waren gelang. Allein Konrad machte sich diesen

Raubgesellen so furchtbar, daß sie, wenn er auf seinem normanischen Hengst herangesprengt kam, schon bei dem Anblick der zwei auf seinem Helm wehenden Adlerflügel ein Grauen befiel, und er mit zwölf Reitern ihrer dreißig in die Flucht jagte. Auch über das Schloß seiner Geliebten wachte sorgsam der Ritter, damit ihr von diesen Stegreifmännern kein Unbild geschehe. Dies war jedoch kaum nötig; denn ihr Bruder hatte einen treuen und wackeren Burgvogt, nebst einer Schar tüchtiger Reisigen, zu ihrem Schutz zurückgelassen. Als das umliegende Land gegen solche räuberische Anfälle wieder gesichert war, unternahm Konrad, dessen rastlosem Sinn die Jagd auf Wölfe und Eber kein Genüge schuf, und der oft mißmutig seinen Blick nach Osten wandte, wo vielleicht manche seiner ehemaligen Waffenbrüder sich glänzenden Ruhm erwarben, öfter Streifzüge in entfernte Gegenden, wo er irgendeiner anderen Fehde seinen Arm und sein Schwert lieh. Sollte man nicht glauben, daß die Liebe des Fräuleins Maria ihm für das, was sein Ehrgeiz entbehren mußte, der schönste Ersatz gewährt, und er auch in der Zärtlichkeit für die Holde den süßesten Teil seiner Ritterpflicht erkannt hätte? Aber ach! Diese Zärtlichkeit war im Getümmel, in wilder Zerstreuung und freier Lust, welcher er sich von neuem ergab, schon wieder ziemlich erkaltet. Er kam mondenlang nicht mehr auf Marias Burg, und als sie eines Abends voll banger Ahnung in ihrem Garten wandelte, traf Botschaft von dem Ritter ein, mit der Meldung, daß er sie ihres Wortes entlasse, weil er nach genauer Selbstprüfung gefunden habe, daß er für ein freies und unabhängiges Leben, nicht aber für das in so manchem Betracht fesselnde Band des Ehestandes, geschaffen sei. Fast brach das weiche, einer tugendhaften Liebe so treu verbündete Herz der Jungfrau, und ihr verfloß eine der traurigsten Nächte, die jemals ein in seinen teuersten Regungen tief verletztes Gemüt durchwacht hat.

Der Morgen graute auf des Waldes Höhen. Noch lagen die Nebel im Tal, und kaum schimmerte der erste rötliche Strahl durch die falben Gewölke; da zog Ritter Konrad, wohl gerüstet, auf seinem schwarzen mutigen Roß, mit starkem Gefolge und scharfzahniger

Doggen Schwarm, zur Wildjagd den schlängelnden Weg des Berges hinauf. Tief im uralten, bemoosten Hain verteilte sich die Schar; da, wo der Ritter stand, fuhr plötzlich ein mächtiger Eber aus dem Gebüsch, und ehe noch jener sein Wurfgeschoß absenden konnte, war das Tier im Eichendickicht verschwunden. Zornig sprengte Konrad nach und kam auf eine mit Büschen schön umkränzte Wiesenau. Da schimmerte eine silberhelle Rüstung ihm entgegen, und ein Jüngling auf schneeweißem Roß, die himmelblaue Feder auf dem Helm, und mit geschlossenem Visier, ritt schnellen Schrittes heran. Konrad schwenkte sein Roß gegen ihn und fragte mit starker Stimme: »Freund oder Feind?« – »Ehemals Freund, aber jetzt nicht mehr!« entgegnete jener mit melodischem Ton, in welchem mehr Traurigkeit als Zorn zu siegen schien. »Warum, wilder, ungetreuer Mann, hast Du die unglückliche Maria verlassen? Sie liebte Dich ja so zärtlich, und auch Du hast ihr mehr als einmal Deine Liebe beteuert. Ich bin hier, um die Arme zu rächen, die ein Opfer Deines Leichtsinnes werden soll. Darum, Ritter Konrad Bayer von Boppard, entbiet' ich Dich zum Zweikampf auf Tod und Leben, und zwar hier auf der Stelle. Ziehe Dein treuloses Schwert!« – Konrad betrachtete seinen Gegner einige Augenblikke, dann versetzte er stolz: »Wer wagt es; sich so keck mir in den Weg zu legen? Ich habe dem Fräulein offenherzig erklärt, warum ich für gut halte, unsern Bund aufzuheben. Ich will frei sein, wie die Wetterwolke, frei wie ein Sturm auf der See und der Adler in der Luft. Visier auf! Laß mich sehen, wer Du bist, der mir solchen Trotz beut, und den es gelüstet, von meiner Hand zu fallen!« – Da erhob der Jüngling seinen Schild und sprach: »Kennst Du dieses Zeichen – den goldenen Löwen im blauen Feld? Ich bin der Bruder Deiner Braut, der gestern Abend aus Palästina heimgekehrt und Deine Treulosigkeit vernommen, die Du bereuen sollst, noch ehe die Mittagssonne über uns flammt. Entschieden sei es auf diesem Wiesengrund! Schnell lasse Dein Visier herab; denn schon zu lang habe ich Dich angeblickt.« – »Und hättest Du fünfzig Sarazenen niedergesäbelt«, sagte Konrad mit wildem Blick, indem er den

Helmsturz herabschlug, »so sollst Du doch finden, wer Deinen Stolz demütigen kann. Herunter von dem Roß!« Und beide stiegen ab und zogen die Schwerter.

Stürmisch drang Konrad ein, drei, vier Hiebe wurden gewechselt; da erlahmte des Jünglings Arm und plötzlich sank er seufzend hin; sein Herzblut quoll und rötete die weißen Blümchen des Grases. Tief erschüttert und von entsetzlicher Angst ergriffen, zögerte Konrad, ihm den Helm zu lösen. Doch endlich wagte er es, und – o Himmel! Er sah zwei Augen brechen, die einst so liebevoll ihn angesehen; er hörte von zwei Lippen, deren Rosenrot erblich, noch die matten Worte: »Konrad! Das Leben war mir trübe und öde – ich wollte sterben – von Deiner Hand – ich habe Dir verziehen!« – Wie im Wahnsinn rannte er umher, schleuderte den Helm von sich, raufte sein Haar und rief: »Wehe, wehe mir! Ich habe Maria erschlagen. O, kehre ans Licht zurück! Ich war auf Irrwegen; ich bin wieder Dein Getreuer – wir wollen glücklich sein!« Er warf sich vor ihr nieder, wollte das strömende Blut hemmen; jedoch umsonst! Sie verhauchte in seinen Armen ihr irdisches Leben.

Der trostlose Ritter, der seine Geliebte nicht mehr erwecken konnte, wollte nun durch Reue und Buße die jammervolle Tat sühnen, die er in Unwissenheit begangen, aber doch verschuldet hatte. Er ließ die Verblichene auf einer Höhe, unfern seines Wohnsitzes, feierlich bestatten, und dann, nachdem er die bittersten Tränen an ihrem Grab geweint, über demselben ein Nonnenkloster erbauen, so schön und herrlich, wie keines am ganzen Rheinstrom zu sehen war; denn er verwandte darauf fast all sein Hab und Gut. Das Kloster nannte er St. Marienberg. Aber den Rest seines Lebens wollte er in einer Siedlerklause des nahen Gebirges der Andacht und dem stillen Gram weihen. Doch sein wilder Schmerz fand hier keine Ruhe. Darum wollte er sie im Sturm suchen und eilte fernhin über das Meer nach dem syrischen Land. Von dort ging er nach Jerusalem und ließ sich in den Orden der Tempelritter aufnehmen, der schon eben so sehr durch glänzende Taten, als durch

Schutz der Bedrängten und durch wohltätige Handlungen gegen Notleidende berühmt war. Mit dieser Heldenschar zog Konrad zum wilden Streit, und tat Wunder der Tapferkeit in Kaiser Friedrichs Heer. Die Muselmänner fühlten bald die Kraft seines Armes, und mancher kühne Feind erbebte, wenn sein Schwert im Schlachtgetümmel leuchtete. Jedoch sein Wunsch, mit der Geliebten bald vereint zu sein, ward noch nicht erfüllt; er fand nur Sieg und Ruhm. Aber jetzt befahl der große Richard Löwenherz den Sturm auf Ptolomais. Da warf, glühend von mehr denn irdischer Begeisterung, Konrad den Panzer von sich, nur im Helm und Koller, mit der einen Hand sein Flammenschwert, mit der andern des Ordens Banner Beauséant ergreifend, drang er vor seinen tapfern Brüdern im heftigsten Kampf heran, erstieg die Mauer, die Feste war gewonnen, und – Konad sank von einem Pfeil, den der flüchtige Feind zurückgesandt und der sein leidendes Herz durchbohrte. »Maria« war des Helden letzter Ruf.

Adelheid von Stolterfoth (1800–1875)

KONRAD BAYER VON BOPPARD

»Warum, o wilder Ungetreuer,
Verließest du Maria, sprich!
Sie war dir doch vor allen teuer,
Sie liebte doch vor allen dich.
Steh, Konrad, steh! Auf Tod und Leben
Sollst du im Kampf mir Antwort geben,
Erhebe rasch dein treulos Schwert.«

»Wer bist du«, rief der stolze Ritter,
»Der keck in meinen Weg sich legt?

Frei will ich sein wie ein Gewitter,
Das fortzieht oder niederschlägt –
Auf dein Visier, und laß mich sehen,
Wer's wagt, mit mir in Kampf zu gehen,
Wer fallen will von meiner Hand.«

»Blick auf den Schild, kennst du den Leuen?
Ich bin der Bruder deiner Braut,
Dein Abfall soll dich schwer gereuen
Eh' noch der Abend niedertaut.
Aus Palästina kehr' ich wieder –
Schnell lasse dein Visier hernieder,
Zu lang schon hab' ich dich erschaut.«

Da stürmt zum Kampf heran der Wilde,
Und schnell erlahmt des Jünglings Arm.
Er seufzt, er sinkt auf das Gefilde,
In Strömen quillt sein Herzblut warm.
Doch Konrad, wunderbar erschüttert,
Von nie gefühlter Angst durchzittert,
Nimmt zögernd ihm den Helm vom Haupt.

Weh ihm! Er sieht zwei Augen brechen,
Die liebend einst auf ihm geruht.
Er hört zwei Lippen »Konrad« sprechen.
Die einst geglüht in Rosenglut:
Maria hat sein Schwert erschlagen;
So rächt sie ihren Schmerz und Klagen
Durch raschen Tod von seiner Hand.

Da nimmt er all sein Gut und Habe,
Um seiner Reu genug zu tun,
Und über dem geliebten Grabe,
Wo ihre teuren Glieder ruhn,

Läßt er ein Kloster herrlich bauen,
Wie keins am Rheinstrom mehr zu schauen
Und nennt es St. Marienberg.

Doch rastlos flieht er selbst von dannen,
Als Templer zieht er mit dem Heer,
Nichts kann den wilden Schmerz verbannen,
Der ihn begleitet übers Meer.
Doch endlich, endlich schlägt die Stunde,
Wo die willkomm'ne Todeswunde
Sein langgequältes Herz empfängt.

Sein Schwert, die Feinde niederschlagend,
Glänzt in der Schlachtenwolke weit,
Beauséant, das Tempelbanner tragend,
Stürmt er voran im wildsten Streit.
Er schwingt's vor Ptolomais Mauern.
Dann sinkt er, stumm von Todesschauern:
Ein Pfeilschuß hat sein Herz durchbohrt.

Wilhelm von Kügelgen (1802–1867)

DER RHEIN BEI RHENS*

Wir kamen langsam endlich alle wohlbehalten zu Rhens am Rhein bei der Mutter meines Vaters, in der alten Wackelburg, an. So nannte man im Volk mein großelterliches Haus, in dessen Mauern vor Zeiten deutsche Könige residiert haben sollen, und auf dessen Territorium auch noch heute der bekannte Königsstuhl steht. Als ich den Rhein sah, entzückte mich der große Strom dermaßen, daß ich, während die andern sich umarmten, mit ausgebreiteten Armen geradewegs hineinlief. Die gute Leno aber sprang mir nach bis an den Gürtel und rettete mich mit eigener Gefahr.

F. G. Drimborn (Lebensdaten unbekannt, vor 1843)

KAISER WENZEL

»Was schiert mich Reich und Kaiserprunk
Mit all den bösen Plagen,
Will mir viel besser doch ein Trunk
In Ruhe hier behagen!
So sprach der Kaiser Wenzeslaus
Und trank den vollen Humpen aus.
Beim Königsstuhl zu Rhense.

Drauf Kurfürst Ruprecht von der Pfalz
Hub an: »Mein Herr und Kaiser,
Ihr sprecht anjetzt mit vielem Salz
Vom roten Asmannshäuser.
Doch glaubt mir's, ich bericht euch recht:
Auch Bacharacher schmeckt nicht schlecht
Beim Königsstuhl zu Rhense.«

Und als der Kaiser Wenzel das
Und all die Herrn vernommen,
Da ließen sie von dort ein Faß
Des edeln Weines kommen;
Und setzten sich früh Tages dran
Und schenkten ein und stießen an
Beim Königsstuhl zu Rhense.

Der Kaiser sprach: »Der Wein schmeckt mir
Das sag ich ohn' Bedenken;
Und wer des edeln Weines hier
Genug mir wollte schenken,
Dem gäb ich meine Kron' zum Dank!«
Er sprach es, schwieg und trank und trank
Beim Königsstuhl zu Rhense.

»Wohlan den Handel geh ich ein!«
Sprach Ruprecht mit Behagen.
»Ich will statt euer Kaiser sein
Und eure Krone tragen;
Vier Fuder, dünkt mich, sind genug;
Die dienen euch derweil zum Trunk
Beim Königsstuhl zu Rhense.«

»Nimm Zepter, Hermelin und Kron',
Nimm alles, was ich trage;
Doch quält dich Zwietracht einst und Hohn,
So denk an mich und sage:
Der Wein ist mehr als Kronen wert;
Das hat ein Kaiser mich gelehrt
Beim Königsstuhl zu Rhense.«

Karl Baedeker (1801–1859)

DER KÖNIGSSTUHL ZU RHENS

Unweit dem Städtchen (Rhens), stromabwärts neben der Landstraße, ist die Stätte, wo Deutschlands Kurfürsten, nach alter Vätersitte unter freiem Himmel versammelt, über Reichsangelegenheiten sich berieten, Landfrieden abschlossen, Kaiser wählten und absetzten, – der alte ehrwürdige Königsstuhl.

Der Königsstuhl, achteckig, aus Tuffsteinen, gewölbt, ruhte auf neun Pfeilern, deren einer in der Mitte stand. Einfach und ohne alle Verzierung, 24 Fuß im Durchschnitt, 18 in der Höhe messend, enthielt er oben sieben Sitze für die Kurfürsten und einen für den Kaiser, durch Steinplatten bezeichnet, auf einer gemauerten Bank, die ringsum lief. Vierzehn Stufen, oben durch eine Eisentür geschlossen, führten von der Mittagsseite hinauf. An der entgegengesetzten war ehemals der Reichs-Doppeladler ausgehauen, neben ihm die Wappen von Mainz, Trier, Köln etc., doch blieben sie bei der Wiederherstellung, welche die Schweden nötig gemacht hatten, weg oder wurden nur angemalt.

Johann Wolfgang von Goethe (1749–1832)

STAMMBUCHVERS BEI DER VORBEIFAHRT AN BURG LAHNECK

Hoch auf dem alten Turme steht
Des Helden edler Geist,
Der, wie das Schiff vorübergeht,
Es wohl zu fahren heißt.

Sieh, diese Sehne war so stark,
Dies Herz so fest und wild,
Die Knochen voll von Rittermark,
Der Becher angefüllt;

Mein halbes Leben stürmt' ich fort
Verdehnt die Hälft' in Ruh',
Und du, du Menschenschifflein dort,
Fahr immer, immer zu.

Decimus Magnus Ausonius (um 309–nach 393)

DIE MOSEL

Sing ich den glücklichen Fluß, der in grünenden Auen dahinwallt
Freudigen Zuges, und weih ihn ein in Wogen des Rhenus.
Rhenus, den bläulichen Schoß, das kristallene Flutengewand nun
Breite du aus und gewähre den Raum zuströmenden Wellen,
Daß dich mehre verbrüderter Strom; nicht Lohn in den Wogen
Wird dir allein, denn wallend daher von den Mauren der Hofstadt
Schaut' er des Sohns und des Vaters verbunden gefei'rten Triumphzug
Nach der Vertreibung des Feinds am Niger und bei Lupodunum
Und an des Histers Quelle, die Roms Jahrbüchern nicht kund ist.
Jüngst kam dieser Bericht des beendigten Kriegs mit dem Lorbeer,
Andre, noch andere bringet er bald. Ihr, wallet gemeinsam
Und drängt fort mit gedoppeltem Strom tiefglänzende Meerflut.
Heg auch, kleiner zu scheinen, nicht Sorg', o du prächtiger Rhenus:
Mißgunst kennt nicht der Gast, und daurender Name für immer
Wird dir zuteil; du, sicher des Ruhms, umarme den Bruder!

Venantius Fortunatus (um 530–um 600)

RHENUS, DER SCHÄUMENDE*

Weiterhin führt mich der Strom, wo Kontrua kähnegefüllt ist,
Wo aus grauender Zeit rühmlich die Burg sich erhebt.
Drauf nun erreich' ich den Ort, wo die Flüße vereint sich umarmen,
Rhenus, der Schäumende hier, dort der Musella Gedeihn.

Peter Tafur (Lebensdaten unbekannt, 15. Jh.)

KOBLENZ, EINE ANSEHNLICHE STADT (1438)

Der schönste Anblick, den ich auf der ganzen Welt mir denken kann, sind diese Rheinufer. Auf der einen Seite wie auf der anderen folgen ununterbrochen große Dörfer aufeinander und so viel sehenswürdige Dinge und Schlösser, daß man es kaum zu sagen wagt, eins dicht beim anderen, mit hochragenden Kreuzen und Wetterfahnen mit vergoldeten Knöpfen. Zwischen all den Herrlichkeiten fuhr ich den Fluß hinunter bis zu einer ansehnlichen Stadt, die man Koblenz nennt.

Mathieu Schwann (1859–1939)

SPAZIERGANG DURCH KOBLENZ*

Am deutschen Eck, wo dem hochragenden Provinzialdenkmal Kaiser Wilhelms I. die Stätte bereitet wurde, wo sich die Wasser der Mosel unmittelbar vor uns mit denen des Rheinstroms mischen, wo kein Hindernis die Aussicht beengt, empfangen wir so recht den Eindruck der unvergleichlich schönen Lage der Stadt. Am ganzen Rhein findet sich eine solche von der Natur geschaffene Herrlichkeit nicht wieder …

Wir durchschreiten die alte Stadt, wenden uns zum Jesuitenplatz, wo die dankbare Bürgerschaft ihrem großen Landsmann, dem großen Physiologen Johannes Müller, ein Denkmal errichtet hat, wir kommen durch die Firmungstraße zum Goebenplatz, den Schapers Standbild des Kommandierenden Generals August Karl von Goeben schmückt. Von hier führt uns die Poststraße zum Clemensplatz und so an dem Schloß vorbei, den Rheinanlagen zu.

Die Kaiserin Augusta hatte Koblenz ihre Liebe gewidmet, ein wirkungsvolles Denkmal ist der Dank der Koblenzer.

Gilbert Burnet (1643–1714)

EHRENBREITSTEIN*

Koblenz ist eine feste Stadt, und lustig gelegen. Der Rhein fließet vor derselben hin, und die Mosel auf der Seite. Sie ist wohl fortifizieret. Der Graben ist breit, die Contrescarpe hoch. Im übrigen, obwohl die Fortifikationswerke zu Koblenz sehr considerable, so bestehet doch ihre vornehmste Defension auf der Festung Hermannstein (Ehrenbreitstein), die auf der Spitze eines sehr hohen Berges an der andern Seite des Rheins liegt, von welcher die Stadt so gut beschossen werden kann, daß, wer sich des Schlosses bemächtigt hat, unfehlbar von der Stadt Meister werden muß.

Joseph von Görres (1776–1848)

MEINE VATERSTADT: KOBLENZ*

Bald bog ich um die Ecke herum, und vor mir lagen meine lieben, lieben blaugrauen Rheinberge ... Nicht lange vor Untergang der Sonne kam ich auf die Höhe hinter dem Tal. Es war noch zu hoch am Tag, um den Rhein zu passieren, ich setzte mich hin, um die Dämmerung zu erwarten. Da lag nun unter mir meine Vaterstadt, mit allen den mancherlei Stellen, die meine Jugend oder unsere Liebe geweiht und meinem Herzen so wert gemacht haben. Vor mir meine Fenster und die von Krahe und die von Jean Claude, und eure Hügel und unsere Republik auf dem Rhein, und alle die lieben, lieben Plätze, an deren jeden ein Andenken geknüpft ist. Der Abend war gar zu schön; im Westen stach die Sonne durch ein malerisches Gewölk, um den übrigen Horizont lag ein leichter zerrissener Nebel um die nackten Berge, im grünen Rhein nur von Zeit zu Zeit ein Eisfeld, die Luft mild und warm. Da saß ich nun da auf einem Stein und träumte hinunter in meine Welt. Der bekannte Ton der Uhren und Glokken traf mein Ohr, sogar das Getöse der Menschenstimmen, die zu mir heraufschallten, schien mir nicht fremd, alle meine Sinne waren rege gemacht.

Kurt Tucholsky (1890–1935)

KOBLENZ: DAS DEUTSCHE ECK

Wir spazierten also am Rhein entlang, ich hatte wieder einmal meine Geographie nicht gelernt und ließ mir von Jakopp die Gegend erklären. Da war der Ehrenbreitstein; auf dem brannte zum Gaudium aller Rheinkadetten eine französische Fahne – wirklich, die Fahne brannte hoch am Fahnenstock, verglomm, leuchtete wieder auf … mich interessiert Militär nicht, und ich weiß nicht, was sie da gekokelt haben. Es ist ja auch gleichgültig, so gleichgültig wie alles, was diese uniformierten Brüder tun.
Und da war der Rhein, der kitschumrauschte, und, wie bei Goethe steht, da waren große Schiffe im Begriffe, auf diesem Flusse hier zu sein … und plötzlich bekam ich den größten Schreck auf dieser Reise. Ich weiß es noch ganz genau: Wir gingen auf der breiten, baumbestandenen Allee; vorn an der Ecke war eine Fotografenbude, sie hatten Bilder ausgestellt, die waren braun wie alte Daguerrotypien, dann standen da keine Bäume mehr, ein freier Platz, ich sah hoch … und fiel beinah um.

Da stand – Tschingbumm! – ein riesiges Denkmal Kaiser Wilhelms des Ersten: ein Faustschlag aus Stein. Zunächst blieb einem der Atem weg. Sah man näher hin, so entdeckte man, daß es ein herrliches, ein wilhelminisches, ein künstlerisches Kunstwerk war. Das Ding sah aus wie ein gigantischer Tortenaufsatz und repräsentierte jenes Deutschland, das am Krieg schuld gewesen ist – nun wollen wir sie dreschen! In Holland.

Zunächst ist an diesem Monstrum kein leerer Fleck zu entdecken Es hat die Ornamenten-Masern. Oben jener, auf einem Pferd, was: Pferd! auf einem Roß, was: Roß! auf einem riesigen Gefechtshengst wie aus einer Wagneroper, hoihotoho! Der alte Herr sitzt da und tut etwas, was er all seine Lebtage nicht getan hat: er dräut in die Lande, das Pferd dräut auch, und wenn ich mich recht erinnere, wallt irgendeine Frauensperson um ihn herum und beut ihm etwas dar. Aber da kann mich meine Erinnerung täuschen ... vielleicht gibt sie dem Riesen-Pferdchen nur ein Zuckerchen. Und Ornamente und sich bäumende Reptile und gewürgte Schlangen und Adler und Wappen und Schnörkel und erbrochene Lilien und was weiß ich ... es war ganz großartig. Ich schwieg erschüttert und sah Jakoppn an.

»Ja«, sagte Jakopp, »das ist das Kaiser-Wilhelm-Denkmal am Deutschen Eck.«

Karl Simrock (1802–1876)

DIE ANDERNACHER BÄCKERJUNGEN

Die Andernacher schlafen lange:
Im Schlafe schlägt man keinen tot;
Doch vor den Linzern weicht ihr bange
Zur Seite, weil euch Totschlag droht.

Einst hatte zwischen Andernachern
Und Linzern lange Krieg getobt:
Ihr wißt, daß mit den Widersachern
Noch heut kein Mädchen sich verlobt.

»Gesegnen wir's den Siebenschläfern«,
Hieß es zu Linz beim Morgenschein.
»Wohlauf, so soll den faulen Schläfern
Das letzte Brot gebacken sein.«

Die Rechnung ohne Wirt zu machen,
Das widerrät ein altes Wort.
Denn wenn auch alles schläft, so wachen
Die Bäcker doch am faulsten Ort.

»Den Bäckern dürfen wir vertrauen:
Sie stehn das Brot zu backen auf:
Wenn sie den Feind von fern erschauen
So wecken sie uns in den Kauf.«

Hierbei blieb eins nur unerwogen:
Daß Bäcker auch und Bäckerskind
Nicht aus der Ferne hergezogen,
Nein, selber Siebenschläfer sind.

Wenn sie das Brot gebacken haben,
So liegen sie davor gestreckt
Am Morgenschlummer sich zu laben,
Wenn schon der Feind die Zähne bleckt.

Den Linzern wär der Streich gelungen,
Sie äßen Andernacher Brot,
Wenn nicht zwei fremde Bäckersjungen
Den Meistern halfen aus der Not.

Sie waren auf den Turm gelaufen
Und standen frischen Honigs satt:
Da sahen sie der Linzer Haufen,
Der überrumpeln will die Stadt.

Doch als sie jetzt ans Stadttor rücken,
Was war der Bäckersknaben Gruß?
Die Bienenkörb' in tausend Stücken
Schleudern sie ihnen vor den Fuß.

Da stechen ungezählte Summer,
Und hundert töten einen Mann:
Gewiß, da zog die beste Nummer,
Wer noch mit heiler Haut entrann.

Die Jungen zerren an den Glocken,
Auf stehn die Andernacher Herrn:
Sie finden in die Milch zu brocken,
Doch keinen Feind mehr nah und fern.

»Wir hatten trefflich uns gebettet:
Ja, solche Wacht empfahl Vernunft;
Und hat kein Bäcker uns gerettet,
So tat's die junge Bäckerzunft.«

Kommt Ihr ins Tor, Ihr seht inwendig
Noch heut die Bäckersjungen stehn.
Und halten sie die Wacht beständig,
Kein Linzer läßt sich leicht mehr sehn.

F. J. Kiefer (Lebensdaten unbekannt)

DAS SCHLOSS IM SEE

Bei Andernach am Rheine liegt eine tiefe See;
Stiller wie die ist keine unter des Himmels Höh'.
Einst lag auf einer Insel mitten darin ein Schloß,
Bis krachend mit Gewinsel es tief hinunter schoß.

Eine ebenso wunderbare wie düstere Sage knüpft sich an dieses abgelegene Tal des hier beginnenden Eifelgebirges und des Laacher Sees.

In grauer Vorzeit stand hier ein prachtvolles Schloß auf einer Insel des Sees, dessen Besitzer, ein Ritter, wohl vertraut mit Lanze und Schwert, auf allen Turnieren als Sieger hervorging und in den Kreuzzügen große Taten vollbrachte. Zurückgekehrt aus dem Morgenland, überfiel ihn eine unerklärliche Traurigkeit, in der er ganze Tage lang bis zum späten Abend nach dem nahen See blickte und, da auch mit Harfe und Gesang vertraut, wehmutsvolle Lieder ertönen ließ.

Einst an einem schönen Sommerabend überraschte ihn, als er wie gewöhnlich vom Söller seiner Burg dem See zugewendet dasaß, ein heftiges Gewitter, wobei der Sturm den See tief durchfurchte und die Blitze mit eigentümlichem, noch nicht gesehenem dunkelrotem Schein die Umgegend beleuchteten. Nach einem Donnerschlag mit heftigem Gekrache, der Höhen und Tiefen erschütterte und von den ältesten Bewohnern der Gegend in solcher Stärke noch nie gehört worden war, vernahm man in der Luft ergreifende Klagegesänge und wildes Rauschen des Sees; am nächsten Morgen sahen alle mit Schrecken und Angst, daß Insel mit Schloß und Ritter im See versunken waren und nur noch ein wilder Wasserstrudel die Stelle bezeichnete, wo diese gestanden hatten.

Noch heute glaubt man am stillen Abend, beim Säuseln des Windes, aus der stillen Tiefe des Sees gar wunderbare, zur gläubigen Seele sprechende Töne zu vernehmen, und die Zitterpappel am Ufer rauscht geheimnisvoll und erfüllt das Herz mit ahnungsvollem Grauen.

Karl Julius Weber (1767–1832)

ZWISCHEN ANDERNACH UND RHEINBRÖL*

Herrlich ist das Perspektiv zwischen Andernach und Rheinbröl, wo sich der Rhein zum zweitenmal, wie bei Bingen, in eine düstere Gebirgsschlucht hineinstürzt, durch die man vier Stunden weit blickt bis Sinzig und Linz. Rechts Leudesdorf und links Namedy (von Nom de Dieu), wo sich auch die größeren Flöße bilden, und gegenüber die Ruine Hammerstein, malerisch, auf gigantischen Felsen.

Josef Hangard (Lebensdaten unbekannt, um 1870)

UNSER WESTERWALD

Es liegt ein Wald im Westen,
Genannt der Westerwald,
Da sieht man keine Festen,
Die Zeichen der Gewalt:
Man sieht da kahle Berge
Und Felsen von Basalt;
Das ist der Wald im Westen,
Das ist der Westerwald.

Hoch oben auf den Bergen,
Da liegt der Westerwald;
Da brausen wild die Stürme,
Da ist es rauh und kalt –
Horcht, wie euch durch die Winde
Mein Lied entgegen hallt!
Drum töne, Lied der Lieder,
Du Lied vom Westerwald!

Wo stolz des Mannes Blicke
Den Fremden treffen kalt;
Wo sich kein Rücken bücket
Vor Unrecht und Gewalt;
Wo deutsche Kraft und Treue
Noch wohnt bei Jung und Alt,
Da sind der Freiheit Höhen,
Da ist der Westerwald!

Wo schmucke Mädchen ziehen,
Gesund und stark und schlank,
Vom Felde heim zum Dorfe
Mit fröhlichem Gesang:
Wo kräft'ge Weiber bauen
Mit rost'ger Hand das Feld,
Da wohnen Westerwälder,
Die Einz'gen in der Welt!

Wo sich die Häuser neigen
Gar traulich hin zur Erd',
Wo man mit Stroh gedecket
Sieht Dach und Fach und Herd;
Dort, wo in nied'ren Hütten
Die Gastfreundschaft noch weilt;
Da wohnen Westerwälder,
Dorthin, ihr Freunde, eilt!

Was kümmern uns die Täler,
Was großer Städte Pracht?
Wir fröhnen nicht dem Luxus,
Wir dienen nicht der Macht;
Wir lieben klares Wasser,
Und atmen Luft, so rein,
Sind fröhlich bei Kartoffeln,
Wie könnt es besser sein?

Laßt brausen wilde Stürme,
Laßt rauh es sein und kalt,
Laßt uns die kahlen Berge,
Die Felsen von Basalt!
Bleibt tief in euern Tälern,
In euern Schluchten all –
Ihr taugt nicht auf die Berge,
Nicht auf den Westerwald!

Und wenn ich einst sollt wählen
In Ländern groß und klein,
Das schönste aller Mädchen,
So dürft's vom Wald nur sein.
Und hab ich es gefunden,
So sing ich, daß es schallt:
Es lebe hoch mein Liebchen,
Es leb' der Westerwald! –

Carl Trog (1836–1913)

DIE SCHÖNE JÜDIN VON LINZ

Allein zu wandeln ist nicht gut,
Drum such ein Weib mit frohem Mut,
Das als Dein trautes Ehgemahl
Getreulich mit Dir teilet Lust und Qual.

In einer blutigen Fehde, welche im Mittelalter die Stadt Linz am Rhein heimsuchte, hatte ein erst mehrere Tage altes Judentöchterlein die Eltern verloren und war allein dem Blutbad entronnen. Die kleine Jüdin empfing die christliche Taufe, wobei ein Ritter, von Rennenberg aus Linz die Patenstelle übernahm. Der gutherzige Herr empfand eine so warme Teilnahme für sein verwaistes Patenkind, daß er es in seine Burg aufnahm und mit aller Sorgfalt erzog. Die kleine Waise gedieh vortrefflich und wuchs zu einer Jungfrau von blendender Schönheit heran. Die Teilnahme aber, welche Herr von Rennenberg anfangs für sein Patenkind empfunden, verwandelte sich nach und nach in heiße Liebe und ob er wohl bedeutend älter war, so fand er dennoch warme Gegenliebe. So waren denn die Herzen beider eins geworden, aber an eine eheliche Verbindung konnte nicht gedacht werden, weil nach dem bestehenden Kirchengesetz der Pate sein Patenkind nicht ehelichen durfte. Da das Liebesverhältnis kein Geheimnis beider geblieben, mußte sich das Pärchen, auf Befehl des Erzbischofs von Köln, trennen. Das Kloster St. Katharina nahm die schöne aber herzenskranke Jungfrau auf, während der Ritter auf der Burg in Linz sein Weh den Sternen klagte.

Die Schranke, welche dem Paar im Weg stand, konnte allein in Rom beseitigt werden, deshalb eilte der Ritter nach Köln zum Erzbischof, um denselben um eine Fürsprache in Rom zu bitten. Der Erzbischof war dem Ritter wohl gewogen, denn derselbe hatte ihm in mancher Fehde als treuer Knappe zur Seite gestanden, auch war das Kloster, welches sein Herzblatt verwahrte, von ihm schon früher reich beschenkt worden, deshalb bat er in Rom um Dispensation und tröstete den Ritter, daß, ehe das Jahr abgelaufen, nach welchem die Jungfrau unwiderruflich den Schleier nehmen mußte, die Dispensation eintreffen würde. Erleichterten Herzens kehrte der Ritter nach Linz zurück und harrte in Geduld Wochen, ja Monate auf das erlösende Wort, aber es kam nicht. Der Ritter erlitt wahre Höllenqualen und seine Herzensdame nicht minder. Jetzt waren es nur noch acht Tage bis zu dem gefürchteten Augenblick. Herr von Rennenberg der schier verzweifelte, eilte nach Köln, doch von den Lippen des Erzbischofs hörte er kein anderes Wort als: »Entsaget!« Der Gram und das Seelenleid hatten den Ritter fast blind gemacht, darum sah er das gutmütige Lächeln nicht, das um den Mund des Seelenhirten schwebte, denn dieser hatte die

Dispensation längst erhalten, auch bereits Befehl nach St. Katharina gegeben die Jungfrau nicht einzukleiden, sie vielmehr am letzten Tag des Probejahres nach Köln zu bringen; dem Rennenberg verschwieg er aber sein Glück, weil er dessen Beständigkeit prüfen wollte. Mit Hangen und Bangen war der letzte Tag des Noviziats gekommen, und noch einmal raffte sich der Ritter auf und schritt gramgebeugt zur bischöflichen Burg. Er traf den Erzbischof im Ornat und wußte es nicht zu deuten, als ihn dieser teilnahmsvoll bei der Hand nahm und zur Kapelle geleitete, die in einem wahren Lichtmeer schwamm.

»Was soll das bedeuten?« fragte der bleiche Ritter.

Der Erzbischof antwortete ihm jedoch nicht, er führte ihn vielmehr vor die Stufen des Altars, wo die Oberin aus St Katharina ihm seine Geliebte, geschmückt mit dem grünen Brautkranz, an die Seite führte, und nun verkündete der Erzbischof die päpstliche Dispensation und traute das schwergeprüfte Paar.

So verwandelte sich des Ritters Leid und Weh in hohe Freude, in derselben Stunde, in welcher er glaubte, seine süßesten Hoffnungen zu Grabe getragen zu sehen.

Alfred von Reumont (1808–1887)

GRAF SIGEBODO, DER HERR VON ALTENAHR*

Unter der Regierung König Heinrichs des Voglers lebte im Kölner Erzstift ein vornehmer und reicher Graf mit Namen Sigebodo von Hochstaden, Herr von Altenahr. Sein Stamm wurde von keinem an edler Herkunft übertroffen; er selbst tat sich schon in seiner Jugend hervor durch christliche und ritterliche Tugenden und erwarb sich viele Kenntnisse in gelehrten Dingen.

Es traf sich einmal, daß Sigebodo bei der Taufe eines Kindes zugegen war und dieses mit dem Zeichen des Kreuzes segnen sah. Das fiel ihm auf, und er forschte nach der Ursache und fragte seinen Hofmeister: »Bin ich gleichfalls mit dem heiligen Kreuz bezeichnet worden, als man mich taufte?« – »Freilich«, erwiderte ihm dieser, »bist du ebenso gesegnet worden.« – »Wenn das ist«, versetzte drauf der Jüngling, »so sehe ich gar nicht ein, weshalb ich mich selber noch immerfort segnen soll.« Und von dieser Stunde an unterließ er den christlichen Gebrauch. Das merkte alsobald der Teufel und dachte bei sich: »Ei, ei, der ist mir der rechte Geselle; bei einem solchen Herrn mag ich gerne Diener sein.« Nicht lange währte es, so trat er vor den jungen Grafen hin in der Gestalt und Kleidung eines Dieners. »Wer bist du?« fragte dieser ihn. »Mein Name ist Bonschariant«, erwiderte der Arge. »Ich habe viele Länder kennengelernt und wünsche jetzt, in euren Dienst zu treten.« Dem Grafen war das ganz recht, denn er suchte eben einen Knappen, und der Fremde dünkte ihn gewandt und tätig. Er nahm ihn also zu sich auf sein Schloß zu Ahr und bereute es nicht, denn niemals hatte er einen unermüdlicheren und rascheren Knecht gehabt. Dieser sah ihm jeden Wunsch an den Augen ab und opferte ihm Tag und Nacht, wenn es darauf ankam, wußte ihn auch durch allerhand Kurzweil und gottlose Streiche zu belustigen.

Des Grafen Ruhm nahm zu mit seinen Jahren. Keiner übertraf ihn in ritterlicher Gewandtheit, und er blieb Sieger auf allen Turnieren. Einstmals unternahmen fromme Ritter und Pilger einen Zug gegen die Ungläubigen. Sigebodo schloß sich ihnen an, und überall blieb den Christen das Schlachtfeld, wo er sich bei ihnen befand. Der Diener begleitete ihn überall und wurde ihm so lieb, daß er sich nicht von ihm trennen konnte. So geschah es auch einmal, daß am Rhein ein Krieg ausbrach und die Feinde in die Eifel einfielen. Der Graf griff alsbald zu den Waffen; die Gegner wurden mit blutigen Köpfen heimgesandt, und der Sieger zog mit den Seinen auf das jenseitige Ufer des Rheinstromes. Gegen Abend entfernte er sich lustwandelnd von seiner Schar und setzte sich, vom raschen Ritt ermüdet, unter einen Baum, wo er einschlief. Dies war aber von den Feinden erspäht worden, und sie beschlossen, ihn gefangenzunehmen oder zu töten. Schon waren sie dem Schlummernden ganz nahe, als Bonschariant, die Gefahr bemerkend, herbeieilte, den Grafen weckte und ihn im Nu auf den Rücken lud. Dies kam Herrn Sigebodo ganz sonderbar vor, und er rief, halb verwundert, halb erschrocken: »Was willst du, Fant?« Aber in demselben Augenblick traf der Waffenlärm der Herbeieilenden sein Ohr und er fühlte, wie Bonschariant sich in die Luft erhob, höher und immer höher, bis er endlich im Mondlicht den Rhein wie ein breites Band unter sich erglänzen sah. »Gott sei mir gnädig!« bebte auf Sigebodos Lippen, aber in demselben Moment vernahm er seines Dieners fast unkenntlich gewordene Stimme, die ihn rauh anfuhr: »Schweige mit deinem Geplärr und halte dich ruhig, oder ich werde dir eine Taufe geben, daß du für dein Leben lang davon genug haben sollst!« Da wurde dem Grafen klar, mit wem er angebunden hatte; er sagte kein Wort mehr und vollendete, an die Schultern seines vermeintlichen Dieners geklammert, den lustigen Ritt.

Auch nach dieser Begebenheit fuhr Bonschariant fort, im Schloß zu Ahr zu verweilen. Sigebodo hatte zwar nachgerade eine gewisse Scheu vor ihm bekommen, und die alte Herzlichkeit war verschwunden; aber da durch den langen Umgang mit dem Bösen seine Zweifelsucht und Ungläubigkeit immer zugenommen hatten und er an ihm stets einen treuen und gehorsamen Diener fand, so suchte er seine Gewissensbisse dadurch zu unterdrücken, daß er sich selber sagte, er habe doch mit dem Schwarzen nie einen Pakt abgeschlossen und dieser besitze keine Gewalt über ihn. Damit beruhigte er sich, und das Verhältnis blieb dasselbe. Auch tat Bonschariant alles Mögliche, um die Gunst seines Herrn zu bewahren. Es traf sich, daß beide einmal nach Köln ritten und dort in eine Herberge einkehrten. Sigebodo hatte sich schon längst zur Ruhe begeben, als sein Begleiter in seine Kammer stürzte und ihn mit den Worten: »Steht auf, Herr, oder ihr seid verloren!« weckte. In großer Angst sprang der Graf vom Lager und hatte kaum Zeit, seinen Mantel umzuwerfen und ins Freie zu laufen, als schon das ganze Haus zusammenstürzte und alle, die es bewohnten, unter seinen Trümmern begrub.

Jahre waren unterdessen vergangen, und Sigebodo war in allen weltlichen Dingen glücklich gewesen, als seine Gattin schwer erkrankte. Die herbeigerufenen Ärzte machten düstere Gesichter und sagten dem Grafen, er möge die Hoffnung aufgeben, sie genesen zu sehen. Da kam noch ein anderer dazu und sprach: »Eine Arznei weiß ich, die die Kranke retten kann, aber es wird unmöglich sein, sie zu erhalten. Es ist Milch von Löwinnen, mit Drachenblut vermischt.« Als Sigebodo das vernahm, wurde er gar sehr betrübt, denn er hielt nun seine edle Hausfrau für verloren. Bonschariant aber tröstete den Grafen mit den Worten: »Wenn das die Gräfin retten kann, so verlasset euch auf mich, und sie soll genesen.« Damit war er verschwunden; die andern Diener hatten ihn wegreiten gesehen. Nach zwei Stunden trat er wieder ins Zimmer mit der verlangten Arznei, die die Gräfin nahm, worauf sie sich bald, völlig hergestellt, vom Lager erhob. Wo Bonschariant gewesen war, erfuhr niemand als sein Herr; unfehlbar war er nach der heißen Zone Äthiopiens geflogen, hatte dort eine säugende Löwin niedergeworfen und gemelkt, dann einen Drachen in seiner Höhle aufgespürt, mit seinem Schwert verwundet und dessen Herzblut aufgefangen. So war das vom Arzt verordnete Tränklein herbeigeschafft worden. Der edlen Gräfin war aber doch die Sache etwas verdächtig geworden, und sie lag ihrem Gemahl so lange an, bis er ihr entdeckte, was es mit dem angeblichen Diener für eine Bewandtnis habe. Da erschrak die gottesfürchtige Frau sehr und drang in ihn, den gefährlichen Gast zu entfernen. Das aber wollte Sigebodo durchaus nicht und stellte ihr vor, wie pflichtvoll und dienstfertig Bonschariant sich immerfort gegen ihn benommen und wie er ihr und ihm das Leben gerettet habe. Alles, was sie von ihm erlangen konnte, war, daß er versprach, dem Herrn eine Kirche und ein Kloster zu weihen. Der größte Teil des Landes war damals von dichter Waldung bedeckt, die eine Fortsetzung der Ardennen war und auch so benannt wurde. In dieser Waldung lag eine öde Anhöhe, die man das Steinfeld nannte, weil der Boden felsig war und nur wenig Gras und Gestrüpp fortkam. Diesen Ort wählte die Gräfin, um den Plan auszuführen, zu dem sie ihren Gemahl vermocht hatte und wodurch sie dessen Seele zu retten hoffte.

Der Ardenner Wald war ganz mit Wild gefüllt, und Sigebodo pflegte dort oft zu jagen, denn er war ein großer Freund des edlen Weidwerkes. Als er nun einmal auf einem solchen Streifzug sich befand, von Bonschariant begleitet, lenkte er sein Roß nach der Gegend des Steinfeldes hin. Als sie des Ortes ansichtig wurden, begann er folgendermaßen: »Dieser Wald ist so weit entlegen von unserm Schloß, daß die Jagd in demselben immer mit großer Beschwerde verbunden ist, weil es an Wohnungen fehlt, wo wir einkehren könnten. Ich habe also beschlossen, auf diesem Hügel, den wir vor uns sehen, ein Haus zu erbauen, das uns als Jagdschloß dienen soll und in dem wir fröhliche Gelage halten mögen. So beweise mir denn auch wieder deinen guten Willen und helfe mir bei dem Werk.«

Als der Teufel hörte, zu welchem Zweck das Gebäude dienen sollte, war er sehr froh und alsogleich bereit, dabei tätig zu sein. Kalk und Steine waren bald herbeigeschafft und ein felsenfestes Fundament gelegt. Obgleich Bonschariant der einzige Baumeister war, erhob sich die Mauer schnell zu einer großen Höhe. In kurzer Zeit stand ein stattliches Gebäude mit geräumigen Sälen und Gängen. Als nun nur wenig noch zur Vollendung fehlte, dachte der Graf: »Nun kann ich meinen Vorsatz ausführen und das ohne Mühe und Kosten erbaute Haus seiner wahren Bestimmung übergeben.« Hiermit ging er hinauf zur höchsten Spitze und pflanzte dort ein Kreuz auf, das er zu diesem Zweck vorbereitet und verborgen gehalten hatte. Kaum war dies geschehen, so erschien der Teufel in der Luft, einen gewaltigen Stein tragend, den er in den Turm einmauern wollte. Sogleich erblickte er das Kreuz, stieß eine laute Verwünschung aus und schleuderte den Felsblock mit aller Macht von sich, damit er auf das Gebäude fiele. Aber dem war nicht so: Der Stein nahm, von einer unsichtbaren Hand getragen, eine andere Richtung, rollte über den Boden weg und blieb erst bei dem jetzigen Örtchen Diefenbach liegen, wo man ihn noch unter dem Namen »Teufelsstein« dem Fremden zeigt.

Auf der Burg zu Ahr ließ sich von jenem Tag an der Diener nicht mehr blicken. Das Kloster zu Steinfeld wurde bald vollendet, und Sigebodo schenkte dem Kölner Erzstift einen großen Teil seiner Güter, um die Nonnen des Benediktinerordens, die es bezogen, reich zu begaben. Im Schleidener Kreis des Eifellandes liegen auf einem Hügel die großartigen Gebäude und überraschen auch noch in unseren Tagen durch ihren Umfang und ihre schöne Anlage, nachdem so manche Veränderungen daselbst stattgefunden haben, seitdem die Abtei, berühmt durch viele ausgezeichnete und fromme Geistliche, die in ihr gelebt, aufgehoben und Privateigentum geworden ist.

Ludwig Bechstein (1801–1860)

DIE GEFANGENEN AUF ALTENAHR

Wenn des jüngern Schlosses Nuwenahr (Neuenahr) bauliche Überreste vom Zahn der Zeit so ganz zermalmt sind, daß keine Spur mehr von ihnen zu erblicken ist, so ragten dagegen um so stattlicher die stolzen Trümmer der Burg Altenahr auf felsreichem Kegelgipfel über dem Ort gleichen Namens in die Lüfte. Mächtige Gaugrafen beherrschten von ihr aus das Land, und einer derselben, Graf Friedrich von Hochstaden-Ahre, dessen Bruder Konrad von Hochstaden als Erzbischof in Köln gebot, schenkte die ganze Grafschaft mit den beiden Stammschlössern Ahr und Hochstaden dem Erzstift Köln, und das Erzstift wußte die starken Burgen wohl zu nutzen.

Als einst eine Anzahl von Rat und Bürgerschaft Kölns sich gegen den Bischofstuhl erhob, wurden elf Patrizier, die Führer der gegenbischöflichen Partei, gefangengenommen und auf Altenahr in sichern Gewahrsam gebracht. Da schmachteten sie hart und lange, und ihr einziger Zeit- und Leidvertreib war ein Mäuslein, das sie kirre gemacht hatten, und das ohne Scheu zu ihnen kam, doch immer schnell, wenn es Geräusch vernahm, in sein Loch zurückschlüpfte.

Eines Tages beobachteten sie das Mäuslein auch, wie es munter sich sehen ließ und Brosamen knusperte – als plötzlich draußen Schlüssel klirrten, da fuhr es schnell in sein Loch, und da hörte einer, daß es in dem Loch auch klirrte, und begann nun nachzusuchen, als es wieder stille und sicher geworden war. Da fand sich in das Mauseloch verborgen eine Feile und ein Meißel, schon etwas rostig, aber doch noch brauchbar, so gut, daß bald genug die Gefangenen ihre Ketten abgefeilt und ihre Bande gesprengt hatten und die Gitterstäbe ihres Kerkerfensters durchschnitten. Darauf zerschnitten die Gefangenen ihre Gewande und machten Seile daraus und knüpften diese fest aneinander und stiegen durch das Fenster allzumal nieder, kletterten den steilen Ziegenpfad herab und entkamen glücklich, niemand konnte fassen und begreifen, wie solche Flucht möglich geworden.

Gottfried Kinkel (1815–1882)

SCHÖNER KANN MAN VON SINZIG NICHT ABSCHIED NEHMEN*

Nur ein sichtbares Denkmal der schönen Vergangenheit der Stadt ist auf uns gekommen: dies ist die herrliche Pfarrkirche, welche Erzbischof Wilhelm von Köln 1350 samt allen Einkünften dem Marienstift zu Aachen schenkte. Über die Zeit der Erbauung mangelt die Nachricht, aber der Stil spricht deutlich genug. Sie ist den benach-

barten Kirchen von Heimersheim und Heisterbach gleichzeitig, gehört also schon dem Übergangsstil an; ja man darf kühnlich behaupten, daß sie mit der Quirinskirche zu Neuß um den Preis ringt, das mustergültigste Beispiel dieses Stils zu sein. Der Bau ist aus einem Guß und wir werden bei ihm nicht, wie so häufig, durch die Verbindung der Stile verschiedener Jahrhunderte gestört. Der Eindruck des kleinen Bauwerks ist bedeutend und sehr harmonisch; die westliche Hauptfassade ist reich, obwohl etwas barock verziert; einfacher sind die Fassaden der Kreuzarme gen Norden und Süden gehalten.
Wer aber die frische Natur liebt, der lasse vom Küster sich im Innern der großen Chornische herum auf die äußere Galerie führen und schaue durch die Säulen und Pfeiler derselben in die »goldne Meile« hinaus, drüben nach Linz und rechts nach Breisig herauf. Es ist eine Aussicht, wie sie auch das Rheinland nur selten bietet und zwar an den Stellen, wo die Berge, vom Fluß zurücktretend, der ganzen Fruchtbarkeit der Rheinebene Raum lassen. Schöner wüßte ich von dem auch in seinem Verfall noch freundlichen Sinzig nicht Abschied zu nehmen als auf diesem Punkt.

Carl Trog (1836–1913)

DAS WUNDER ZU REMAGEN*

In Köln regierte der Erzbischof Reinald aus dem Geschlecht der Grafen von Dassel. Er wallfahrtete nach Rom, um den Segen des h. Vaters zu empfangen und aus den dortigen Märtyrergräbern Reliquien für die Kirchen des »hilligen« Köln mitzubringen. Gern willfahrte der h. Vater die Bitten des deutschen Wallers und übergab ihm, nebst dem apostolischen Segen, die Überreste der h. drei Könige, des h. Apollinaris, des h. Felix und Nabox. Überaus beglückt durch diese unschätzbaren Geschenke eilte Reinald seiner rheinischen Heimat entgegen.

Die Reise führte über Basel und Straßburg rheinabwärts. Eines Abends landete das Schiff in Koblenz und Reinald hatte die Freude, sich daselbst von seinem geistlichen Bruder von Trier empfangen zu sehen. Hier sollte der Erzbischof nach dem Willen des Bruders übernachten, allein Reinaids Sehnsucht, mit seinem Schatz bald in Köln eintreffen zu können, war so groß, daß keine Überredungskunst imstande war, ihn auch nur für eine Nacht in Koblenz festzuhalten. Schon nach kurzem Aufenthalt stach das Schifflein wieder in die Wogen und schwamm eilends talabwärts.

Von ferne erglänzte bereits das Siebengebirge im Mondenschein, auch das alte Remagen mit seiner hochgelegenen Martinskirche und der Propstei ward sichtbar, da stand das Schifflein plötzlich still und ging nicht mehr von der Stelle. Es war nicht auf einer Bank, auf keinen Felsen aufgefahren, frei schwebte und schaukelte es über den tiefen Fluten, aber von der Stelle wich es nicht, ob auch die Schiffer ihre besten Kräfte einsetzen mochten. »Das ist Gottes Finger und ein Wunder vor unsern Augen«, sprach der Erzbischof und sein Gefolge stimmte ihm zu. Reinald warf sich auf die Knie und bat Gott in brünstigem Gebet, er möge ihm doch des Wunders Absicht eröffnen, damit er des Herrn Willen nachzukommen vermöge. »Ist es, Herr, nicht dein Wille, daß die h. Schätze, die ich im Schifflein führe, einzig und allein die Gotteshäuser in Köln zu Stätten des Heils machen sollen? Ist es dein h. Wille, daß auch andere Kirchen dieser Schätze teilhaftig werden sollen, o, so gib deinem Knecht ein Zeichen, damit er tue nach deinem Rat.« Und siehe, kaum waren die letzten Gebetsworte verhallt, da wandte sich das Schifflein von selbst und richtete seinen Kiel dem Berg zu, auf welchem das St. Martinskirchlein steht und in demselben Augenblick begannen alle Glocken des Kirchleins zu läuten, ohne daß sie gezogen wurden.

Alle Insassen des Schiffes standen tief ergriffen von all dem Wunderbaren, das um sie her geschah. Der Erzbischof ergriff, von einer inneren Stimme dazu aufgefordert, den Schrein, welcher die Gebeine des Märtyrers Apollinaris enthielten, und siehe da, sofort schwiegen alle Glocken auf dem Berg. Das war ihm ein unverkennbares Zeichen, daß er des Herren Willen erkannt habe. Sie landeten am Ufer, ordneten sich zum feierlichen Zug und zogen unter Lobgesängen den Berg hinan zur St. Martinskirche. Das Glockengeläute hatte die Einwohner Remagens aufgeweckt, alle schlossen sich dem Zug an und stimmten ein in die h. Gesänge. Auf dem Berg kam dem Zug der Propst und die Geistlichkeit mit dem Allerheiligsten entgegen; alle zogen ins Kirchlein und setzten den Schrein auf den Altar. In diesem Augenblick läuteten die Glocken wieder, auch diejenigen drunten in der Stadt, ohne daß sie von Menschenhänden gezogen wurden. Dieses wunderbare Einstimmen der Glocken in das Loben und Preisen der Gläubigen, war dem Erzbischof wieder ein Zeichen, daß des Herren Wille erfüllt sei.

Nach der Feier zogen die Priester und Laien zum Ufer des Stromes hinab, Reinald und sein Gefolge stiegen ins Schifflein, das pfeilschnell rheinabwärts segelte, als wolle es die Zeit einholen, die in Remagen verflossen war. Ungefährdet erreichte der Erzbischof die Stadt Köln, und es waren der Wunder viele, die da geschahen bei den Gebeinen der h. drei Könige und der Märtyrer, im Dom zu Köln.

Friedrich Leopold Graf von Stolberg (1750–1819)

APOLLINARIS-UMZUG IN REMAGEN

Als wir nahe an das Städtchen Remagen kamen, begegnete uns auf hohem schmalem Ufer, am Fuß höherer Berge, ein feierlicher Umgang, welcher zur Ehre des heiligen Apollinarius gehalten ward. Die ganze Schar folgte singend dem Priester und der roten Heiligenfahne. Unten im Strom glitten Nachen, deren jeder mit einer Fahne prangte, und aus welchen derselbige Gesang erscholl.

Wir lächelten, als wir erfuhren, daß diese Leute zu den Gebeinen des Heiligen, welche auf einem Berg begraben sein sollten, wallfahrteten, denn vor etwa vierzehn Tagen hatten wir eben dieses Heiligen Überbleibsel in einer zierlichen Lade, begleitet von feierlichem Umgang, in Düsseldorf tragen gesehen ... Nun fährt man auf fruchtbarer Ebene dahin, wo Weingärten mit reichen Saaten abwechseln. Einige der Gipfel tragen Trümmer alter Schlösser, andre zackte die kühne Hand der Natur aus. Länger als jene trotzten sie der Hand der verwandelnden Zeit. Am größten ist der Anblick jenes der sieben Berge, welcher der Drachenstein genannt wird.

Guillaume Apollinaire (1880–1918)

ROLANDSECK

Ich saß am grünen Strand von Rolandseck, mir war
Als wandle drüben in der Mädchenschar
Auf Nonnenwerth noch immer Rolands Nonne.
Die Sieben Berge schliefen müde in der Sonne,
Wie Tiere, die Prinzessinnen bewachen.
So wartete ich träumend auf den schweren Nachen.
Von oben kamen Leute, die hinüberwollten.
Ganz sinnlos ließen drei Hannoveranerinnen
Zerpflückte Rosenblätter in den Rheinstrom rinnen ...
Er war wie eine Ader Deines schönen Leibes ...
Und auf der lichtgefleckten Uferstraße flohn, gehetzt
Von Angst und gar nicht ritterlich, Automobile,
Und Dampfer schwammen würdig und gesetzt
Rheinabwärts – viele. Viele ...

Johann Jakob Nöggerath (1788–1877)

ROLANDSECK

Wir steigen aufwärts auf die Ruinen des Rolandsecks … Das graue Gemäuer, welches seinen Gipfel krönt, ist mit Gesträuch und Efeu bekleidet; oben ragt ein gewölbter Bogen empor, welcher aus der Ferne einem offenen Tor gleicht.

Die Aussicht ist vortrefflich, das Siebengebirge gewinnt, von seiner südlichen Seite betrachtet, eine ganz andere und selbst wohl noch schönere Gruppierung, als bei der Ansicht von Bonn oder Godesberg aus. Der Fernblick rheinaufwärts ist nicht minder überraschend und schön.

Im Mund des Volkes hat sich die Sage vom treuen Ritter Roland, der gewöhnlich Karls des Großen Schwestersohn heißt, erhalten, der hier lange gelebt haben soll, als seine Geliebte, durch eine falsche Nachricht von seinem Tod getäuscht, in das Kloster Nonnenwerth gegangen war und ihr ein unauflösliches Gelübde nicht erlaubte, dasselbe wieder zu verlassen. Rolands Namen grade hier, in dieser romantischen Umgebung, wo die Sage so recht heimisch zu sein scheint, zu finden, kann bei der durch provenzalische Lieder und das dem Erzbischof Turpin unterschobene Werk so allgemein verbreiteten Sage nicht befremden.

Ludwig Bechstein (1801–1860)

VOM SIEBENGEBIRG

Von sieben Burgen, die auf nachbarlichen Berghöhen einander nahe lagen, hat das Siebengebirge am Rhein seinen Namen, und nicht von einem Gebirge, nicht Mons Sibenus, wie die Alten im barbarischen Latein es nannten, sollte es geheißen haben, sondern

Heptapyrgos, obschon diese Berggruppe auch den Namen eines kleinen Gebirges verdient. Die Namen dieser Burgtürme waren: Drachenfels, Wolkenburg, Löwenburg, Dadenberg, Blankenberg, Mahlberg und Stromberg. Die Niederländer hatten den Glauben, daß in dem innern Bergesschoß des Siebengebirgs der Fegefeuersitz sei, wie die Thüringer vom Hörseelberg glaubten, wohinein auch die armen Seelen gebannt würden, die das Jüngste Gericht den Böcken zugesellen müsse.
Die hatten also schon etwas voraus, nämlich ihr Urteil. Bisweilen sieht man zwischen den Burgen und Bergen, deren viel mehr als nur sieben sind, eine und die andere Seele leibhaftig spuken gehn; da tappt sich mühselig ein Gespenst mit beschwerten Füßen durchs Klippengestein, das ist der Geist eines Wucherers aus Köln, hierher verwünscht, mit bleiernen Schuhen umzuwandeln bis zum Jüngsten Tag. Dort flackert ein rasches großes Licht heran, ein Feuermann, rast- und ruhelos; es ist der Geist eines weiland sehr feurigen Staatsministers aus Bonn, der feurig und eifrig bemüht war, das Volk zu schinden und mit ekelhaftem Geiz Schätze für sich zu häufen, und war ihm ganz einerlei, ob die ganze Welt zugrunde ging, wenn er nur hatte.
Ein gemütlicher Bauer traf den Minister-Feuermann einstens bei Königswinter an, erkannte in ihm das Glied aus der berühmten Ministerfamilie Kümmelspalter und rief ihn an: »Warte he mant en bigken! Ick will mir mant an ihm mine Piepe anzonden! – Su – hebbe jou Dank!« – Da pustete und prustete der Feuermann und schnob einen ganzen Regen von Funken um sich her, mußte aber doch stillhalten und dem Bauer die Pfeife an sich anzünden lassen, und als der Bauer obigen Dank gesagt hatte, fügte er noch hinzu: »He is mant doch ein schlechter Kerel geweten! Dat bigken Brennen schadt ihm nich de Lug!« – Dort fährt viermal im Jahre auf einem Wagen mit Feuerrädern ein verdammter Bürgermeister Kölns, der seine Stadt an den Feind verriet, lichterloh brennend umher.
Wenn die Talschluchten Nebel dampfen aus dem Siebengebirg und Wolken schwer um die Gipfel schweben, so sind das die gan-

zen Scharen armer Seelen, die von Zeit zu Zeit aus dem Bergesschoß, wie die Züchtlinge aus einem Philanthropin, herausdürfen, um der frischen Luft zu genießen. Sie müssen sich aber immer wieder hineinverziehen. Die höchste Spitze des kleinen Gebirgs ist der Drachenfels, er ist mit Drachen- und Lindwurmsagen völlig umschuppt und umpanzert, es wäre mit ihnen allein leicht ein Buch zu füllen. Hier hat der hörnene, nicht der fälschlich so genannte gehörnte Siegfried des alten deutschen Volksbuchs den Drachen erlegt, gebraten und mit seinem Fett, das zu Horn erhärtete, sich überall die Haut bestrichen, daß sie unverwundbar ward. Nur zwischen die Achseln vermochte er nicht zu langen, eine kleine Stelle blieb unbestrichen, und das ward hernach die Ursache, daß der Kampfheld erlag, denn gerade, als Siegfried sich an einem Brunnen niederbückte und diese Stelle preisgab, schleuderte ein boshafter Feind eine Lanze auf ihn, die ihm tödlich ward.

George Gordon Noel Byron (1786–1824)

DRACHENFELS

Der Drachenfels, gekrönt vom Schloß,
Starrt übern weitgewundnen Rhein,
Der stolz mit breitem Wasserschoß
Durch Rebenhügel bricht herein;
Und Hähn, all reich an Blütenbäumen,
Felder, verheißend Korn und Wein,
Und Städte, die sich rings umsäumen
Mit ihrer Mauern weißem Schein:
Welch Prachtbild! – doch genöss' ich hier
Doppelte Lust, wärst du bei mir!

Blauäugige Dirnen, jung und süß,
Mit Frühlingsblumen in der Hand,
Gehn lachend durch dies Paradies;
Und manchen Turm am Bergesrand
Sieht grau durch grünes Laub man schimmern,
Und manche schroffe Felsenwand,
Schwibbögen, stolz in ihren Trümmern,
Schaun weit hinaus ins Rebenland.
Nur eins dem Strand des Rheins gebricht:
Dein liebes Händchen drück' ich nicht.

Geschenkte Lilien send ich dir;
Und ist auch, eh du sie wirst sehn,
Wohl längst verdorret ihre Zier,
Du wirst sie darum nicht verschmähn.
Ich hegte sie, sie sind mir wert:
Ich weiß, mich wird dein Geist umwehn,
Wenn sich dein Blick zu ihnen kehrt
Und du sie welkend siehst vergehn
Und weißt: sie sind vom Strand des Rheins,
Und mein Herz sandte sie an deins.

Und stolz erbraust der Strom und fließt,
Der Schmuck von diesem Zaubergrund;
In tausend Windungen erschließt
Er Reize ewig neu und bunt.
Die stolz'ste Brust wohl möcht allstund
Hier wohnen nur in stummer Feier;
Kein Raum im ganzen Erdenrund
Wär mir und der Natur so teuer.
Doch säh dein liebes Aug' in meins,
Wär süßer noch der Strand des Rheins.

Alfred von Reumont (1808–1887)

DIE SAGE VOM DRACHENFELS

Jahrhunderte hat er,
Von Gott gegründet, schon gestanden.
Ob Stürme sich an seinem Haupte,
Wogen an seinem Fuße sich brachen,
Noch steht er da in fester Kraft,
Und hat nicht gealtert,
Noch verloren an seiner Schönheit!
Aber die Burg darauf, von Menschen,
Den flüchtigen Kindern der Zeit erbaut,
Zerfallen und verwittert liegt,
Wie alles Menschenwerk,
Nach kurzem Zeitlauf!

Wer aus dem Norden den Strom hinaufzieht, um das wunderherrliche Rheintal zu besuchen, den begrüßen zuerst als mächtige Stromwächter auf dem rechten Ufer die luftigen Höhen des Siebengebirges, wie auf dem linken ihnen gegenüber sich die Kuppel erhebt, die einst die stattliche Rolandsfeste trug. Des Flachlandes Einerlei hört wie durch Zauber auf bei diesem gewaltigen Bergtor. Jedem wird lebendig, warum der Rhein der Sage und des Sanges Vater genannt wird, denn dem Gemüte und der Phantasie erschließt sich eine neue, reiche Welt.

Schwimmt der Wanderer auf des Stromes grünen Wellen durch dies Paradies den nördlichen Rheinebenen entgegen, so winken ihm schon aus weiter Ferne die freundlichen Berge mit ihren Laubzimmern und Burgtrümmern ein wogendes Bergmeer, durch der Sonne Strahl in mannigfaltigem Farbenwechsel belebt und bewegt. Unwiderstehlich fühlt er sich nach den Sonnengipfeln hingezogen, und jeder besucht wenigstens den Drachenfels, so heißt die ungeheure Felswand, welche auf dem rechten Ufer mit ihrem grausigen Geklüft steil aus dem Strom anbaut und auf ihrer Krone noch die Trümmer einer alten Feste trägt.

Gegen Norden lehnt sich an dieselbe das heitere Städtchen Königswinter, wie im Süden das freundliche Rhöndorf hinter der wilden Felswand Schutz sucht wider den Nordwind. Üppiges Rebengelände und Baumgruppen schmücken des Berges Fuß und südlichen Saum.

In dem Felsengeklüft, das von des Berges südwestlichen Hang dem Wanderer entgegenstarrt, hauste in vorchristlicher Zeit, als das rechte Rheinufer noch im blinden Heidentum seufzte, ein grimmiger Drache, dem die Bewohner des Berges göttliche Verehrung zollten, von dem auch der Berg den Namen Drachenfels führt.

Wild und grausam waren des Berges Anwohner, Krieg und Raub ihr Geschäft. So zogen sie auch einst aus auf Beute nach dem linken Ufer, wo schon des Christentums Segen waltete, und Glück geleitete ihre Waffen, denn eine edle Christen-Jungfrau, hold und schön wie die Mainacht ihrer Gauen, ward ihre Beute. Zwei der Heidenanführer, die Mächtigsten des Stammes, entbrannten in wilder Liebe für die züchtige Magd, aber weder der gewaltige Horsrik, noch der gelenke Rinbod, fand Erhörung. Beider Leidenschaft wuchs aber desto mehr, je stärker der Widerstand, und mit ihr auch die gegenseitige Eifersucht. Was Flehen und Schwüre nicht vermochten, sollte Gewalt vollbringen; aber keiner wollte dem andern den anmutigen Preis zugestehen. Jeder nannte sich Herr der Beute des Kampfes, und so entspann sich ein heftiger Streit zwischen beiden, der selbst den ganzen Stamm in zwei kampfgierige Parteien teilte. Da sprachen die Ältesten des Stammes: Es sei eine Schmach für das Volk, daß sich um eine Magd, die nicht einmal zu den ihren gehöre, die Edelsten entzweiten, die Götter hätten daher die Jungfrau zu ihrer Beute erkoren, und mit nächster Frühe solle sie dem Drachen geopfert werden.

Die beiden Recken mußten sich in den Willen der Götter fügen. In aller Frühe des Tages, als kaum das erste Rot erglomm, und die Nebelriesen ihre mächtigen Leiber aus dem Strom erhoben, um den alten Kampf mit der Tageskönigin zu beginnen, wurde die Jungfrau herausgeführt auf den Felsen über der Höhle, in welcher der grimme Drache wohnte, und hier angekettet, eine sichere Beute des Untiers. Fromm ergeben in des Ewigen Willen, kam keine Klage über der Jungfrau Lippen, ihr Blick schaute auf zum Osten, der sich immer lieblicher rötete. Hoch auf der Platte des Berges harrte der ganze Stamm des Ausgangs. So wie die ersten Strahlen der Sonne über dem Berg leuchteten, wachte der Drache auf, und gierig nach Beute, wälzte er sich aus seiner Höhle, der Jungfrau entgegen.

Der Augenblick sicheren Verderbens rückte näher, je näher ihr das ungestaltete Ungetüm mit fürchterlich drohendem Rachen kam – schon wollte es losstürzen auf seine Beute, – da zog die Jungfrau ein Kreuzlein aus dem Busen und hielt es dem Lindwurm vor. Kaum ansichtig des Zeichens, vor dem selbst der Hölle finstre Scharen erzittern, knäuelte sich der Drache zusammen, und stürzte, zerschellt an den Felsriffen, hinab in die Stromflut, die ihn auf immer verschlang. Staunen und Verwunderung erfaßte der Heiden Schar ob dem Wunder, dem sie kaum zu glauben sich trauten. Aus der ersten Bestürzung erwacht, stand die Jungfrau auch schon in ihrer Mitte, denn Rinbod hatte sie der Fessel entledigt, und sie auf starkem Arm zu der Höhe getragen.

Der Unschuld Stimme fand bald Gehör in der Unbändigen Herzen, das Wort der Liebe ward vernommen und befolgt, der ganze Stamm bekannte sich alsobald zu der Lehre Christi und war hoch erfreut, als die Jungfrau dem eifrigen Werber Rinbod ihre Hand als Gattin reichte.

Auf des Drachenberges Gipfel führten sie dem Paar eine Wohnung auf, die Drachenburg genannt. Die Trümmer, die jetzt des Berges Scheitel krönen, gehören zwar einer späteren Zeit an, doch besucht sie jeder; denn nicht mit dem Wort zu schildern sind die Fernsichten von dieser Höhe, die herrlichsten des Rheins, so lohnend durch ihren Wechsel, wie erfreuend durch ihre Anmut. Den südlichen Vorgrund der Landschaft bilden die aus dem hellen Wogenspiegel emportauchenden lieblichen Eilande Grafen- und

Nonnenwerth, aus dessen dichten Baumlauben und anmutigen Blumengehegen die weißen Gebäulichkeiten eines ehemaligen Frauenklosters heraufschimmern. Dem Nonnenwerth gegenüber erhebt sich auf dem linken Ufer steil die dunkle Kuppel mit den gar spärlichen Resten der alten Rolandsburg.

Heinrich Heine (1797–1856)

DIE NACHT AUF DEM DRACHENFELS

Um Mitternacht war schon die Burg erstiegen,
Der Holzstoß flammte auf am Fuß der Mauern,
Und wie die Burschen lustig niederkauern,
Erscholl das Lied von Deutschlands heil'gen Siegen.

Wir tranken Deutschlands Wohl aus Rheinweinkrügen,
Wir sahn den Burggeist auf dem Turme lauern,
Viel dunkle Ritterschatten uns umschauern,
Viel Nebelfrau'n bei uns vorüberfliegen.

Und aus den Türmen steigt ein tiefes Ächzen,
Es klirrt und rasselt, und die Eulen krächzen;
Dazwischen heult des Nordsturms Wutgebrause.

Sieh nun, mein Freund! so eine Nacht durchwacht' ich
Auf hohem Drachenfels, doch leider bracht' ich
Den Schnupfen und den Husten mit nach Hause.

Wolfgang Müller von Königswinter (1816–1873)

KÖNIGSWINTERER SIND LICHTFREUNDE*

Unmittelbar unter dem Gebirge, das hier nur eine geringe Talsohle läßt, liegt ein blankes sauberes Städtchen, dessen Türme und Häuser sich in den Fluten des Rheines spiegeln. Der rege Verkehr, der sich am Ufer entfaltet, die Dampfer, die hier anhalten, die fliegende Brücke oder Pont, welche unablässig den Fluß kreuzt, die Kähne, die hin- und herschweben, die Wagen, die am Ufer stehen, die stattlichen Gasthöfe, deren Inschriften schier auf der anderen Rheinseite zu lesen sind, bekunden, daß hier der Hafenplatz des Siebengebirges zu suchen ist. Und so gibt es denn hier auch »gut Logis zu Pferd und Fuß«!

Wir befinden uns zu Königswinter ... Ich durchwandere es fast jedesmal mit besonderen und eigentümlichen Gefühlen. Da schreite ich denn die Hauptstraße entlang und gehe wieder einmal nach dem Haus hin, wo ich geboren bin. Meine Mutter sagt, das Licht habe mir in dem jetzigen Hotel Rieffel getagt, dasselbe habe aber damals eine ungleich einfachere und bescheidenere Front gehabt. Später bezog mein Vater eine andere schlichte Wohnung tiefer unten im Ort. Ich habe allerdings nicht viele Schuhe auf diesem Pflaster verschlissen, denn ich zählte erst vier Jahre, als mein Vater seinen ärztlichen Wirkungskreis am Siebengebirge verließ und als Kreisphysikus nach Bergheim im Jülicherland übersiedelte, aber ich habe doch noch allerlei Bilder, die sich an diese erste Lebensepoche knüpfen.

Meine Eltern blieben auch, nachdem sie diese Gegend verlassen hatten, stets in Verbindung mit Land und Leuten. Da sie auch einige Weinberge und einen Garten in Königswinter besaßen, so wurde im Herbst gewöhnlich ein kleiner Abstecher gemacht, um die Trauben zu lesen und zu keltern. Welche Lust war es da, in den Weinbergen die reifen Trauben zu naschen und in den Gärten die schönsten Äpfel und Birnen zu holen. Noch wie heute weiß ich es, wie mir der Sohn des Bürgermeisters die reifen Mandeln vom Spalier, und wie mir der Sohn des Apothekers die dunkeln Maulbeeren von dem Baum langte.

In alten Pergamenten heißt der Ort »Wintern«, den »Königs«-Beinamen soll es unter Kaiser Heinrich II. erhalten haben. Spätere Pergamente beweisen, daß viele Klöster und adlige Familien hier Güter und Höfe hatten. Der Turm des jetzigen Berliner Hofes soll zu einem kurkölnischen Gut gehört haben. Die Spuren der alten Ringmauern sind gegen Osten noch sichtbar. In den truchsessischen Händeln und im dreißigjährigen Krieg tobte hier auch mannigfacher Kriegslärm. Sonst ist von meiner kleinen Vaterstadt wenig zu melden. Die Bautätigkeit, die sich hier entwickelt hat, liegt nicht über das siebenzehnte Jahrhundert hinaus. Auch die katholische Kirche ist ein Werk, das wohl kaum hundert Jahre zählt. Wie in allen Gegenden der Rheinlande, so hat sich hier seit der preußischen Besitznahme ein ganz außerordentliches Leben entfaltet. Wo früher nur fleißige Winzer und Bauern, tatkräftige Steinmetzen und frische Schiffer wohnten, da zeigt sich jetzt zugleich ein elegantes Leben und Treiben, welches auf einen beträchtlichen Zuzug von Menschen aus den höhern Klassen deutet. In der Tat sind heutzutage nicht mehr der Bürgermeister, der Richter, der Notar, der Doktor und Apotheker die einzigen Honoratioren des Ortes, es gibt hier jetzt auch Kaufleute, welche die Produkte der Gegend verwerten, überdies sind ganze Scharen von verabschiedeten Beamten, Militärs und andere Privatleute angezogen, welche in der schönen Gegend ihre Tage in Muße und Anschaulichkeit verbringen. Auf diese Weise erklärt sich denn auch das Entstehen der vielen freundlichen Landhäuser, die sich nach allen Seiten hin aus dem alten Stadtbann herausdrängen. In der Tat findet man in Königswinter auch fast Alles, was zu einem angenehmen Dasein nötig ist. Besonders aber muß hervorgehoben werden, daß der kleine Ort, der etwa 2800 Einwohner zählt, sogar mit Gasbeleuchtung versehen ist. Ja, meine lieben Königswinterer sind Lichtfreunde.

Zacharias Werner (1768–1823)

WANDERUNG VOM DRACHENFELS ZUR RUINE HEISTERBACH

Gang mit Wünsch um zwei Uhr morgens nach dem Drachenfels durch romantische Gebüsche bei herannahendem Gewitter. Ein Schütze begleitet uns, erzählt uns die Geschichte von einem Mädchen, die ihrem Geliebten in den Sieben Bergen die Treue geschworen, sie dann gebrochen habe und nun zur Strafe sich dort aufhalten müsse, deren klagende Stimme dort gehört werde, und die einmal einige besoffene Bauern, die sie hätten belauschen wollen, durchgeprügelt habe. Herrliche Aussicht vom Drachenfels auf einer Seite bis Köln, auf der andern bis Koblenz zu. Sonnenaufgang im Regen und Gewitter, das ich, in einem Fenster des Drachenfelses sitzend, vorüberziehen lasse. Stilles Gebet bei dem durch den Regen sehr gestörten Sonnenaufgang. Ein schon fahrender Nachen, Gang mit Wünsch und dem Schützen zum Petersberg, Besteigen auf Leitern des Kapellenturms, prächtige Aussicht von dort. Milchtrinken, Gang mit Wünsch nach dem zerstörten Benediktinerkloster Heisterbach, dessen prächtige Architektur und Pfeiler, die in wenig Tagen mit Pulver gesprengt werden sollen, prächtige Kreuzgänge und steinerne Brunnenbehälter umher. Alles im Zustand der Zerstörung. Inniger, bitterer Schmerz über diesen alles Treffliche zertrümmernden Zeitgeist.

Wolfgang Müller von Königswinter (1816–1873)

DER MÖNCH ZU HEISTERBACH

Ein junger Mönch im Kloster Heisterbach
Lustwandelt an des Gartens fernstem Ort;
Der Ewigkeit sinnt tief und still er nach
Und forscht dabei in Gottes heil'gem Wort.

Er liest, was Petrus der Apostel sprach:
»Dem Herrn ist ein Tag wie tausend Jahr',
Und tausend Jahre sind ihm wie ein Tag!«
Doch wie er sinnt, es wird ihm nimmer klar.

Und er verliert sich zweifelnd in den Wald,
Was um ihn vorgeht, hört und sieht er nicht;
Erst wie die fromme Vesperglocke schallt,
Gemahnt es ihn der ernsten Klosterpflicht.

Im Lauf erreichet er den Garten schnell;
Ein Unbekannter öffnet ihm das Tor:
Er stutzt, – doch sieh, schon ist die Kirche hell,
Und draus ertönt der Brüder heil'ger Chor.

Nach seinem Stuhle eilend, tritt er ein,
Doch wunderbar – ein andrer sitzet dort!
Er überblickt der Mönche lange Reih'n
Nur Unbekannte findet er am Ort.

Der Staunende wird angestaunt ringsum,
Man fragt nach Namen, fragt nach dem Begehr;
Er sagt's, da murmelt man durchs Heiligtum:
»Dreihundert Jahre hieß so niemand mehr.«

»Der letzte dieses Namens«, tönt es laut,
»Er war ein Zweifler und verschwand im Wald;
Man hat den Namen keinem mehr vertraut.« –
Er hört das Wort, es überläuft ihn kalt.

Er nennet nun den Abt und nennt das Jahr;
Man nimmt das alte Klosterbuch zur Hand.
Da wird ein großes Gotteswunder klar:
Er ist's, der drei Jahrhunderte verschwand.

Der Schrecken lähmt ihn, plötzlich graut sein Haar,
Er sinkt dahin, ihn tötet dieses Leid,
Und sterbend mahnt er seiner Brüder Schar:
»Gott ist erhaben über Ort und Zeit.

Was er verhüllt, macht nur ein Wunder klar;
Drum grübelt nicht, denkt meinem Schicksal nach!
Ich weiß, ihm ist ein Tag wie tausend Jahr',
Und tausend Jahre sind ihm wie ein Tag.«

Friedrich Everhard von Mering (1799–1861)

DIE GODESBERGER HEILQUELLE*

Neben diesen Merkwürdigkeiten und der nie alternden schönen Aussicht hat Godesberg eine Heilquelle. Diese liegt wenige Minuten von dem Dorf entfernt am Ausgang eines Tales, das zu dem vormaligen Kloster Marienforst führt. Die Einwohner des Dorfes Godesberg und ihre Nachbarn haben immer viel auf den sogenannten Draitsch gehalten, und seit undenklichen Jahren wurde das Wasser in der Gegend getrunken. Seine Heilkraft wurde von den Landleuten sehr gerühmt, und kein Hirt unterließ, wenn es

nur irgend möglich war, die Herde an die Quelle zu treiben, um sie durch das Wasser gegen Seuchen zu schützen. In der Mitte des achtzehnten Jahrhunderts zog der Brunnen die Aufmerksamkeit des großen Kurfürsten Clemens August auf sich. Er ließ Sachverständige von Spa zur Untersuchung der Quellen kommen und den Brunnen mit einer hölzernen Einfassung versehen. Mehr noch tat im Jahr 1789 der Kurfürst Max Franz. Auf seinen Befehl wurden die fünf Quellen süßen Wassers, die mit dem Heilbrunnen in einem Behälter gefaßt waren, abgeleitet, dem nahen Bach ein anderer Lauf gegeben, der Brunnen mit einer steinernen Umfassung umgeben und das Wasser chemisch untersucht. Die Grundstücke um den Brunnen kaufte der Kurfürst auf, ließ Spaziergänge anlegen und Alleen pflanzen …
Das Wasser springt sprudelnd und heftig aus den Bergspalten, wirft aber sehr viele kleine Bläschen in die Höhe, ist ganz klar und ohne Geruch, von Geschmack säuerlich, stechend, prickelnd wie Champagner und Eisensaft. Besonders wirksam will man das Godesberger Wasser zur Stärkung erschlaffter Teile, ferner gegen Steinschmerzen, Krebsschäden, langwierige Wechselfieber, Bleichsucht, Skorbut und verschiedene Frauenzimmerkrankheiten gefunden haben.

Ludwig van Beethoven (1770–1827)

UNSER VATER RHEIN BEI BONN*

Mein Vaterland, die schöne Gegend, in der ich das Licht der Welt erblickte, ist noch immer so schön und deutlich vor meinen Augen, als da ich Euch verließ; kurz, ich werde die Zeit als eine der glücklichsten Begebenheiten meines Lebens betrachten, wo ich Euch wiedersehe und unseren Vater Rhein begrüßen kann.

Carmen Sylva (1843–1916)

BONN

Wenn nur der Rhein nicht wär'
Und der Sonnenschein
So strahlend darüber her,
Und der goldene Wein.

Und die sieben Berge nicht,
Und der alte Zoll
Und Schifflein im Angesicht,
Mit den Segeln voll.

Und die Mägdlein so wundernett,
Und der Rundgesang,
Und der Morgen so schön im Bett,
Und der Tag so lang. –

Ach! wie studierten wir
So gar fleißig jus!
Rhein! Rhein! es liegt an dir,
Daß man bummeln muß.

August Heinrich Hoffmann von Fallersleben (1798–1874)

DIE UNIVERSITÄT IN BONN*

Die Universität Bonn war am 18. Oktober 1818 durch Friedrich Wilhelm III. gestiftet. Schon zu Michaelis fanden sich einige Professoren und Studenten ein, eröffnet wurde sie eigentlich erst zu Ostern 1819 und zwar mit 219 Zuhörern …

Die Bürger wußten nicht, was aus ihnen und ihrer guten Stadt Bonn noch werden sollte. Sie hatten weder von einer deutschen Universität noch von deutschen Studenten die geringste Ahnung. Sie kannten nur die französischen Bildungsanstalten; was im Vaterland bestand und vorging, war ihnen fremd geblieben. Sie wunderten sich nicht wenig, daß Professoren so hoch angesehene Leute waren, bei ihnen hieß ja jeder Schulmeister – selbst unser Poppelsdorfer Professor. Daß Studenten ganz was Besonderes sein sollten, konnten sie nicht begreifen; waren sie doch selbst Studenten gewesen, denn wer eine Schule besuchte, besonders eine sogenannte lateinische, war ein Student. Es dauerte eine Zeit, ehe sie an das freie muntere Wesen der Studenten und ihre Sitten und Gebräuche sich gewöhnten, und sich darein fanden, mit ihnen die besuchtesten Vergnügungsörter teilen zu müssen.

Wilhelm Uhlmann-Bixterheid (1872–1936)

IM BEETHOVENHAUS IN BONN

Voll scheuen Zagens bin ich eingetreten
Und stehe nun, der tiefen Ehrfurcht voll.
Es fragt der Fuß, wohin er wandern soll,
Und meine Seele rüstet still zum Beten:

Du, aller Schönheit, aller Liebe Bronnen,
Du Seelenkünder aus der Reinheit Land,
Auf kargen Dielen spieltest du versonnen,
Hast hier der Kindheit goldnen Tag gekannt.

Die Enge dieser Mauern floh ins Weite,
Des Knaben Seele glitt im Adlerflug,
Den zu der Wolken leuchtendem Gebreite
Die Harmonie ob Strom und Hügel trug.

Du Schürfer in des Lebens heil'gen Tiefen,
Wer schritt wie du durch Freude, wer durch Leid.
Sieh, alle Geister, die im Rhythmus riefen,
Sind Stufen deinem Schritt zur Ewigkeit!

Versunken ist der Wände arme Blöße,
Und schweigend kniet die Seele am Altar,
Und ich erschaure vor der Menschheit Größe.
Die tönend uns in dir ward offenbar.

Josef Gregor Lang (1755–1834)

WALLFAHRT NACH SIEGBURG

Des Tages darauf entschloß ich mich, eine Wallfahrt nach der adeligen Benediktinerabtei Siegburg vorzunehmen, welche zwo Stunden von Bonn zur östlichen Seite liegt und auf dem Rhein sowohl als in der ganzen offenen Gegend von allen Seiten sich so schön, so heiter zeiget. Ich fuhr in einer Mietkutsche mit der fliegenden Schiffbrücke über den Rhein. Ein die Nacht über eingefallener Regen hatte aber den Weg so zugerichtet, daß ich mit meinem bedungenen Fuhrwerk nicht fortkommen konnte. Nun war nichts übrig, als die unnütze Equipage zurückzusenden und mich auf meine Füße zu verlassen. Glücklich watete ich eine halbe Stunde durch Kot und Wasser hindurch bis mich ein etwas härterer Boden, als ich das adelige Fräuleinstift Vilich zur Linken und das etwas mehr in der Ferne abgelegene Karmeliterkloster Pützchen (gewöhnlich zum tollen Pützchen genannt) zur Rechten hinter mir hatte, weiterführte. Es wird da alljährlich im September ein Jahrmarkt gehalten; weil es nun bei dergleichen ländlichen »festins« manchmal etwas toll zugeht: so entstand daher das Beiwort. Bei dem Kloster ist ein Brunnen, den man in dieser Gegend Pütz nennt.

Es war um die Mittagsstunde, als ich das Städtchen erreichte, das am Fuß des isoliert dastehenden mehr als dreihundert Fuß hohen Berges liegt und welchen die weitschichtigen Gebäude der Abtei mit dem schönen Kirchturm so malerisch krönen.

Ernst Moritz Arndt (1769–1860)

SCHLOSS UND DAS STÄDTCHEN BRÜHL*
(1844)

Das Schloß und das Städtchen Brühl ist eine der prächtigsten Stellen an diesem schönen Vorgebirge, schon im Mittelalter als Schloß und Festung, späterhin oft genannt als der Aufenthalt hoher und merkwürdiger Verbannter. Die unglückliche Königin von Frankreich, Maria von Medici, hat zuweilen da gewohnt und nach ihr der schlaue Kardinal Mazarin, als die siegreiche Fronde ihn aus dem Reich gejagt hatte. In den jüngsten napoleonischen Tagen gehörten Schloß, Park und Güter umher als Senatorerie dem Marschall Davoust, der durch Härte und Grausamkeit, aber auf der anderen Seite wieder durch strenge Mannszucht und persönliche Unbestechlichkeit sich in Deutschland ein bleibendes Andenken gestiftet hat. Das schöne Schloß stammt wie Poppelsdorf, Falkenlust, Röttgen (ein lustiges, jetzt gänzlich zerstörtes Jagdschloß) aus der Zeit der Prinzen Joseph Clemens und Clemens August von Bayern.

Emil Prinz von Schönaich-Carolath (1852–1908)

HERBSTREISE

So will ich denn noch einmal fahren
Den Rhein hinauf zur grauen Stadt,
Die Heimat grüß ich, wo vor Jahren
Mein Herz geliebt, geblutet hat.

Rauch hüllt die Dächer, in den Scheiben
Spätsommersonne sinkend loht;
Mit süßem Laut die Schwalben treiben
Den schrägen Flug durchs Abendrot.

Es steigt des Domes Schattenmasse
Mit Blumenzier und Turmesknauf
Weltflüchtend aus dem Lärm der Gasse,
Verleuchtend flammt der Tag darauf.

Von Liebchens Haus im Abendschimmer
Das rote Weinlaub fliegt und nickt,
Allein der Sonne Glutgeflimmer
In fremde Frauenaugen blickt.

Auch keine Freunde gilt's zu finden;
Sie schlafen längst wie's Gott gewollt,
Auf ihren Grabstein schütten Linden
Der braunen Blätter Raschelgold.

Und fremde Kinder jubeln, lachen,
Ein neues wachsendes Geschlecht;
Nicht hab ich Träumer unter Wachen
Und Lebensfrohen Heimatrecht.

Studenten ziehen vor den Lauben
In hellen Haufen, buntgereiht,
Schon rötet früher Frost die Trauben,
Bald naht die große Wanderzeit.

Gen Süden lenkt im Heimattriebe
Ein Kranichheer den Flug gemach;
Auch du, mein Herz, ziehst deiner Liebe
Und deinem ew'gen Lenze nach.

Albrecht Dürer (1471–1528)

WIR KAMEN AM SONNTAG GEN KÖLN*

Wir kamen am Sonntag, es war Simon und Judae Tag, gen Köln … Ich kaufte ein Traktat Luthers für 5 Weißpfennig. Mehr ein Weißpfennig für die Condemnation Lutheri, des frommen Mannes. Mehr einen Weißpfennig für einen Paternoster … item hab zwei Weißpfennig geben, die Tafel aufzusperren, die Meister Stephan (Lochner) zu Köln gemacht hat. Ich hab zu Köln auf dem Tanzhaus des Kaisers Karl Fürstentanz und Bankett gesehen am Sonntag zur Nacht nach Allerheiligen im 1520. Jahr, 4. 11., das war köstlich zugerichtet.

Ernst Stadler (1883–1914)

FAHRT ÜBER DIE KÖLNER RHEINBRÜCKE BEI NACHT

Der Schnellzug tastet sich und stößt die Dunkelheit entlang.
Kein Stern will vor. Die ganze Welt ist nur ein enger,
nachtumschienter Minengang,
Darein zuweilen Förderstellen blauen Lichtes jähe Horizonte
reißen: Feuerkreis
Von Kugellampen, Dächern, Schloten, dampfend, strömend ..
nur sekundenweis ..
Und wieder alles schwarz. Als führen wir ins Eingeweid der
Nacht zur Schicht.
Nun taumeln Lichter her .. verirrt, trostlos vereinsamt ..
mehr .. und sammeln sich .. und werden dicht.
Gerippe grauer Häuserfronten liegen bloß, im Zwielicht
bleichend, tot – etwas muß kommen .. o, ich fühl es schwer
Im Hirn. Eine Beklemmung singt im Blut. Dann dröhnt der
Boden plötzlich wie ein Meer:
Wir fliegen, aufgehoben, königlich durch nachtentrißne Luft,
hoch übern Strom. O Biegung der Millionen Lichter, stumme
Wacht,
Vor deren blitzender Parade schwer die Wasser abwärts rollen.
Endloses Spalier, zum Gruß gestellt bei Nacht!
Wie Fackeln stürmend! Freudiges! Salut von Schiffen über blauer
See! Bestirntes Fest!
Wimmelnd, mit hellen Augen hingedrängt! Bis wo die Stadt mit
letzten Häusern ihren Gast entläßt.
Und dann die langen Einsamkeiten. Nackte Ufer. Stille. Nacht.
Besinnung. Einkehr. Kommunion. Und Glut und Drang
Zum Letzten, Segnenden. Zum Zeugungsfest. Zur Wollust. Zum
Gebet. Zum Meer. Zum Untergang.

6. Der Niederrhein

Von Köln bis in die Niederlande

Bergwerke, Hütten und Fabriken,
ermüdende Ebene gedehnter Arbeiterstraßen,
arm an Lebensfreude, das ist das Industrieland
am Niederrhein, hinüberwachsend nach Westfalen,
das Herz des Römischen Reiches
Deutscher Nation.

Richard Klapheck

Francesco Petrarca (1304–1370)

KÖLN NAHM MICH AUF*

Köln nahm mich auf, die agrippinische Kolonie am linken Rheinufer, berühmt durch seine Lage und seinen Strom, berühmt durch seine Bevölkerung. Erstaunlich diese Gesittung im Barbarenland, die Schönheit der Stadt, die gesetzte Haltung der Männer, das schmucke Benehmen der Frauen! Es war gerade Johannisabend, als ich dort eintraf, und die Sonne neigte sich schon gen Westen. Zugleich bringt mich das Zureden der Freunde von der Herberge zum Strom, ein ganz herrliches Schauspiel zu sehen. Und ich ward nicht enttäuscht. Das ganze Ufer war bedeckt von einer unübersehbaren glänzenden Schar von Frauen. Ich stutzte. Gute Götter! Welche Gestalten, welche Mienen, welche Haltung! Wäre das Herz nicht schon gebunden gewesen, hier hätte es in Liebe entbrennen können.

Ich trat auf einen erhöhten Platz, um dies Bild zu überblicken. Unglaublich, soviel Zulauf bei so wenig Gedränge; Manche hatten sich mit Kräutern geschmückt und die Ärmel bis zum Ellbogen aufgestreift. So wuschen sie in fröhlichem Durcheinander die weißen Hände und Arme im reißenden Strom und plauderten dabei in ihrer fremdartigen einschmeichelnden Sprache.

Als ich einen der Freunde, bewundernd und der Dinge unkundig, mit Vergils Worten fragte: »Was soll dieser Zulauf zum Strom? Was ist dieser Seelen Begehr?« ward mir die Antwort, es sei uralter Brauch, und besonders die Frauen hielten dafür, daß jedes Unheil fürs ganze Jahr abgewaschen und weggespült werde vom Strom an eben diesem Tag, und es könne dann nur Erfreuliches eintreffen; und so werde denn alljährlich diese Läuterung mit nie erlahmendem Eifer vollzogen, und dies immer wieder aufs neue.

Da sagte ich lächelnd: »O ihr überglücklichen Anwohner des Rheins, daß euch der Fluß alles Elend abwäscht! Das unsere abzuwaschen, hat weder der Padus vermocht noch der Tiber. Ihr schickt eure Übel durch den Fährmann Rhein den Britanniern hinüber, wir würden gern das unsere den Afrikanern und Illyriern schicken. Aber bei uns sind die Flüsse leider zu träge.« Gelächter erhob sich. Es war spät geworden, und wir gingen heim.

An einigen der nächstfolgenden Tage wanderte ich von früh bis abends mit den gleichen Führern in der Stadt umher. Ich sah die vielen Tausend gleichzeitig verstümmelter Körper heiliger Jungfrauen und die Erde, die ihren hochedlen Reliquien geweiht ist und die, wie man sagt, die unedlen Leichen ausgetrieben hat. Ich sah das Kapitol, das Abbild des unsrigen, nur daß statt des Senats, der bei uns über Krieg und Frieden Rat hält, dort schöne Jünglinge und Mädchen gemischt in ewiger Eintracht nächtliche Lobeshymnen singen. Zu Rom tönt der Räder und Waffen Gelärme und das Seufzen der Gefangenen, dort aber herrscht Ruhe und Freude, dort erklingen Stimmen von Scherzenden, zu Rom schreitet im Triumph der Kriegesfürst herein, dort der Friedensfürst. Ich sah inmitten der Stadt die überherrliche, obschon unvollendete Domkirche, die man nicht ohne guten Grund die allerhöchste nennt. Anbetend betrachtete ich dort der Magierkönige Leichname, die von Morgen gen Abend in dreimaligem Sprung herübergeschafft worden waren, der Könige, von denen wir lesen, daß sie einstens dem Himmelskönig, da er wimmernd in der Krippe lag, Geschenke und Verehrung darbrachten.

Juan Donoso Cortès (1809–1853)

DIE VIER GRÖSSTEN MONUMENTE*

Um der Welt die ihm innewohnende Kraft recht deutlich vor Augen zu führen, hat der Katholizismus sich eines Tages gesagt: ›Ich will mich an ein barbarisches Jahrhundert wenden und es mit meinen Wundertaten erfüllen.« Er wandte sich an das dreizehnte Jahrhundert und schmückte es mit vier Denkmälern, mit den größten Monumenten, die der menschliche Geist jemals ersonnen hat: mit der theologischen »Summa« des heiligen Thomas, mit dem kastilischen Recht, das Alfons der Weise im »Codex de las Partidas« verewigt hat, mit Dantes »Divina Commedia« und dem »Kölner Dom«.

Johann Koelhoff d. J. (Köln?–ca. 1502)

KÖLN, DIE KRONE ÜBER ALLEN SCHÖNEN STÄDTEN*

Also auch die hillige Stadt Köln, da war sie vor der Zukommst der Heiligen Drei Könige gesetzt in den untersten Grad der Ehrwürdigkeit in des heiligen Reims Corpus als zu den Bauern und Hirten, die mit Mist und Unflat umgehen, so ist sie doch nu, nach der Zukommst der Heiligen Drei Könige, erhoben von dem Mist und Fäulnis des Baulands, und erhöhet zu der königlichen Krone, und führt in ihrem Schild, über allen andern Städten, drei Kronen. Und von ihr wird gesagt der löbliche Spruch: »Cöllen eyn Kroin, boven allen Steden schoin.«

Wolfgang Müller von Königswinter (1816–1873)

KÖLN

Uralte Stadt, ich grüße dich mit Lust,
Mit deinen Kirchen, Türmen, Mauern, Toren!
Stolz schwebst du in des Stromes blauer Brust,
Er spiegelt dich so prächtig selbstbewußt
Wie einst den Fels, aus dem dein Dom geboren;

Er denkt wohl deiner reichen alten Pracht,
An der er manch Jahrhundert hingeschwebt,
Der Priester Hoheit und der Bürger Macht,
Der Kaiser, deren Hof die Sage hebet,
Der Taten, die stets blühn, so lang Geschichte lebet.

Leonard Ennen (1820–1880)

KÖLNISCH WASSER*

Von großer Wichtigkeit für die Kölner Industrie war die Erfindung der unter dem Namen »Kölnisch Wasser, Eau de Cologne« bekannten wohlriechenden Essenz. Das Geheimnis der Fabrikation dieser kölnischen Spezialität brachte einer der Italiener, die dem Gewerbe und der kleinen Industrie in der Stadt Köln ein vielfach schattiertes Leben verliehen, gegen Ende des 17. Jahrhunderts nach Köln. Es war dies Paul de Feminis aus Domo d'Ossola, von dem seine Verwandten Johann Maria Farina und Johann Anton Farina in das als kostbarer Familienschatz gehütete arcanum[1] eingeweiht wurden. Für den Ruf und die Verbreitung des Eau de Cologne gewannen die traurigen Wirren des Siebenjährigen Krieges (1756–63) große Bedeutung. Im Jahre 1760 war die Stadt Köln das Stelldichein der genußsüchtigen französischen Offiziere, die den Winter hindurch bei der niederrheinischen Armee blieben. Diese Herren, die an Hofluft und die feinen Parfums der Pariser Salons gewohnt waren, mußten sich freuen, in dem Kölnisch Wasser ein Gegenmittel gegen die bösen Kölner Straßendünste gefunden zu haben. Sie gewöhnten sich an den Gebrauch dieser kostbaren Essenz und bereiteten derselben so den Eingang in die vornehmsten Kreise der französischen Gesellschaft. Damit war die Zukunft dieses Handelsartikels gesichert.

1. arcanum = lat. Geheimnis

Johanna Schopenhauer (1766–1838)

DREIKÖNIGSSCHREIN*

In einer mit Marmor reichgeschmückten Kapelle hinter dem Hochaltar wird das berühmte Reliquienbehältnis der Heiligen Drei Könige bei Lampenlicht gezeigt, das noch immer einen wirklich blendend prachtvollen Anblick gewährt, obgleich es während seiner Abwesenheit von Köln von seiner ursprünglichen Herrlichkeit unendlich viel verloren haben soll. Während der stürmischen Zeiten der Französischen Revolution wurde dieses hochverehrte Heiligtum der Stadt Köln von den Domherren nach Arnsberg in Westfalen geflüchtet und erst nach zwanzig Jahren in dem traurigsten Zustand, seines köstlichsten Schmuckes beraubt und auf mancherlei Weise beschädigt, wieder zurückgebracht. Was nur möglicherweise geschehen konnte, um es wiederherzustellen, ist mit frommem Eifer dafür getan worden. Die mit Diamanten und Perlen von unschätzbarem Wert besetzten schweren, massivgoldenen Kronen, welche die Schädel der drei weisen Könige schmückten, konnten freilich nur durch vergoldete ersetzt werden, und an die Stelle manches seltenen Edelsteines mußte hie und da ein Kristall oder eine Glaspaste treten; aber mit mühsamem Fleiß, unter der Leitung des edlen Kunstfreundes Wallraf, wurde doch wiederhergestellt, was sich nur irgend wiederherstellen ließ: die prächtige alte Schmelzarbeit, die an vielen Stellen abgesprungen, vernichtet, verloren war; die kunstreichen Bildwerke von getriebener Arbeit in Gold und Silber, die gequetscht und verbogen, kaum noch kenntlich erschienen. Und so wurde dieses alte Heiligtum abermals, was es von jeher gewesen, ein Gegenstand religiöser Verehrung, vor dem jeder Kunstfreund gern bewundernd verweilt.

Der fromme Eifer der Einwohner von Köln und ihre wirklich religiöse Liebe und Anhänglichkeit an ihren Dom und dieses ehrwürdige Palladium[1] ihrer Stadt trat bei dieser Gelegenheit im reinsten Licht hervor. Die zu der Wiederherstellung des wertvollen Reliquienbehältnisses ihrer Schutzheiligen notwendige bedeutende Summe wurde von ihnen herbeigebracht; edle Frauen gaben freiwillig einen Teil ihres Schmuckes, um mit den kostbaren Steinen die verlorengegangenen zu ersetzen. Über zweihundert antike Kameen[2] und geschnittene Steine von nicht zu berechnendem Kunstwert waren die herrlichste Zierde des silbernen Sarkophages gewesen, wie man das an Reliquienkästen dieser Art öfters findet, obgleich die Ledas, die Danaen und andere mythologische Gegenstände hier nicht ganz am rechten Ort angebracht zu sein scheinen. Von diesen Antiken war ebenfalls ein großer Teil der vorzüglichsten geraubt oder sonst verlorengegangen, und auch diese wurden von Kunstfreunden aus ihren eigenen Sammlungen wieder ersetzt, so daß die wenigen modernen Pasten und nachgemachten Kameen, die man noch hin und wieder entdeckt, sich unter der Menge der trefflichen, wahrhaft echten Antiken völlig verlieren, von denen zu hoffen steht, daß sie nächstens durch sorgfältig nachgeformte Abdrücke auch zu der Kenntnis auswärtiger Kunstkenner gelangen mögen.

Zacharias Werner (1768–1823)

DER DOM

Hier sitz ich, hier im alten Köln am Rheine.
Als mich der Vater Rhein hieher getragen,
Da war es mir, als könnt' ich alles wagen.
Und jetzo sitz ich hier im Dom und – weine.

1. Palladium (griech.) = schützendes Heiligtum
2. Kamee (franz.) = erhaben geschnittener Stein, Gemme mit erhaben geschnittenem Relief

Es weht aus der gemalten Fenster Scheine
Mich durch die Riesensäulen an ein Zagen
Ich wag es kaum, die Augen aufzuschlagen
Zu diesem Weltenembryon von Steine.

Werd ich es noch, ich Schwacher, es vollbringen?
Als Antwort schlägt es zwölf in dumpfen Tönen.
Die Mittagsglocke weckt die Mitternacht.

Sind wir vollbracht, wir Herrlichen, wir Schönen,
Hör ich den Dom, den Rhein, das Weltall klingen,
Und von dem Kreuze bebt's: Es ist vollbracht.

Ludwig Bechstein (1801–1860)

DIE KÖLNER-DOM-SAGE

Da man begann, den Kölner Dom zu bauen, verdroß den Teufel mächtig, daß in der heiligen Stadt Köln, welche schon so viele Kirchen und Kapellen hatte, darinnen die Frommen Gott dienten, dem Herrn auch noch so ein übergroßes Haus erbaut werden solle.

Der Teufel nahm daher Menschengestaltung an, trat mit List zu dem Baumeister und sprach zu ihm: »Du übernimmst ein unausführbar schweres Werk! Was wettest du, daß ich eher einen Kanal lege von Trier bis nach Köln, ehe du deinen Bau vollendest? Einen Kanal, mittelst dessen dieser guten Stadt reines Trinkwasser nicht minder als auch edler Moselwein zufließen kann, und meine ich fast, solcher Kanal wäre der Stadt nützer als noch eine Kirche zu den vielen, die Köln schon hat.« – »Was soll ich wetten?« fragte der Baumeister. – »Wir wetten, daß der von uns sein begonnenes Werk alsbald einstelle, es sei vollendet, so weit es wolle, wenn das des andern als vollendet erscheint. Ich das meine, wenn du die höchsten Kronen auf die Spit-

zen deiner Domtürme setzest, du das deine, wenn von Trier das Wasser in meinem Bau geflossen kommt und in deinen ausmündet.«
Der Dombaumeister ging diesen Vertrag ein, und beide gingen an ihr Werk. Hoch und höher wuchs der Dombau, nah und näher rückten von Trier aus die Säulen einer gewaltigen Wasserleitung, ein stolzes Werk, wie nur die Kunst der alten Römer aufzuführen vermocht hätte. Da – als die Domtürme die Höhe des Krans erreicht hatten, da stand der Baumeister oben auf dem Gerüst und blickte hinab und sah zu seinem Schrecken das Werk vollendet, der Kanal war bis an den Dom herangerückt, noch war er wasserleer, da schien in der Ferne ein weißer Punkt sich zu bewegen, näher und immer näher – und da kam das Wasser brausend geschossen, und auf dem Wasser schwamm eine weiße Ente. Als der Baumeister so sich überwunden sah, stürzte er sich von der Höhe des Turmes und des Baugerüstes in die Tiefe hinab, und sein treuer Hund, der ihm auf das Gerüst gefolgt war, sprang ihm nach. Nimmer konnte der Dom vollendet werden, aber auch jene Wasserleitung brach die mächtige Hand der Zeit. Das Volk nennt ihre Trümmer die Teufelskralle. Zum Überfluß und als Siegeszeichen warf der Teufel einen Stein durch das Dach im Chor über der Heiligen-Dreikönigs-Kapelle, davon ein drei bis vier Fuß weites Loch blieb. Späterer Aufschrift zufolge soll es der Wind gewesen sein, der den Stein herabwarf; der Stein aber lag oder liegt noch auf dem Pflaster bei der Kapelle, die Leute nennen ihn den Teufelsstein, man sieht auf ihm eine Marke wie eine Hahnenkralle, die von der Teufelskralle eingebrannt ward.
Da die Leiber der Heiligen Drei Könige gen Kassel kamen, welche der Erzbischof Reinold II., ein Graf von Dassel, vom Kaiser Friedrich Barbarossa für Köln erbat, da dieser Mailand, allwo diese heiligen Leiber früher aufgebahrt wurden, hatte schleifen lassen, trug ein Kamel die werte Last, und es neigete sich, die Reste der Weisen zu ehren, ein Turm gegen sie und blieb in geneigter Stellung. Das Tor am Rhein, durch das sie gebracht wurden, ward alsbald vermauert, damit es nie wieder entweiht werde. Zahllose

Wunder erzählt man von diesen Heiligen, deren drei Kronen die Stadt in ihrem Wappen führt.
Einst kam aus Ungarland, wo wegen zu großer anhaltender Dürre merkliche Hungersnot entstanden war, eine Menge Volkes nach Köln und wollte die Heiligen Drei Könige um Regen anflehen. Kaum war das erste Gebet erklungen, als der Himmel sich trübte und heftiger Regen niederströmte zum Gnadenzeichen, und es hat dann im Ungarland im Überfluß geregnet.
Zum Dank dafür sind aller sieben Jahre Abgesandte aus Ungarn gen Köln gefahren, haben die Heiligen Drei Könige verehrt und ihre Kapelle und Priester begabt, und der Magistrat hat sie vierzehn Tage gespeist und getränkt und geherbergt.

Stefan George (1868–1933)

KÖLNISCHE MADONNA

Schirmherrin du empfingst mich oft am tor
Wenn ich von westen kam mit gramem blicke:
»Einst bracht ein volk so klar wie tief hervor
Mich lächelnde madonna mit der wicke.«

Ernst Moritz Arndt (1769–1860)

IM HEILIGEN KÖLN*

Köln war unstreitig, wenn nicht die älteste, doch die vornehmste Stadt des alten Deutschlands, die anerkannte Hauptstadt des deutschen Stromes, des Rheines, außerdem eine der Hauptstädte des Volksstammes, der das Deutsche Reich gegründet und vom sechsten bis zum zehnten Jahrhundert den größten Teil Germaniens bezwungen und beherrscht und dem Reich seine Kaiser und Könige gegeben hat. Wenn nun auch späterhin die Sachsen, Schwaben und andere Stämme deutscher Nation Herrscher aus sich haben emporsteigen lassen, so ist es doch bis in das siebenzehnte Jahrhundert das eigentliche Deutsche Reich, seine Stärke und seine Kraft, wie sein Glaube und seine Meinung, und selbst sein Schein, längs dem Rheinstrom bis auf fünfundzwanzig bis dreißig Meilen Abstand beidenthalben von seinen Gestaden fortwährend geblieben.

Köln hatte von allen Städten die glänzendste und großartigste christliche Vorgeschichte. Die frühesten Blutzeugen des christlichen Glaubens, diese geheiligten Tempel, Marterstellen, Leichenfelder und Gräber hatten bei einem gläubigen Volk eine tiefe Verehrung, und nicht allein ihre Sage und Geschichte, sondern auch ihr Dienst hatte sich als ein abglänzender Heiligenschein der Stadt ringsum über die Lande verbreitet. Köln ward deswegen und wegen seiner vielen Feste und Feierzüge, auch wegen der Menge der geistlichen Stiftungen innerhalb ihrer Mauern, die heilige Stadt, das zweite Rom genannt, Namen, mit welchen sie sich hat immer gerne rufen hören. Allem diesem oder doch dem meisten davon riefen die Protestanten, vorzüglich die Kalviner, welche am Niederrhein über die Lutheraner in diesen Tagen das Übergewicht zu gewinnen begannen, das fürchterliche »Schaff ab!« zu. Solche stürmende und ausfegende Art und Lehre mußte in solcher Stadt begreiflicherweise keinen für sich geeigneten Boden finden.

Roger Ascham (1516–1568)

DIE KIRCHE DER HEILIGEN URSULA IN KÖLN*

Noch mehr muß man sich verwundern über St. Ursula mit den 11 000 Jungfrauen. Eine Nonne zeigte uns die Kirche und die Reliquien; in der Kirche ist kein Gestühl, sondern da sind fünfundreißig steinerne Doppelgräber, eins über dem andern, in der Art von Trögen und mit Steinplatten zugedeckt. Innen ist eine Kapelle, da steht St. Ursula, bis hinab zur Leibesmitte ganz aus Silber, aber hohl, und sie steht in einem ausgehöhlten Tabernakel in der Wand. Um sie herum in gleicher Art und Größe stehen Edelfräulein und Ritter (der Sohn des Königs von Brabant, der ihr Gemahl hätte werden sollen, steht ihr am nächsten), vierzig an der Zahl oder noch mehr, und alle gleicherweise aus Silber, auf schwarzem Tuch, und hatten viele von ihnen schwere Wunden. Es gab da auch Schädel, in Samt und Seide gehüllt, in Schrankkästen aufgereiht, und viele Knochen säuberlich dazugelegt, so ordentlich wie Bücher in einem Studierzimmer, so viel, als zwei Karren kaum wegschleppen können. Es gab da auch viele Schädel von Kindern, von Neugeborenen oder von solchen, so aus dem Mutterleib herausgerissen, denn man sagt, nicht alle seien Jungfrauen gewesen, sondern viele Edelfrauen darunter, und glaubhaft ist es wohl, daß diese Gesellschaft in ein fremdes Land ziehen wollte und auf See durch den Sturm verschlagen gewaltsam in diese Stadt gebracht worden ist, wo damals ein heidnischer Tyrann herrschte, der mit seinen Mannen diese guten Weiber mißbrauchen wollte, und da sie dieselben nicht gewaltsam haben schänden können, so haben sie dieselben gewaltsam umgebracht.

*Momo Edel (*1965)*

DIE LEGENDE VON DER HL. URSULA*

Elf Flammen zieren auch heute noch das Kölner Wappen. Sie erinnern an das Martyrium der Heiligen Ursula und ihrer elftausend Jungfrauen vor den Toren der Domstadt. Ursula ist die Stadtpatronin Kölns und eine in aller Welt verehrte katholische Heilige. Doch hinter dieser Heiligen verbirgt sich mehr, als man auf dem ersten Blick vermutet. Ursula war nicht nur eine der ersten Seglerinnen, sie ist auch die Patronin der Lehre für Frauen. Darüber hinaus lassen sich aufgrund ihres Namens, der ihr zugeschriebenen Attribute und ihres Feiertages deutliche Bezüge zu Göttinnen anderer Kulturen aus vorchristlicher Zeit herstellen.
Die christliche Legende erzählt von der britannischen Königstochter Ursula, die nicht nur sehr schön, sondern auch außerordentlich klug war. Sie lebte ungefähr im Jahr 200 n. Chr. in Britannien und hatte ihr Leben und ihre Jungfräulichkeit Gott geweiht. Ihre Eltern waren damit einverstanden, sie nicht zu verheiraten. Wegen ihrer großen Schönheit wurde sie jedoch von Aetherius, dem Sohn des Heidenkönigs Conan, zur Frau begehrt. Sein Vater stellte der schönen Jungfrau ein Ultimatum: Hochzeit oder Krieg. Ursula erschien im Traum ein Engel, und sie willigte unter den folgenden drei Bedingungen scheinbar in die Eheschließung ein: Als erstes müsse sich Aetherius taufen lassen. Zweitens sollten sie mit der Hochzeit noch drei Jahre warten, in dieser Zeit sollte der Bräutigam im christlichen Glauben unterwiesen werden. Während sie drittens mit zehn weiteren Frauen eine Weltreise machen würde.
Aetherius willigte ein. Die Schiffe wurden gebaut und Ursula lernte mit ihren Freundinnen segeln. Eine jede von ihnen erhielt tausend Jungfrauen als Begleitung, und alsbald machte sich die Frauenflotte mit elf Schiffen von Britannien aus auf den Weg und umsegelte die Welt. Kurz bevor die vereinbarte Frist abgelaufen war, gerieten sie auf der Nordsee in einen Sturm und wurden vom

Wind den Rhein hinaufgetrieben, wo sie bis Köln segelten. Dort erschien Ursula wiederum ein Engel im Traum, der ihr auftrug, eine Wallfahrt nach Rom zu machen.
Folglich segelte die Frauenflotte bis Basel, überquerte von dort aus zu Fuß die Alpen und wanderte weiter nach Rom. In Rom wurden die Frauen von Papst Cyriacus getauft, der von ihnen so hingerissen war, daß er den Papststuhl verließ und die Jungfrauen auf ihrer Rückreise begleitete. Weitere Kardinäle und Erzbischöfe schlossen sich der Jungfrauenschar unterwegs an, und sie wanderten gemeinsam zurück nach Basel. Dort setzten sie ihre Reise mit dem Schiff fort. Bei Mainz stieß auch der verliebte Aetherius, der im Mainzer Dom getauft wurde, zu ihnen. Doch die harmonische Reise endete abrupt. Als die Flotte Köln erreichte, wurde sie von den Hunnen, die schon seit Wochen die Stadt belagerten, überfallen.
Alle Jungfrauen wurden ermordet, nur Ursula, Aetherius und Cordula blieben zunächst verschont. Es heißt, daß die Hunnen bei Ursulas Anblick, von ihrer Schönheit geblendet, in ihrem Gemetzel innegehalten hätten. Der Hunnenfürst begehrte sie zur Frau, und als sie sich ihm verweigerte, richtete er sie mit einem Pfeil hin. Aetherius wurde mit dem Schwert getötet und Cordula am nächsten Tag erschlagen. Daraufhin kam eine himmlische Schar von elftausend Engeln herab und verjagte die Hunnen. Ursula wurde daraufhin zur Schutzpatronin Kölns erhoben. Die dankbare Bevölkerung errichtete ihr und ihren Jungfrauen an ihrer Todesstätte eine Kirche.

Hermann Grieben (1822–1890)

DER LÖWENKAMPF

Zu Köln am Domhof saßen
Die würd'gen Herrn vom Stift,
Verdrossen über die Maßen
Vor lauter Gall und Gift.

Es mocht auch keiner dreister
Auf sie zu sprechen sein,
Als Grijn der Bürgermeister
Der reichsgetreusten Stadt am Rhein.

Der wahrte jedem Bürger
Sein wohlverbrieftes Recht,
Daß auch der ärmste Schürger
Nicht würd ein Pfaffenknecht;
Des bosten sich am meisten
Ein Knünch und ein Kaplan,
Die hätten dem überdreisten
Doch gar zu gern ein Leids getan.

Am Domhof lag ein Zwinger
Ein Löwe grauenhaft,
Dem kein Athlet und Ringer
Gewachsen war an Kraft.
Den plagten sie mit Fasten
Und luden dann gleißnerisch
Den Mann, den bestgehaßten,
Auf guten Imbiß ein zu Tisch.

Der hat's wohl angenommen,
Und als er dort erschien,
Da hieß es; Schön willkommen,
Seid Ihr, Herr Hermann Grijn!
Doch als er stand im Saale –
Sie ließen ihn just allein –
Da brach mit einem Male
Das Löwenungetüm herein.

»Ha! Bin ich so zu Gaste
Geladen an diesen Herd?«
Er rief's voll Zorn und faßte

Sein doppelschneidges Schwert.
»Komm her, Gesell! Maskiere
Dich auch, da man's erlaubt!«
Er rief's und warf dem Tiere
Den seidnen Mantel übers Haupt.

Eh noch der Leu begriffen
Den kölnischen Maskenscherz,
Da fuhr ihm scharfgeschliffen
Der Stahl ins wilde Herz.
Er sank mit Wutgebrülle,
Getroffen auf den Tod;
Da lag, mit seidner Hülle
Bedeckt, das arge Gastgebot.

Und als nun tief erschrocken
Das Pfaffenpaar erschien, –
»Ihr hofftet zu frohlocken«,
So sprach Herr Hermann Grijn;
»Ihr hattet mich dem Leuen
Zum Imbiß zugedacht;
Das wird Euch schwer gereuen,
Ihr sollt noch sterben diese Nacht.«

Da half kein Drohn und Bitten
Bald war der Spruch getan,
Den Henkertod erlitten
Der Knünch und der Kaplan.
Am Rathaus sieht man heuer
Gemeißelt noch in Stein
Das Löwenabenteuer:
Zur Lehre soll's dem Enkel sein.

So geht die köln'sche Sage
Vom Löwenkampf am Dom:

Drum gilt noch heut zu Tage
Das Wort am deutschen Strom:
»Ob süß es fall' ob sauer,
Es sei dir beides gleich:
Halt fest, du köln'scher Bauer,
Halt fest am Kaiser und am Reich!«

Max von Eyth (1836–1906)

ROSENMONTAG IN KÖLN*
(1883)

Vor vierzehn Tagen telegraphierte mein begeisterter Freund Dietrich, daß er mich in Bonn besuchen wolle, um sich an meinem Anblick zu ergötzen. Um ihn nicht zu weit aus seiner Richtung zu ziehen, bestellte ich ihn auf den Kölner Bahnhof, von wo aus wir in das Karnevalsgetümmel des »Rosenmontags« stürzten. Ein unglaubliches Bild, wenn sich eine ganze Stadt in ein fideles Narrenhaus verwandelt. Am Ergreifendsten erschien mir, als es Nacht geworden war, die Szene vor dem Dom: ein buntes Gewimmel jubelnder, schreiender Masken der tollsten Art und darüber die ernsten, stillen Türme des riesigen Bauwerks im Mondenschein. Wenn man bedenkt, daß es diese halb trunkenen, schreienden Narren waren, die den prachtvollen Bau ersonnen und aufgebaut haben, darf man mit diesen Gegensätzen vor Augen an der Menschheit verzweifeln?
Ich war infolge einer Einladung in Bonn gezwungen, Dietrich, dessen Berliner Zug erst um zehn Uhr abging, im Gedränge zu verlassen. Er schrieb mir gestern, wie es ihm ergangen sei: wie ihn ein Krokodil am Arm genommen und in ein feines Haus geführt habe, wo er an einer Tafelrunde von männlichen und weiblichen Krokodilen eine herrliche Stunde verleben durfte, wie er

sodann mit seinem neuen Freund vom Nil die Nacht durch von Haus zu Haus gezogen, überall gastlich aufgenommen und schließlich um ein Zwanzigmarkstück angepumpt worden sei. Natürlich hatte er seine beabsichtigte Abfahrt verschoben. Mit schwerem Kopf saß er deshalb in der Morgendämmerung in dem Eisenbahnwagen eines Frühzugs und hatte den größten Teil seines Abenteuers, einschließlich des Zwanzigmarkstücks, vergessen, als er einen elegant gekleideten Herrn auf dem Bahnsteig bemerkte, der sichtlich angstvoll am Zug auf und ab lief und ein Goldstück in die Höhe hielt. Der Herr war das gewissenhafte Krokodil von gestern.

Wie gründlich am Rhein Karnevalspflichten erfüllt werden, schilderte mir vor einigen Tagen mein Freund Guilleaume, der große Drahtseilfabrikant von Köln. Einer seiner besten Drahtseilspinner kam drei Tage nach Aschermittwoch noch nicht ins Geschäft. Dies war etwas lang, auch für den qualvollsten Kater. Man schickte schließlich nach ihm; aber nur seine Frau erschien und bat, wenn man ihren Mann brauche, um Vorschuß. Denn er könne nicht kommen; er habe seine Kleider versetzt, um den Karneval mitzumachen. »Aber, Donnerwetter«, bemerkte der Fabrikdirektor, »wie konnte er auf den Karneval gehen, ohne Kleider?« »Ja, verzeihen Sie«, erklärte die Frau, »er hatte die meinen an.«

Thomas Hood (1799–1845)

WER WÄSCHT DEN RHEIN?

In Köln, der Stadt der Mönche und Gebeine,
Mit einem Pflaster mörderischer Steine,
Der Stadt der Lumpen, Weiber, Dirnenränke;
Dort zählt' ich zweiundsiebenzig Gestänke,
Wohl unterschieden und Gerüche noch –!

Ihr Nymphen in Kloake, Pfuhl und Loch –!
Der Fluß, so wie er's immer tat,
Er wäscht und spült euch eure Stadt;
Doch sagt mir, Himmelsmächte, wer allein
Soll waschen denn den armen Rhein?

Ernst Weyden (1805–1869)

DIE HEINZELMÄNNCHEN

Es mag noch nicht über fünfzig Jahre sein, daß in Köln die sogenannten Heinzelmännchen ihr abenteuerliches Wesen trieben. Kleine nackende Männchen waren es, die allerhand taten, Brot backen, waschen und dergleichen Hausarbeiten mehrere; so wurde erzählt, doch hat sie niemand gesehen. Zu der Zeit nun, als die Heinzelmännchen noch waren, gab es in Köln manchen Bäcker, der keine Knechte hielt, denn die Kleinen machten über Nacht immer so viel Schwarz- und Weißbrot, als der Bäcker in seinem Laden brauchte. In manchen Häusern wuschen sie und taten den Mägden alle ihre Arbeiten vor. So war auch eben um diese Zeit ein erfahrener Schneider in Köln, dem sie gar gewogen schienen, denn als er heiratete, fand er am Hochzeitstag die herrlichsten Speisen und das schönste Gerät in seiner Wohnung, welches die Kleinen anderwärts gestohlen, und ihrem Liebling gebracht hatten. Als seine Familie sich nun mit der Zeit vermehrte, taten die Kleinen der Frau des Schneiders merklichen Vorschub in ihren häuslichen Geschäften, wuschen ihr, und scheuerten ihr bei festlichen Gelegenheiten ihren Kupfer und Zinn, und das Haus vom Söller bis in den Keller. Hatte der Schneider zuweilen gar dringende Arbeit, so fand er sie morgens ganz und gar von den Heinzelmännchen fertig gemacht. Nun plagte aber die Schneidersfrau der Vorwitz, und sie wollte die Heinzelmännchen gern einmal sehen; wie sie sich aber anstellte, wollte es ihr doch nie gelingen. Sie streute daher einmal die Treppe voller Erbsen, auf daß die Heinzelmännchen fallen mögten, Schaden litten, und sie dieselben am andern Morgen sehen könnte. Dieser Anschlag schlug aber fehl, und seit dieser Zeit verloren sich die Heinzelmännchen ganz; wie überhaupt überall durch den Vorwitz der Leute, der schon so manches Schöne in der Welt zerstört hat. Die Heinzelmännchen zogen darauf in gesamter Masse unter klingendem Spiel aus der Stadt; man hörte aber nur das Spiel, denn niemand konnte die Männlein sehen, die sich darauf in ein Schiff setzten und wegfuhren, wohin weiß niemand. Doch sollen mit den Heinzelmännchen auch die guten Zeiten Kölns verschwunden sein.

August Kopisch (1799–1853)

DIE HEINZELMÄNNCHEN ZU KÖLN

Wie war zu Köln es doch vordem
Mit Heinzelmännchen so bequem!
Denn, war man faul, … man legte sich
Hin auf die Bank und pflegte sich:
        Da kamen bei Nacht,
        Ehe man's gedacht,
    Die Männlein und schwärmten
    Und klappten und lärmten,
        Und rupften
        Und zupften,
    Und hüpften und trabten
    Und putzten und schabten …
Und eh ein Faulpelz noch erwacht, …
War all sein Tagewerk … bereits gemacht!

Die Zimmerleute streckten sich
Hin auf die Spän' und reckten sich.
Indessen kam die Geisterschar
Und sah, was da zu zimmern war.
Nahm Meißel und Beil
Und die Säg' in Eil;
Sie sägten und stachen
Und hieben und brachen,
Berappten
Und kappten,
Visierten wie Falken
Und setzten die Balken ...
Eh sich's der Zimmermann versah ...
Klapp, stand das ganze Haus ... schon fertig da!

Beim Bäckermeister war nicht Not,
Die Heinzelmännchen backten Brot.
Die faulen Burschen legten sich,
Die Heinzelmännchen regten sich –
Und ächzten daher
Mit den Säcken schwer!
Und kneteten tüchtig
Und wogen es richtig,
Und hoben
Und schoben,
Und fegten und backten
Und klopften und hackten.
Die Burschen schnarchten noch im Chor:
Da rückte schon das Brot, ... das neue, vor!

Beim Fleischer ging es just so zu:
Gesell und Bursche lag in Ruh.
Indessen kamen die Männlein her

Und hackten das Schwein die Kreuz und Quer.
Das ging so geschwind
Wie die Mühl' im Wind!
Die klappten mit Beilen,
Die schnitzten an Speilen,
Die spülten,
Die wühlten,
Und mengten und mischten
Und stopften und wischten.
Tat der Gesell die Augen auf, ...
Wapp! hing die Wurst da schon im Ausverkauf!

Beim Schenken war es so: es trank
Der Küfer, bis er niedersank,
Am hohlen Fasse schlief er ein,
Die Männlein sorgten um den Wein,
Und schwefelten fein
Alle Fässer ein,
Und rollten und hoben
Mit Winden und Kloben,
Und schwenkten
Und senkten,
Und gossen und panschten
Und mengten und manschten.
Und eh der Küfer noch erwacht,
War schon der Wein geschönt und fein gemacht!

Einst hatt' ein Schneider große Pein:
Der Staatsrock sollte fertig sein;
Warf hin das Zeug und legte sich
Hin auf das Ohr und pflegte sich.
Da schlüpften sie frisch
In den Schneidertisch;
Und schnitten und rückten

Und nähten und stickten,
Und faßten
Und paßten,
Und strichen und guckten
Und zupften und ruckten,
Und eh mein Schneiderlein erwacht:
War Bürgermeisters Rock … bereits gemacht!

Neugierig war des Schneiders Weib,
Und macht sich diesen Zeitvertreib:
Streut Erbsen hin die andre Nacht,
Die Heinzelmännchen kommen sacht:
Eins fähret nun aus,
Schlägt hin im Haus,
Die gleiten von Stufen
Und plumpen in Kufen,
Die fallen
Mit Schallen,
Die lärmen und schreien
Und vermaledeien!
Sie springt hinunter auf den Schall
Mit Licht: husch, husch, husch, husch! –
verschwinden all!

O weh! Nun sind sie alle fort
Und keines ist mehr hier am Ort!
Man kann nicht mehr wie sonsten ruhn,
Man muß nun alles selber tun!
Ein jeder muß fein
Selbst fleißig sein,
Und kratzen und schaben
Und rennen und traben,
Und schniegeln
Und biegeln,

Und klopfen und hacken
Und kochen und backen.
Ach, daß es noch wie damals wär!
Doch kommt die schöne Zeit nicht wieder her!

Rahel Varnhagen von Ense (1771–1833)

KÖLN WOLLEN SIE SEHEN!*

Und Köln wollen Sie sehen! Das verrückte Nest? Diesen leider versteinerten Koloß der altfränkischen Torheiten, den sie jetzt so berühmt machen wollen? Wo einem unsinnig drin zu Mute wird. Eine Stadt, die keinen Mittelpunkt, keinen Corso, kein Gesicht hat; keine Aussicht: selbst dem Rhein das Hinterste zukehrt. Auch der Dom ist nicht wie der Wiener, der Straßburger, erhebend, Ruhe gebietend; nur für einen mit Kunstsinn und technischem Urteil ausgestatteten Bauverständigen kann er Interesse haben; wir haben keinerlei Eindruck davon; sehen Latten und Bretter. Unsere Regierung und ihre Legaten arbeiten sich ab, dem Modegeschrei Genüge zu tun und den dekrepiten Koloß wieder aufzupäppeln: aber mache mal einer einen sterbenden, unartigen Greis wieder zum frischen, nahrungsgedeihenden Kind! Zwar ist es auch schwer, ein solches Untier untergehen zu lassen; nur soll man die alte Zeit nicht durch ihn herzustellen glauben; die ist vorbeigeflossen wie der Rhein.

Thomas Coryate (1577–1617)

DEUTZ BEI KÖLN*

Ich sah ein hübsches Städtchen, Deutz mit Namen, auf der anderen Seite des Rheins. Obgleich ich es nur von weitem erblickte, muß ich es aus zwei Gründen erwähnen. Der erste ist, daß Tuisco oder Teuto, der Sohn des Patriarchen Noah und seines Weibes Arezia, der von seinem Vater in die Welt geschickt wurde, gerade hier seinen Wohnsitz aufgeschlagen haben soll, und aus seinem Namen soll sich das Wort Deutz entwickelt haben. Doch will ich nicht darauf schwören, daß dies der Wahrheit entspricht, wenn auch Münster es berichtet. Der zweite Grund ist, daß der Kaiser Konstantin hier ein Kastell erbaute, in dem stets eine Garnison lag, deren Soldaten zur Verteidigung von Köln bereit waren. Dies wird von Philipp Melanchthon bezeugt, der schreibt, daß einmal in einem alten Kloster in Deutz eine Tafel gefunden wurde, auf der eine Inschrift dies bestätigte.

Karl Simrock (1802–1876)

DIE EICHELSAAT

Wie waren die Mönche zu Dünnwald so klug!
Sie suchten in den Briefen und fanden genug;
In alter Pergamente gebräunter Schrift
Sahen sie von mancher blökenden Trift.

Sie zeigten auch dem Junker zu Schlebusch eins,
Im krausen Stile guten Klosterlateins:
Des Klosters seien, wie das geschrieben stand,
Wohl hundert Morgen von des Junkers Land.

Das begriff der schlichte, biedre Junker schwer:
Was er besessen von Urvätern her,
Worauf er geerntet so lang und so viel,
Wie der Acker plötzlich dem Kloster verfiel.

Der Prior brachte den Handel vor Gericht:
Da wußten sich die Schöffen zu raten nicht.
Der Schultheiß dingte so manche Tagefahrt:
Der Verwicklung wurde kein Ende gewahrt.

Zuletzt der Junker üblen Mut gewann,
Als ihm die Mönche drohten mit Acht und Bann,
Man schürt ihm von der Kanzel die Hölle so heiß;
Er dacht: »Ich will bezahlen das Lügengeschmeiß.«

»Wohlan, ich biete die Hand zum Frieden dar,
Ihr sollt besitzen, was niemals euer war,
Doch weil ich ungezwungen euch Abstand tat,
So sei mir bewilligt noch eine letzte Saat.«

Da schmunzelten die Brüder und schlugen ein;
Den Vergleich verbrieften die Schöffen fein,
Ihn bestärkten beide mit heilgem Schwur;
Jedweder zufrieden dann nach Hause fuhr.

Das währte von Weihnachten bis Hagelzeit:
Da pflegen die Gläubigen noch jetzt weit und breit
Mit Kreuz und Fahne die Felder zu umgehn,
Den Himmel um Gedeihen der Saaten zu flehn.

Als sie nun kamen an das streitige Feld,
Das im Herbst der Junker zuletzt bestellt,
Wohl haben die Mönche neugierig hingeschaut,
Was doch auf ihrem Acker für Frucht sei gebaut.

»Zartgrüne Blättchen, buchtig ausgeschweift:
Was ist's, das der Ernte hier entgegenreift:
Es ist nicht Korn noch Weizen – O Schmach in der Tat! –
Wir sind betrogen – es ist Eichelsaat.

Uns wird kein Zahn mehr schmerzen, wenn man mäht:
Ein Fuchs ist der Junker, das sehn wir jetzt zu spät.
Was hilft uns, zu verschreien den häßlichen Streich?
Zu deutlich redet der unsel'ge Vergleich.«

Aber lustig wuchsen die Eichen empor,
Bald knallte dort im Grünen des Junkers Rohr,
Noch sah er zur Lohe schälen manchen Schaft,
Er trank sich noch Stärkung aus braunem Eichelsaft.

Als aber weiter stürmte die Zeit in Saus,
Die Wipfel schauten über das Klosterhaus,
Da sahn sie grüne Gräber, wo längst in Ruh
Abt und Prior schliefen und die Mönche dazu.

Und höher hob sich der stolze Eichenforst,
Und als die grüne Rinde verkrustend borst,
Da schüttelten die Kronen ihr herbstlich Laub
Auf des Klosters Mauern in Schutt und Staub.

Karl Simrock (1802–1876)

DAS AVE MARIA (KLOSTER ALTENBERG)

Von einem Ritter sollt ihr hören,
Der weder fromm noch gläubig war,
Mit Raufen, Spielen, Fluchen, Schwören
Vertrieb er wohl das halbe Jahr.
Er betete nicht laut, nicht leise,
Er sprach nur in gewohnter Weise:
»Gegrüßt seist du, Maria!«

Im Taumel rauschender Vergnügen
Gedacht er nicht, was Gott gefällt,
Und schlürfte mitbegier'gen Zügen
Die kurze Süßigkeit der Welt.
Wie schlimm auch seine Sitten waren,
Doch half ihm oftmals aus Gefahren
»Gegrüßt seist du, Maria!«

Bald hatt' er mit noch braunem Scheitel
Sich satt geliebt, gezecht, gepirscht,
Daß alle ird'schen Freuden eitel,
Erkannte jetzt sein Herz zerknirscht.
Er dachte hehrer Gottesminne
Und sprach hinfort mit tieferm Sinne:
»Gegrüßt seist du, Maria!«

Und angeweht vom Geist der Süßen
Erwählt' er die gewiss're Bahn,
Schon pocht' er, schwere Schuld zu büßen,
Am Altenberger Kloster an.
Ein Bruder öffnet ihm die Pforte:

Da spricht er seufzend nur die Worte:
»Gegrüßt seist du, Maria!«

Gekleidet ward er und geschoren,
Man gab ihm einen Lehrer bei;
Doch war der Unterricht verloren,
Er lernte keine Litanei.
Auch schien ihn Strafe nicht zu schmerzen,
Er sprach nur aus bewegtem Herzen:
»Gegrüßt seist du, Maria!«

So seltsam trieb er's bis zu Ende;
Schon blickt' er in das offne Grab;
Da wollt' er keine Segensspende,
Wies Beicht und letzte Ölung ab.
Doch als sein Herz begann zu brechen,
Da hörte man ihn selig sprechen:
»Gegrüßt seist du, Maria!«

Nun sind gesprengt die Erdenbande,
Die Brüder senkten fromm ihn ein,
Sieh, aus des Hügels frischem Sande
Sproß eine Lilie weiß und rein.
Und auf den lichten Blütenblättern
Las man in goldenschönen Lettern:
»Gegrüßt seist du, Maria!«

Und gäb' euch nun ein heil'ger Engel
Zu schauen durch der Erde Grund,
So säht ihr, wie der Lilienstengel
Entsprießt des Bruders keuschem Mund.
Dann miedet ihr; vergebnes Sagen
Und sprächt wie er auf eitle Fragen:
»Gegrüßt seist du, Maria!«

Montanus, d. i. Vincenz von Zuccalmaglio (1806–1876)

DAS TURNIER ZU NEUSS
(22. April 1257)

»Mir wird so eng, ihr Knappen, in meiner Väter Saal,
Auf! sattelt rasche Rappen, bringt mir das Kleid aus Stahl!
Das Schwert mit scharfer Schneide, den Speer mit schwerem Schaft –
Nur in dem Kampfgeschmeide wallt freudig Männerkraft!«

Graf Adolf rief's der Lange, ein matenstolzer Mann,
Drob von Margrethas Wange die Tränenquelle rann:
»Nur heute bleib daheime!« die zarte Gattin bat:
»Der Ahnung bangsten Träume begleiten deinen Pfad!

Es krächzten Fahn' und Eulen heut Nacht so laut vom Turm,
Die Rüden hört man heulen durch Wetternacht und Sturm!
Das Irrlicht sah am Moore so bleich wie Sterbensnot,
Die Dommel rief im Chore so grausig Tod und Tod!«

»Laß Dommeln nur und Eulen und Wetterfahnen krähn,
Laß nur die Rüden heulen und Todesflammen wehn:
Der Waffen hellem Blitze das Ungetüm entfleucht,
Mein Horn zu finsterm Sitze die Unglücksvögel scheucht!«

»Mein Adolf von den Bergen, o! bleibe doch nur heut!
Mir träumt von offnen Särgen und dumpfen Grabgeläut!
Mir träumt von schwarzen Raben, von rotem Herzblutstrom,
Ich sah Dich bleich begraben im Altenberger Dom!«

»Sollt ich vor Träumen zittern, die eitel, ohne Macht?
Sie dürfen nicht erschüttern des Mutes hehre Pracht!
Der Traum erschreckt nur Memmen, sie fliehn wie er den Tag;
Mich wird er nimmer hemmen, es komme, was da mag!«

Da bringen schon die Knappen das Kleid aus hartem Stahl,
Die blanken Ritterwappen durchblitzen hell den Saal:
»Zu Freunden will ich reiten, zum Ritterspiel gen Neuß;
Dort gilt kein Todesstreiten, dort gilt bloß Dank und Preis.«

»O bau' auf seichte Treue verbriefter Freundschaft nicht:
Der alte Haß aufs neue oft Wort und Siegel bricht!
Mir träumt von falschen Eiden, von bösem Zwietrachtspiel –
O lasse heut das Reiten, mein Traum, er sagt zu viel!«

Und während sie's gesprochen ist an der Pfeilerwand
Der feste Stein gebrochen, drauf Heinrichs Büste stand.
Das Bild von Adolfs Vater, dumpf dröhnend stürzt's hinab,
Doch zu den Trümmern trat er: »Das Alter grub sein Grab!«

Und schon die Helmbuschzierde des Grafen Haupt umweht,
Doch unter Trauerbürde Frau Margaretha fleht.
Als er zum letzten Male sie küßt in heiterm Scherz
Zuckt auf dem kalten Stahle ihr ahnungsvolles Herz –

Schon stampfen mut'ge Rappen, fort traben Graf und Roß,
Der Morgensang der Knappen verhallt hinauf zum Schloß.
Wie wallt im Lenz so freudig der Helden Geist und Leib!
Doch Ahnung trüb und leidig sie bleibt daheim dem Weib.

Die blut'ge Abendröte umzog das Rheingestad,
Als Gräfin Margaretha auf luft'ge Zinne trat;
Von Bensbergs hohem Schlosse blickt sie hinab zum Rhein:
Wer mag im Knappentrosse der wunde Ritter sein?

Der Knappen frohe Weise ist all verhallt, verstummt;
Sie naht sich zitternd leise: »Wer ist's, den ihr vermummt?«
Adolfen sieht die Gute jetzt starr und todesblaß,
Von rotem Herzensblute Gewand und Panzer naß.

Die starken Riesenglieder drückt kalte Todsgewalt,
Für Taten und für Lieder ist's Heldenherz jetzt kalt;
Die Treue ward gebrochen auf dem Turnier zu Neuß –
Wohl ward dort wild gestochen, das Herzblut war der Preis.

Aus Spiel war Ernst geworden und Helden kühn und stark,
Die huben an zu morden: vom Berg und von der Mark,
Und Lotz – drei stolze Grafen und vierzig Ritter kühn
Viel Todeswunden trafen und sanken blutend hin.

Dazu dreihundert Knappen dort fanden ihren Tod,
Es färbte manchen Rappen und manchen Rappen rot!
Drob flossen heiße Zähren aus Augen hell und blau,
Zu Schmerz mußt sich verkehren die Wonne mancher Frau.

Im Altenberger Dome, den Adolf jüngst erbaut,
Stöhnt zu dem Tränenstrome die Klage bang und laut;
Man sah ihn dort bestatten mit Sporen, Schild und Schwert,
Der Gattin Sorgen hatten sich nur zu bald bewährt.

»O traue keiner Treue, die Kampf und Sühne flicht:
Der alte Haß aufs neue bald lockre Freundschaft bricht!
Es war ein böses Stechen, das Herzblut war der Preis,
Noch lange wird man sprechen von dem Turnier zu Neuß!

Johann Hermann Dielhelm (1703–1784)

DÜSSELDORF

Wenn unser Rhein von Neuss aus eine gute Stunde zurückgelegt hat, kommt endlich er zur rechten Seite bei dem Einfluß der Düssel, so die Rößbach bei sich führt, auf Düsseldorf, lateinisch Düsseldorpium, die Hauptstadt des Herzogtums Bergen, und ehemalige Residenz der Pfalzgrafen von Neuburg. Sie liegt in einer schönen und fruchtbaren Ebene. Ihren Namen führt sie von gedachter Düssel, einem schönen rauschenden Flüßchen, das sie durchfließt, und nach Anfüllung der Schloßgräben in den Rhein fällt. Man fährt auf dem Rhein bei diesem Schloß, so an dem einen Ende der Stadt liegt, hart vorbei. Es ist dasselbe ein altes gotisches Gebäude, so ziemlich gut aussieht, aber nicht viel besondere Schönheiten an sich hat.

Heinrich Heine (1797–1856)

DÜSSELDORF IST EINE STADT AM RHEIN*

Ich bin wieder ein Kind und spiele mit andern Kindern auf dem Schloßplatz zu Düsseldorf am Rhein. Ja, Madame, dort bin ich geboren, und ich bemerke dieses ausdrücklich für den Fall, daß etwa, nach meinem Tod sieben Städte – Schilda, Krähwinkel, Polkwitz, Bockum, Dülken, Göttingen und Schöppenstädt – sich um die Ehre streiten, meine Vaterstadt zu sein. Düsseldorf ist eine Stadt am Rhein, es leben da sechzehntausend Menschen, und viele hunderttausend liegen noch außerdem da begraben. Die Stadt Düsseldorf ist sehr schön, und wenn man in der Ferne an sie denkt und zufällig dort geboren ist, wird einem wunderlich zu Mute. Ich bin dort geboren, und es ist mir, als müßte ich gleich nach Hause gehen. Und wenn ich sage, nach Hause gehen, so meine ich die Bolkerstraße und das Haus, worin ich geboren bin. Dieses Haus wird einst sehr merkwürdig sein, und der alten Frau, die es besitzt, habe ich sagen lassen, daß sie beileibe das Haus nicht verkaufen solle. Für das ganze Haus bekäme sie jetzt doch kaum so viel, wie schon das Trinkgeld betragen wird, das einst die grünverschleierten, vornehmen Engländerinnen dem Dienstmädchen geben, wenn es ihnen die Stube zeigt, worin ich das Licht der Welt erblickt, und den

Hühnerwinkel, worin mich Vater gewöhnlich einsperrte, wenn ich Trauben genascht, und auch die braune Tür, worauf Mutter mich die Buchstaben mit Kreide schreiben lehrte – ach Gott! Madame, wenn ich ein berühmter Schriftsteller werde, so hat das meiner armen Mutter genug Mühe gekostet. Aber mein Ruhm schläft jetzt noch in den Marmorbrüchen von Carrara, der Makulatur-Lorbeer, womit man meine Stirn geschmückt, hat seinen Duft noch nicht durch die ganze Welt verbreitet, und wenn jetzt die grün verschleierten, vornehmen Engländerinnen nach Düsseldorf kommen, so lassen sie das berühmte Haus noch unbesichtigt und gehen direkt nach dem Marktplatz und betrachten die dort in der Mitte stehende, schwarze, kolossale Reiterstatue. Diese soll den Kurfürsten Jan Wilhelm darstellen. Er trägt einen schwarzen Harnisch, eine tief herabhängende Allongeperücke.

Wilhelm Smets (1796–1848)

MEISTER GRUPELLO

Zu Düsseldorf am Rheine lebt
Ein Bildner hoher Meisterkunst;
Sein Werk und eigne Weise hebt
Ihn bald in seines Fürsten Gunst.
Und auf der Stände hoch Geheiß
Gießt er das Ritterbild in Erz
Des edeln Fürsten, dem so heiß
Und voller Ehrsucht schlägt sein Herz.

Da steht das Bild nun aufgericht't
Auf schöngeviertem Marktes Plan,
Und Kurfürst Johann Wilhelm spricht
Aus allen Zügen freundlich an.

Umgeben von der Höflingsschar
Steht vor dem Bild der Fürst und staunt
Und reicht die Hand dem Künstler dar,
Preist ihn und dankt ihm wohlgelaunt.

Doch das verdrießt die Schranzen all'
Dem neuen Günstling, schlicht und keck,
Bereiten emsig sie den Fall
Und treffen auf den zarten Fleck.
Sie tadeln dies, belächelnd das,
Am Pferd besonders hier und dort,
Und weiß man auch nicht eben was,
Der Kurfürst merkt doch Mien' und Wort,

Und spricht zum Meister Gabriel:
»Man tadelt dies und das am Werk,
Ich sag' dir's frei und ohne Hehl.«
Grupello sagt: »Mir's gerne merk'.«
Und um das Reiterbild alsbald
Zieht weit er eine Plankenwand;
Draus wirbelt Rauch, der Hammer schallt,
Geführt von mancher nerv'gen Hand.

Und als ein Mond vorüber war,
Der Hammer ruht, die Planke fällt.
Der Fürst kommt mit der Schranzen Schar.
Die find't nun alles wohl bestellt.
Der Künstler drauf zum Fürsten spricht:
»Ich schlug dem Pferd nicht Bug, noch Huf.
Ein Gußbild leid't solch Schlagen nicht.
Ich schlug nur auf der Tadler Ruf.«

Montanus, d. i. Vincenz von Zuccalmaglio (1806–1876)

DIE WEISSE FRAU IM DÜSSELDORFER SCHLOSS

Was schwebet dort im hohen Saale
Gehörst du noch dem Leben an?
Du wallst so einsam deine Pfade,
Als suchtest du des Todes Bahn.

Im Schloß zu Düsseldorf hört man zuweilen um Mitternacht ein seltsames Rauschen, wie von seidenen Gewändern, ja es sollen Töne der Klage nicht selten dabei vernommen werden. Es schreitet dann ein hohes verschleiertes Weib in weißem Gewand durch die Gänge und soll besonders häufig in einem Saal verkehren, der den Namen des Schwanenzimmers führt. Einige sagen, das sei Jakobe von Baden, die durch ihre Schwägerin ermordete Herzogin von Berg, andere halten dafür, daß es die Stamm-Mutter des Altena-Berg-Brandenburgischen Geschlechtes sei, welche sich in den Räumen der alten Wohnung zeige, wenn irgend ihrem Haus ein glückliches oder unglückliches Verhängnis nahe. Diese Ahnfrau soll aus dem Geschlecht der Schwanenjungfrauen gewesen sein, und nach ihr soll das Zimmer, wo sie am meisten erscheint, das Schwanenzimmer heißen.

Montanus, d. i. Vincenz von Zuccalmaglio (1806–1876)

DIE KUNSTKATZE ZU DÜSSELDORF

O Deutscher ohne Vaterland!
O Vogel ohne Nest!
O Träumer an der Klippe Rand
Wie war dein Schlaf so fest!

Der Kurfürst Johann Wilhelm zu Düsseldorf konnte die Franzosen nicht leiden. Sie hatten es ihm auch darnach gemacht, hatten ihm sein schönes Schloß zu Heidelberg und sein ganzes Pfälzerland mit einer Grausamkeit verwüstet, die in der abendländischen Geschichte nicht ihres Gleichen hat. Die Frau Kurfürstin aber war den Franzosen hold und lobte ihre feinen Manieren. Ihr Gemahl pflegte zu sagen: »Spitzbuben und Räuber sind sie von Natur, und die Natur geht über die Lehr'«. Da wollte die durchlauchte Frau ihm an ihrer Kunstkatze beweisen, daß man die Natur durch die Lehr' bemeistern könnte. Sie hatte nämlich eine Katze, die stand Schildwacht wie ein Grenadier und hielt das Licht, wenn sie den Abendsegen las. Das Tier machte überhaupt Künste, daß es zu verwundern war, und darauf berief sich die Frau, als sie mit ihrem Gemahl über die Franzosen zankte. Der dachte, er wolle ihr seine Ansicht handgreiflich machen. Als die Katze auch einmal das Licht hielt, da hatte der Kurfürst eine Maus mitgebracht. Die ließ er aus dem Ärmel springen und über den Tisch laufen. Als die Katze die Maus sieht, da läßt sie das Licht fallen und springt der Maus nach. Da hatte der Gemahl gewonnen und das Lachen war an ihm. Die Kurfürstin mußte die Wahrheit des Spruchwortes anerkennen, daß die Natur über die Lehr' geht.

Joachim Ringelnatz (1883–1934)

RHEINKÄHNE

Den Rhein durchgleiten die großen
Kähne. Breit und flach.
Es sitzen zwei Badehosen
Auf dem hintersten Dach.

In diesen Hosen stecken
Zwei Männer, nackt und braun.
Die lieben das Tempo der Schnecken
Und schimpfen auf ihre Fraun.
Und mustern die fremden Weiber,
Die strandlängs promenieren.

Glauben doch oft nackte Leiber,
Daß sie an sich imponieren.
Wie ausgetretene Schuhe
Sind diese Kähne. Hat jeder Kahn
Solch friedlich häusliche Ruhe,
Hat keiner das Getue
Der preußischen Eisenbahn.

In jedem Kinderwagen
Am Strande rollt ein Kind.
Keins dieser Kinder wird fragen,
Was Schleppkähne sind.

Wilhelm Heinrich Riehl (1823–1897)

KREFELD

Krefeld gehörte zur Grafschaft Moers, welche im Jahr 1600 an das Haus Oranien-Nassau fiel. Schon dadurch ward die Stadt Holland nahe gerückt; die Oranier übten als Grafen von Moers jene Toleranz, welche sie als Erbstatthalter von Holland nachgerade üben gelernt hatten, Krefeld wurde eine Zufluchtsstätte der in Jülich und Berg verfolgten Reformierten, Mennoniten und Separatisten und erwuchs im siebzehnten Jahrhundert zu einem gewerbsfleißigen Flecken, im achtzehnten unter preußischer Herrschaft zu einer Industriestadt von sechstausend, im neunzehnten von fünfzigtausend Einwohnern. Aber nicht bloß durch das alte bunte Gemisch von anderswo unterdrückten Bekenntnissen erinnert Krefeld an holländische Städte, sondern auch durch den Umstand, daß das Gedeihen seiner Manufakturen, keineswegs von der Örtlichkeit begünstigt, nur durch den zähen Fleiß des Volkes der widerstrebenden Lage abgerungen werden konnte.

Ann Radcliffe (1764–1823)

DIE STADT RUHRORT IST KLEIN*

Im Herzogtum Kleve bildet die Mündung der Ruhr in den Rhein einen kleinen Hafen, wo die Schiffe anlegen müssen, um preußische Paßgebühren zu zahlen. Die Stadt Ruhrort ist klein, macht aber einen emsigen Eindruck, denn es gibt hier eine Werft für Rheinschiffe, und so hat es etwas von jener Lebhaftigkeit, die alle Städte auszeichnet, die aus einem wirklichen Bedürfnis entstanden und nicht einfach dahinleben müssen, weil sie nun eben einmal gegründet worden sind.

Caesarius von Heisterbach (um 1180–nach 1240)

WIE EINE WITWE IHR HAUS GEGEN DAS FEUER SCHÜTZTE

Im Kölner Bistum, in der kaiserlichen Stadt Duisburg, pflegte eine Witwe Bier zu brauen und zu verkaufen. Als einst die Stadt durch Zufall in Brand geriet und das Feuer ihrem Haus nahte, nahm jene, die nicht mehr auf menschliche Hilfe hoffte, zu der göttlichen ihre Zuflucht. Sie stellte alle ihre Gefäße, worin sie den Käufern das Bier abzumessen pflegte, vor die Tür des Hauses gegen die Flammen und betete in großer Einfalt ihres Herzens so: »Gerechter und barmherziger Herrgott, wenn ich je einen Menschen mit diesen Maßen betrogen habe, so will ich, daß dieses Haus verbrenne. Habe ich aber getan, was recht ist in deinen Augen, so bitte ich bei deiner Gerechtigkeit, daß du in dieser Stunde gnädig meine Not bedenkst und mich und meinen Hausrat verschonst.« Wunderbarer Glaube des Weibes, wunderbare Demut Gottes! Er, der gesagt hat: »Mit welchem Maße ihr gemessen habt, damit soll euch gemessen werden«, hielt die Flammen, die alles ringsum verzehrten, von ihrem Haus ab, so daß alle staunten, wie das wütende Feuer den brennbaren Stoff beleckte und nicht entzündete.

Arnold Buchelius (1565–1641)

IN DUISBURG*

Gegen Abend kamen wir durch den ungeheuer großen Duisburger Wald nach Duisburg und stiegen in der Krone am Markt ab. Es ist eine mittelgroße Stadt, früher die Hauptstadt der Franken, jetzt Freistadt unter dem Schutz des Klevers. Eine kleine Anhöhe in der Nähe der Kirche heißt noch heute Burg (burcht). Dort soll früher

die Burg gestanden haben, wie es auch Ruinen anzudeuten scheinen. An der Stelle steht heute eine früher dem Erlöser geweihte Kirche, dessen Bild eine sehr abergläubige Verehrung genoß. Daher soll vor vierzig Jahren der Prediger Johannes, als er reformieren wollte und sah, wie das mitten in der Kirche stehende Bild vom Volk mit vielen Weihgeschenken verehrt wurde, mit leichter Verspottung der Leute gesagt haben: »Also aus Dankbarkeit tut Ihr dies, meine Zuhörer, weil seine Eltern und Brüder so vielen von Euch Jahr für Jahr die Schweine mästen.« Damit wollte er andeuten, daß das Holz aus dem Duisburger Wald stammte. Ich sah es auf dem Turm, wo es zu einer Bank hergerichtet war. Von diesem ziemlich hohen Turm sah ich bei klarem Wetter Moers, Ruhrort, Wesel, Dinslaken, Xanten, Rheinberg, Kaiserswerth, Düsseldorf, Fürstenberg und die Kamillenschanze.
Zwei Steinwürfe von der Stadt fließt die Ruhr, ein reißender, wasser- und fischreicher Fluß, der plötzlich bis zu 14 oder 15 Fuß anzuschwellen und die ganze Stadt zu überschwemmen pflegt, nicht ohne Schaden für die Bürger. Ich wundere mich, daß man noch keine Abhilfe gegen die Überflutungen gefunden hat, was doch leicht möglich sein sollte. Die Einwohner erzählten, der Rhein sei früher hier geflossen, und der Weinhandel habe geblüht, was Mollerus bestätigt.

Friedrich Adolph Wilhelm Diesterweg (1790–1866)

MOERS UND NEUKIRCHEN*

Moers (Meurs oder Moeurs) liegt eine Stunde vom Rhein entfernt an dem Flüßchen Mörse. Die Stadt hat gegen zweitausend, meist evangelische Einwohner. Ehemals war sie von Morästen umgeben; daher vielleicht der Name. Noch früher floß wahrscheinlich ein Arm des Rheins an ihr vorbei. Bis zum Jahre 1764, nach

dem siebenjährigen Krieg, war sie eine Festung, mit Wällen und Gräben umgeben und mit einem festen Kastelle, der Wohnung des Kommandanten versehen. In dem eben genannten Jahr wurden die Festungswerke geschleift, die Wälle abgetragen und die Gräben nach und nach zugeworfen. Nur ein kleiner Teil des Kastells blieb stehen, und der jetzt die Stadt umziehende Graben rührt von alten Zeiten her; der denselben umgebende Damm ist aber neuern Ursprungs, um die Stadt gegen die Überschwemmungen des Rheins zu schützen. Die Stadt Moers war früher die Hauptstadt der Grafschaft, späterhin des Fürstentums Moers. Sie hatte ihre eigenen Grafen, die Grafen von Moers und Nienaar (Nienaar liegt an der Aar, die oberhalb Bonn in den Rhein fällt). Später besaßen die Fürsten von Nassau-Oranien die Grafschaft, bis dieselbe im Anfang des achtzehnten Jahrhunderts an die Krone Preußen fiel.
Im spanischen Erbfolge-Krieg wurde die Stadt, in welcher ein Niederländer kommandierte, von den Preußen erobert. Die Soldaten hielten sich im Vinnbusch versteckt, rückten an einem stark nebligen Morgen still gegen die Festung an, schifften teils in ledernen Nachen über die Gräben, theils schwammen sie hindurch, und überraschten auf diese Weise den Festungskommandanten (in Schlafrock und Pantoffeln). Lächelnd ritt der General der Preußen abends wieder zum Tor hinaus. Der in dem niederländischen Freiheitskrieg berühmt gewordene Graf Egmont hat das Kastell in Moers bewohnt.
Großer Aberglauben scheint in der Grafschaft Moers lange geherrscht zu haben. Noch im Jahre 1668 wurde in dem Dorf Neukirchen, dreiviertel Stunden von Moers, von dem evangelischen Pfarrer Johann Fabricius eine wirkliche Teufelsbeschwörung für nötig erachtet.

Joseph Nießen (1864–1933)

DIE ST. ANNA-KAPELLE VON RHEINBERG*

Auf dem westlich von Rheinberg gelegenen Hügel, Anna-Berg genannt, wo bei der Belagerung von Rheinberg der Prinz Heinrich von Oranien sein Hauptquartier aufgeschlagen hatte, lag eine kleine Kapelle. Dort suchten nach der Eroberung der Stadt durch die Holländer im Jahre 1633 die vom Gouverneur ausgewiesenen Frauen und Kinder der spanischen und Brabanter Gefangenen häufig Trost im Gebet. Ihre Wohnungen hatten sie in den der Kapelle nahe gelegenen Häuschen und Hütten aufgeschlagen, um so in der Nähe der ihrigen zu sein, deren drohendes Schicksal sie mit Bangen erfüllte. Auch am 31. August 1633 hatten sie sich zum Gebet in der Kapelle eingefunden. Die Sonne war längst untergegangen. Tiefe Stille, die nur durch das Wehklagen der Unglücklichen unterbrochen wurde, herrschte ringsumher. Da zog ein dunkler Haufen durch das Feld nach der Kapelle und stürzte mit wildem Geschrei den Hügel hinan. Jetzt erst bemerkten die Unglücklichen die Gefahr und suchten zu entfliehen; sie wurden aber vor der Tür ergriffen und niedergestoßen. Andere, die die Tür schlossen und Widerstand leisten wollten, wurden leicht überwältigt. Vor dem Altar der Kapelle knieten die Frau des Hauptmannes Sammora und ihre beiden Kinder. Auf diese stürzten sich die Unmenschen, schleppten sie an den Haaren weg, warfen die Leichen den Hügel hinab, zerstörten den Altar und steckten die Kapelle in Brand. Dann zog der wilde Haufen von dannen. Nur ein unbeachtetes Kreuz war stehengeblieben und bezeichnete die Stelle, wo die Mörder gewütet hatten. Aber die Vorsehung waltet! Den, der den Mord befohlen und geleitet hatte, ereilte die Vergeltung. Als er auf dem Todesbett lag, da mag das Bild jener Schreckensnacht ihm lebhaft vor die Seele getreten sein, da packte ihn die Reue und er trug in seinem Testament den Erben auf, zur Sühne für seine böse Tat auf jenem Hügel bei Rheinberg eine neue Kapelle zu bauen. Doch der Wille des Sterbenden wurde von den Erben nicht beachtet. Erst nach langen Jahren entschloß sich einer seiner Nachkommen, dem das Testament durch Zufall zu Gesicht kam, die Pflicht, die ein gewissenloser Erbe zu erfüllen unterlassen hatte, an dessen Statt zu erfüllen, und er erteilte dem damaligen Bürgermeister Johann Gatzweiler den Auftrag, den Bau auszuführen, indem er ihm das nötige Geld einschickte, bereitwillig und mit Freude unterzog sich der Bürgermeister diesem Auftrag. So erhob sich wieder auf dem grünen Hügel das Kirchlein, wie es heute noch friedlich durch die grünen Tannen blickt und zum Gebet und zur Andacht einzuladen scheint. Zu verschiedenen Zeiten des Jahres, besonders aber am Allerseelentag, wandern fromme Beter dahin, um der heiligen Messe beizuwohnen, die Trostworte des Priesters zu hören oder an den umliegenden Gräbern der Lieben, die da ruhen, in Andacht zu gedenken.

Heinrich Heine (1797–1856)

DIE WALLFAHRT NACH KEVELAAR

Am Fenster stand die Mutter,
Im Bette lag der Sohn.
»Willst du nicht aufstehn, Wilhelm,
Zu schaun die Prozession?«

»Ich bin so krank, o Mutter,
Daß ich nicht hör' noch seh';
Ich denk' an das tote Gretchen,
Da tut das Herz mir weh.«

»Steh auf, wir wollen nach Kevelaar,
Nimm Buch und Rosenkranz;

Die Mutter Gottes heilt dir
Dein krankes Herze ganz.«

Es flattern die Kirchenfahnen,
Es singt im Kirchenton;
Das ist zu Köln am Rheine,
Da geht die Prozession.

Die Mutter folgt der Menge.
Den Sohn, den führet sie,
Sie singen beide im Chore:
»Gelobt seist du, Marie!«

*

Die Mutter Gottes zu Kevelaar
Trägt heut ihr bestes Kleid;
Heut hat sie viel zu schaffen,
Es kommen viel kranke Leut'.

Die kranken Leute bringen
Ihr dar als Opferspend'
Aus Wachs gebildete Glieder,
Viel wächserne Füß' und Händ'.

Und wer eine Wachshand opfert,
Dem heilt an der Hand die Wund';
Und wer einen Wachsfuß opfert,
Dem wird der Fuß gesund.

Nach Kevelaar ging mancher auf Krücken,
Der jetzo tanzt auf dem Seil,
Gar mancher spielt jetzt die Bratsche,
Dem dort kein Finger war heil.

Die Mutter nahm ein Wachslicht
Und bildete draus ein Herz.
»Bring das der Mutter Gottes,
Dann heilt sie deinen Schmerz.«

Der Sohn nahm seufzend das Wachsherz,
Ging seufzend zum Heiligenbild;
Die Träne quillt aus dem Auge,
Das Wort aus dem Herzen quillt:

»Du Hochgebenedeite,
Du reine Gottesmagd,
Du Königin des Himmels,
Dir sei mein Leid geklagt!

Ich wohnte mit meiner Mutter
Zu Köllen in der Stadt,
Die Stadt, die viele hundert
Kapellen und Kirchen hat.

Und neben uns wohnte Gretchen,
Doch die ist tot jetz und –
Marie, dir bring ich ein Wachsherz,
Heil du meine Herzenswund'.

Heil du mein krankes Herze,
Ich will auch spät und früh
Inbrünstiglich beten und singen:
Gelobt seist du, Marie!«

*

Der kranke Sohn und die Mutter,
Die schliefen im Kämmerlein;

Da kam die Mutter Gottes
Ganz leise geschritten herein.

Sie beugte sich über den Kranken
Und legte ihre Hand
Ganz leise auf sein Herze
Und lächelte mild und schwand.

Die Mutter schaut alles im Traume
Und hat noch mehr geschaut;
Sie erwachte aus dem Schlummer,
Die Hunde bellten so laut.

Da lag dahingestrecket
Ihr Sohn, und der war tot;
Es spielt auf den bleichen Wangen
Das lichte Morgenrot.

Die Mutter faltet die Hände,
Ihr war, sie wußte nicht wie;
Andächtig sang sie leise:
»Gelobt seist du, Marie!«

Ann Radcliffe (1764–1823)

XANTEN IST EINE KLEINE STADT NAHE AM RHEIN*

Es war mondhell, und wir waren ungeduldig nach Xanten zu kommen, lange bevor uns der Kutscher in einem Mischmasch von Deutsch und Holländisch versichert hatte, daß wir gleich dort wären. Endlich schimmerten ein paar Lichter durch die Bäume, die uns die Stadt bisher verborgen hatten.

Xanten ist eine kleine Stadt nahe am Rhein, scheinbar nicht sehr wohlhabend, aber doch sauberer als die andern Orte ringsum. Mehrere enge Gassen öffnen sich zu einem weiten reizenden Marktplatz, in dessen Mitte eine alte aber kräftige Ulme ihre durch ein kreisrundes Geländer gestützten Zweige ausstreckt und so über ein paar Sitzbänken eine Laube bildet. An der Nordseite dieses Platzes steht eine Kathedrale, die von der einstigen größeren Bedeutung des Ortes zeugt; ein schöner Bau, der im Mondenlicht der Mittsommernacht einen wundervollen Anblick bot. Die nächtliche Stille wurde nur vom Geläut des benachbarten Klosters, das die Mönche zum Gebet rief, und dem Flüstern des alten Baumes unterbrochen.

Unsere Wirtsleute waren außerordentlich eifrig und zuvorkommend; besonders der Wirt war spaßig in seinem Stolz auf seine französischen Redekünste und auf seine Geschicklichkeit. Er empfing uns humorvoll und diensteifrig und meinte, da Monsieur ein Anglais sei, so möchte wohl sein »Vin extraordinaire« für ihn eine Überraschung sein, zumal doch die Holländer allen Rheinwein verfälschten, bevor sie ihn hinüber nach England schickten. Sein Haus sei ja nichts besonders Feines, denn dazu fehle es ihm an Geldmitteln; dafür habe er aber einen vortrefflichen Koch, sonst würden die Herren vom Domkapitel wohl kaum jeden Tag bei ihm speisen und dabei so dick werden.

Martin Boelitz (1874–1918)

MEIN WESEL

Morgens um acht Uhr müßt ihr's sehn,
Wenn die Mädel zur Schule gehen,
Wie das vorbeidrängt mit Lärmen und Hasten,
Arbeiter, Bauern, Gymnasiasten,

Und auf dem Markt, das nenn' ich Glück,
Hurra, die Regimentsmusik.
Das blinkt und glitzert im Sonnenschein,
Die liebe Jugend hinterdrein,
Und bis zum Tor im strammen Tritt
Zieht stolz die kleine Garde mit.

Ich kenne wohl and're Heimatstädte,
Keine doch, die ich lieber hätte,
Keine, die in der Rosenzeit
So voll tiefheimlicher Seligkeit.
Ihr lächelt und wollt mich nicht verstehn?
Kommt, wenn die Mädel zur Schule gehen.

Thomas Coryate (1577–1617)

ICH ERREICHTE REES IM KLEVER LAND*

Ich erreichte Rees im Klever Land gegen sieben Uhr abends. Unsere Ankunft war bemerkenswert, denn man hatte die Tore bereits geschlossen. Wir wandten alle erdenklichen Mittel an, um Einlaß zu erhalten, der uns mit Ausdauer verweigert wurde. So begaben wir uns auf eines der Schiffe am Ufer, entschlossen, uns auf den harten Brettern ein Nachtlager zurechtzumachen. Ich bemühte mich, meine Gefährten, so gut es nur ging, mit tröstlichen Sprüchen zu erheitern, und ich führte ein paar Stellen aus Vergil an, die auf Geduld im Leiden Bezug haben. Zu guter Letzt wurde der Bürgermeister von Rees von einem gewissen Mitgefühl für unsere mißliche Lage gerührt. Vielleicht hatte er selbst einmal ähnlich bittere Pillen eines widrigen Schicksals schlucken müssen, und den denkwürdigen Worten gemäß, die Dido zu Aeneas sprach: »Non ignara mali miseris succurrere disco« war er nun gewillt, die Tore zu öffnen. Doch schickte er zuerst zwei Soldaten mit geladenen Musketen und dem Befehl herauszufinden, wer wir eigentlich waren. Nachdem sie uns gründlich ausgefragt hatten, erwiesen sie sich sehr zuvorkommend, und sie zeigten uns den Weg zu unserem Gasthof. Das behagte uns sehr, denn wir waren alle sehr mitgenommen und elendiglich kalt, ich wenigstens war fast bereit, meinen Geist vor Kälte aufzugeben. Als wir zu unserer Herberge kamen, wurden wir mit allem, was notleidenden Reisenden nur angenehm sein kann, auf das beste versorgt. Die Stadt Rees gehört dem Herzog von Kleve und bekennt sich wie er zum papistischen Glauben. Sie hat nur eine Kirche, in der ich eine Unmenge von Statuen und Heiligenbildern sah, unter anderem eine Darstellung des heiligen Christopherus und eine des heiligen Georg von Kappadokien, wie er den Drachen tötet und die hoheitsvolle ägyptische Königstochter befreit. Auf dem Friedhof fand ich Gruppen von Kreuzen, die man auf den Gräbern errichtet hatte und auf denen die Namen der Begrabenen und das Jahr des Herrn, in dem sie verstorben waren, vermerkt sind. Dies ist eine Sitte, die auch in Holland sehr gebräuchlich ist.

Der Marktplatz der Stadt ist sehr groß und schön. Er ist zweihundertsechsundzwanzig Schritte lang und fünfundfünfzig Schritte breit, ich habe ihn abgeschritten. Zwei seiner Seiten sind von Backsteinhäusern eingenommen, die in der Art deutscher Häuser in anderen Städten und Dörfern rundherum mit Zinnen verziert sind, doch hatten sie hier nicht halb so viele Luken in ihren Dächern wie in Oberdeutschland. Ich wurde hier mit einem Brauch bekannt, den ich sonst noch nirgendwo in Deutschland angetroffen hatte, doch der, wie man mir sagte, in den Niederlanden sehr verbreitet ist. Während der ganzen Nacht wanderte ein Mann durch die Straßen der Stadt und blies stündlich in ein Horn. Er sagt die Stunde auch am Tag an, doch macht er dann nicht die Runde durch die Gassen, sondern er läßt einen Trompetenruf aus einem der Fenster des Kirchturms ertönen. Dies ist eine ständige Gepflogenheit, und die Stadt bezahlt dem Mann, der dieses Amt ausübt, ein jährliches Gehalt.

Ich blieb den ganzen Freitag, den 23. September, in Rees, denn das Wetter war so stürmisch und der Rhein so bewegt, daß man sich nur unter großer Gefahr auf ihn hinauswagen konnte. Doch am 24. September, am Samstag, fuhr ich um sechs Uhr morgens ab und kam schon um neun Uhr nach Emmerich, einer schönen Stadt im Klever Land, die nur sechs Meilen entfernt ist.

Jakob Nover (1845–1928)

DIE PERLE DES NIEDERRHEINS: KLEVE

An den Höhen des Schloß-, Hei- und Kirchbergs amphitheatralisch sich erhebend, liegt Kleve auf einem üppigen Wiesengrund in malerischer Umgebung; so daß es wohl die »Perle des Niederrheins« genannt zu werden verdient. Ein mildes Klima, eine reine gesunde Luft beglücken die Einwohner und führen sie einem hohen Alter entgegen. Oft weht zwar ein mehr als frischer Wind über die offen liegende Landschaft, doch man macht ihn sich dienstbar und läßt ihn die langen Arme vieler Windmühlen drehen. Daher heißt es von Kleve mit Recht:

»Hier ist die Luft gesund; hier lebt man von dem Wind;
Hier bleibt man lange frisch und stirbt nicht so geschwind.«

Kleve war einst die Hauptstadt des geschichtlich berühmten gleichnamigen Herzogtums, jetzt ist es der Hauptort des nach ihm benannten Kreises mit zweiundzwanzigtausend Einwohnern: Sind auch die Straßen zum Teil wegen der bergigen Lage steil und abschüssig, so wandert man doch gern im Innern der gefällig gebauten Stadt umher, die durch ihr schmuckes, freundliches Aussehen schon die Nähe holländischer Reinlichkeit anzeigt. Stolz überragt die Stadt der alte Schwanenturm, und auf dem nahen Mühlberg schwingt eine Windmühle ihre riesigen Flügel. Nur wenige Mauerreste erinnern daran, daß Kleve einst eine Festung war. Noch sind die Namen der früheren Festungstore erhalten. Auf dem Mitteltor soll eine Glocke gehangen haben, die nur bei Feuersbrünsten, Hinrichtungen und Aufruhren geläutet wurde, und zwar nur »met verdriet«, d. h. »mit Verdruß«; sie hieß nach einer Inschrift: »Boose gramme Griet«. Von öffentlichen Plätzen verdient nur der Marktplatz Erwähnung, der einst ein Waffenplatz gewesen sein und durch einen unterirdischen Gang mit der Schwanenburg zusammengehangen haben soll.

F. J. Kiefer (Lebensdaten unbekannt)

DER SCHWANENRITTER

Die junge Gräfin von Kleve war tief betrübt und in großer Not. Einer ihrer Vasallen, ein verwegener, trotziger Gesell, hatte sich nicht nur erfrecht, ihr den Gehorsam aufzukündigen, er hatte sich auch zum Herrn ihres Schlosses und ihrer Freiheit gemacht, ja er verlangte sogar ihre Hand und damit die Herrschaft ihres Landes. Sie sah kein Mittel, sich von dem rebellischen Untertan zu retten; denn kein Ritter ihres Landes wollte es wagen, den Fehdehandschuh einem Gegner hinzuwerfen, von dessen Kampffertigkeit, Riesengestalt und Stärke sich kein glücklicher Ausgang erhoffen ließ. Unablässig richtete die hart bedrängte fromme Frau ihre inbrünstigen Gebete zum Himmel, daß ein Helfer in ihrer Not erscheine und das Herz eines Kämpfers erweckt werden möge, für ihr gutes Recht zu streiten und sie von dem lästigen, zudringlichen Vasallen zu befreien.

An ihrem Rosenkranz soll der Sage nach ein Silberglöcklein gehangen haben mit der wunderbaren Eigenschaft, daß der leise Ton desselben in der Ferne, jedoch nur in bestimmter Richtung, an

Kraft und Klang gewann, und so soll ein ferner König ihn vernommen haben, gleich einem Hilferuf und der Aufforderung, Beistand für die unterdrückte Unschuld den Rhein hinaufzusenden. Diese vielleicht aus einem Traumgebilde herstammende Anforderung betrachtete der König als eine Gelegenheit zu einem Abenteuer für seinen einzigen Sohn, und es wurde von diesem mit der Begierde aufgenommen, mit der die edleren Ritter der Vorzeit jede Veranlassung ergriffen, den Schwächeren und namentlich den Frauen schützenden Arm zu leihen.
Ein Schwan erschien auf den Wellen des Stroms; an einer goldenen Kette zog er einen Kahn und legte sich, als fordere er zu dessen Benutzung auf, an das Ufer, von wo der Königssohn verlangend oft in die geheimnisvolle Ferne schaute. Dem Jüngling schien das ein offener Wink und Befehl der höheren Mächte, die Barke zu besteigen, und kaum war dies geschehen, so fuhr der Schwan den Rhein hinauf und entschwand den Blicken des staunenden Königs.
Zu Kleve war indes der Tag erschienen, den der Rebell zur Vermählung mit der Gräfin bestimmt hatte, und sie konnte diesem Schicksal nicht entgehen, wenn sich kein Ritter fand, kühn genug, den Bösewicht zum Kampf auf Leben und Tod zu fordern.
Da sah die Geängstigte, die sich eben zum Fest schmücken sollte, die sich schon verloren glaubte, aus den Fenstern ihres hohen Schlosses einen Schwan den Fluß herauf einen Kahn ziehen, in welchem ein schlafender junger Ritter lag. Sogleich erinnerte sie sich, daß ihr von einer frommen Nonne prophezeit worden war, es werde ein schlafender Jüngling sie einst aus großer Not erretten; und freudig überrascht, staunte sie das Wunder an, als der schöne Fremdling erwachte, ans Ufer stieg und der Schwan, gleich darauf zurückkehrend, ihren Blicken entschwand.
Gerade zum Schloß hin lenkte der Ritter seinen Schritt, ließ sich vor der Gräfin auf ein Knie nieder und erbat sich die Gunst, mit ihrem Feind um ihren Besitz zu kämpfen. Freudig nahm die Jungfrau dies Anerbieten an, und sofort wurde auf des Schlosses weitem Hof das Gottesgericht anberaumt.

Wütend, einem grimmigen Eber gleich, griff der stolze Vasall den fremden Kämpen an. Manches teilnehmende, der unglücklichen Frau zugetane Herz mochte ängstlich schlagen bei diesem anscheinend so unglücklichen Streit, in dem der zwar gewandte und kräftige, jedoch seinem gewaltigen Gegner an Körpergröße nicht gleichkommende Jüngling unterliegen zu müssen schien.

Aber die gerechte Sache siegte; von des tapferen Fremdlings scharfem Schwert schwer getroffen, sank der Frevler tot darnieder, und unter lautem Frohlocken der Menge kniete sodann der Sieger vor der glücklich Erretteten. Mit Blicken innigster Liebe sprach sie ihm ihren Dank aus; aber nicht nur mit Worten belohnte sie den Helden; denn nach wenigen Wochen schon führte der Hochbeglückte die Gräfin zum Altar, das feste Band der Ehe mit ihr zu knüpfen.

Nicht leicht konnte ein liebendes Weib glücklicher sein, als es die Gräfin mit ihrem Gatten war, der mit der aufrichtigsten Treue ihre Zärtlichkeit erwiderte.

Nur eins trübte die Seligkeit im Herzen der Gräfin: weder sie noch jemand wußte nämlich, woher der Ritter gekommen und welches sein Geschlecht sei. Ehe er sich mit ihr verbunden, hatte sie ihm die heiligste Versicherung geben müssen, daß sie ihn niemals um Heimat und Namen befragen werde; denn an diese Frage, so hatte er ihr warnungsvoll bedeutet, sei sein Geschick geknüpft, und tue sie dieselbe, so müsse er auf immer scheiden.

Die Gräfin hatte gelobt, sich seinen Wünschen zu fügen, und es vergingen Jahre ohne Störung ihres Glücks, vielmehr wurde es durch das Heranblühen dreier Söhne erhöht, die eine Zierde der Ritterschaft zu werden versprachen.

Aber je herrlicher und kräftiger die Knaben heranwuchsen, desto mehr nagte es endlich der Mutter am Herzen, daß sie sich nicht des Vaternamens freuen sollten, des Namens eines Vaters, der doch wohl von hoher Abkunft war. Einstmals daher, als sie ihrem Herzensdrang nicht mehr widerstehen konnte, beschwor sie den Gatten, seine Söhne nun nicht länger ohne väterlichen Namen zu lassen, den ja doch der Geringste im Volk von seinem Vater erbe, und

nicht abzuwarten, daß sie dereinst wohl gar als Bastarde angesehen und verhöhnt würden. Woher er sei und wie er heiße, möge er darum nicht länger verschweigen.
Bleich und entsetzt vernahm er ihre Worte, dann rief er aufs schmerzlichste bewegt: »Wehe dir, unglückliche Mutter, was hast du getan! Unser aller Glück zerstörst du mit deinen Worten! Von dieser Stunde an muß ich dich verlassen, um nie zurückzukehren.«
Dann ließ er sein Silberhorn ertönen nach dem Gewässer hinaus, und weithin schallte es durch die Nacht. Siehe, mit anbrechender Morgenröte zeigte sich der Schwan, die Wellen heraufschwimmend; doch nicht heilbringend wie damals. Hinein in den Nachen stieg der Gatte, der Vater, vor den Augen der schreckerfüllten, erstarrten Gräfin, und abwärts, von wo er gekommen war, zog der mächtige Schwan, und nie mehr wurde er gesehen.
Der Tod raffte bald hernach die verlassene Frau in ihrem Gram dahin; ihre Söhne aber wurden Stammherren edler Geschlechter, die alle bis auf diesen Tag den Schwan im Wappen führen.

Johann Wolfgang von Goethe (1749–1832)

JOHANNA SEBUS

Zum Andenken der siebzehnjährigen, Schönen, Guten, aus dem Dorf Brienen, die am 13. Januar 1809 bei dem Eisgang des Rheins und dem großen Bruch des Dammes von Kleverham, Hülfe reichend, unterging.

Der Damm zerreißt, das Feld erbraust,
Die Fluten spülen, die Fläche saust.

»Ich trage dich, Mutter, durch die Flut,
Noch reicht sie nicht hoch, ich wate gut.« –

»Auch uns bedenke, bedrängt wir sind,
Die Hausgenossin, drei arme Kind!
Die schwache Frau! … Du gehst davon!« –
Sie trägt die Mutter durchs Wasser schon.
»Zum Bühle da rettet euch! harret derweil;
Gleich kehr ich zurück, uns allen ist Heil.
Zum Bühl ist's noch trocken und wenige Schritt;
Doch nehmt auch mir meine Ziege mit!«

Der Damm zerschmilzt, das Feld erbraust,
Die Fluten wühlen, die Fläche saust.

Sie setzt die Mutter auf sicheres Land;
Schön Suschen, gleich wieder zur Flut gewandt.
»Wohin, wohin, die Breite schwoll;
Des Wassers ist hüben und drüben voll.
Verwegen ins Tiefe willst du hinein!« –
»Sie sollen und müssen gerettet sein.«

Der Damm verschwindet, die Welle braust,
Eine Meereswoge, sie schwankt und saust.

Schön Suschen schreitet gewohnten Steg,
Umströmt auch gleitet sie nicht vom Weg,
Erreicht den Bühl und die Nachbarin;
Doch der und den Kindern kein Gewinn!

Der Damm verschwand, ein Meer erbraust's,
Den kleinen Hügel im Kreis umsaust's.

Da gähnet und wirbelt der schäumende Schlund
Und ziehet die Frau mit den Kindern zu Grund;
Das Horn der Ziege erfaßt das Ein',
So sollen sie alle verloren sein!

Schön Suschen steht noch strack und gut:
Wer rettet das junge, das edelste Blut!
Schön Suschen steht noch wie ein Stern,
Doch alle Werber sind alle fern.
Rings um sie her ist Wasserbahn,
Kein Schifflein schwimmet zu ihr heran.
Noch einmal blickt sie zum Himmel hinauf,
Da nehmen die schmeichelnden Fluten sie auf.

Kein Damm, kein Feld! nur hier und dort
Bezeichnet ein Baum, ein Turm den Ort.

Bedeckt ist alles mit Wasserschwall;
Doch Suschens Bild schwebt überall.
Das Wasser sinkt, das Land erscheint
Und überall wird schön Suschen beweint. –
Und dem sei, wer's nicht singt und sagt,
Im Leben und Tod nicht nachgefragt!

Albrecht Dürer (1471–1528)

EMMERICH*

Ich fuhr gen Rees, danach gen Emrich. Zu Emrich hat ich still gelegen und verzehrt ein köstlich Mahl: drei Weißpfennig. Und ich hab da konterfeit einen Goldschmiedgesellen, den Peter Federmacher von Antwerpen, und ein Frauenbild. Und die Ursache des Stilliegens, das war, uns begriff gar ein großer Sturmwind. Mehr verzehrte ich noch 5 Weißpfennig und wechselte einen Gulden zur Zehrung. Auch konterfeite ich den Wirt.

Alois Messmer (1822–1857)

NUN NIMMT MAN VOM DEUTSCHEN GEBIET ABSCHIED*

Emmerich ist die letzte preußische also deutsche Stadt am Rhein; es hat noch eine schöne Lage und zeigt zwei schöne alte Kirchen. Nun nimmt man vom deutschen Gebiet Abschied; links und rechts winken noch zwei schöne Punkte Lebewohl; links Kleve, der Sitz der Schwanenburg und der Geburtsort einer der schönsten deutschen Sagen vom Schwanenritter; rechts die alte Abtei Elten vom Eltener Berg, einer ziemlich bedeutenden Anhöhe.

Friedrich Wilhelm Hackländer (1816–1877)

AUF INS RHEIN-DELTA*

Das Rheindelta breitet sich jetz unabsehbar vor unseren Blicken aus, während wir bei Emmerich, der freundlichen Rheinstadt, wo sich der Einfluß holländischen Wesens schon ganz besonders geltend macht, vorüberdampfen. Die Fähre mit ihren durch Ketten verbundenen Kähnen flutet in behaglicher Langsamkeit von einem Ufer zum andern und während wir am Ufer zahlreiche Schiffe sehen, deren Flaggen die holländischen Landesfarben zeigen, hören wir vom alten grauen Turm der Münsterkirche lustiges Glockenspiel wie ein fröhliches Willkommen der Niederlande. Doch wollen wir hier, an der äußersten Grenze des deutschen Vaterlandes, wo nur ein versumpftes Rheinstück – der halbvertrocknete Oude Rijn, alter Rhein – schon seinen Vorgschmack gibt, wie mit dem Namen des schönsten deutschen Flusses verfahren wurde, noch einen Blick zurückwerfen auf die vor unseren Augen verschwindende Stadt des Schwanenritters.

7. Das Delta

Lek, Waal und Oude Rijn

Das Ende dieses großen und schönen
Flusses selbst, der sich auch hierin so von
anderen Flüssen unterscheidet,
erfüllt das Gemüt mit einem herrlichen Gefühl.
Was könnte wohl dem Hinsterben
des vom Alter entkräfteten, hinfälligen Menschen
vollkommener gleichen, als dieses Verschwinden
des Rheines im Sand, nach so vieler Kraft,
Majestät und Pomp.

Aurelio de' Giorgi Bertola

Friedrich Wilhelm Hackländer (1816–1877)

WO DER RHEIN SEINEN SCHÖNEN NAMEN VERLIERT*

Wie schwer es auch dem guten Rhein geworden ist, die Länder seiner Heimat zu verlassen, könnten wir mit einiger Phantasie aus der unmutigen Schwenkung ableiten wollen, welche der Strom, der von seinen Quellen bis hierher in anmutigen Schlangenwindungen stets gegen Norden floß, nun auf einmal, als wolle er umkehren, scharf nach Westen macht, um hierauf, die Unmöglichkeit einer vollständigen Wendung einsehend, sich hoffnungslos in Flußfäden zu zerspalten und so sein Delta zu bilden, in welchem der eigentliche Rhein elend zu Grunde geht, seine lachenden Erben dagegen: Waal, Ijssel und Lek, frisch und fröhlich ins Meer gelangen. Doch muß diese plötzliche Wendung nach Westen, die wir auch an den Parallelflüssen des Rheins, der Maas und der Schelde, gerade im Gebiet dieser Niederungen bemerken, durch eine eigentümliche Gestaltung und Abdachung des Bodens im Urzustand dieser Länder hervorgebracht worden sein, vielleicht durch damals vorliegende Dünen oder höher angeschwemmtes Land, das jenen Strömen die so vollkommen veränderte Richtung anwies. Vielleicht haben schon die mühsamen Arbeiten in alten Zeiten, den Fluß zu dämmen und zu deichen und seinen fruchtbaren Schlamm in Poldern und Umzäunungen aufzufangen, mit darauf eingewirkt, seinen Lauf unsicher und veränderlich zu machen, so daß er, mannigfach gehindert und eingeengt, nicht nur hie und da kleine Arme aussandte, sondern auch für die Hauptmasse seines Wassers eine andere Rinne suchte und damit die frühere (in ähnlicher Art, wie wir weiter oben am Oude Rijn gesehen) versiegen und austrocknen ließ. Doch ist dieser sogenannte alte Rhein, wie uns Kohl in einem seiner trefflichen Reisewerke erzählt, zu Anfang des vorigen Jahrhunderts dadurch entstanden, daß man unterhalb Emmerich, wo sich seit Jahrhunderten die erste Hauptspaltung des Rheins in zwei

Arme, Waal und Rhein, befand, diese beiden Arme durch den Pannerden'schen Kanal trocken legte und somit auch wohl die Ursache war, daß derselbe hier seinen schönen Namen verlor.

Ludwig Bechstein (1801–1860)

»GELRE! GELRE!«

Im weiten offnen Land zwischen dem Rheinstrom und der Maas hauste zu Kaiser Karl des Kahlen Zeiten ein untümlicher Drache, der zehrte Menschen und Tiere auf, und wenn er Hunger hatte, so schrie er mit lauter gellender Stimme immerfort: »Gelre, Gelre!« Die Menschen wichen aus der Gegend hinweg, die doch schön und fruchtbar war, denn das Untier war unüberwindlich.

Nun saß in der Nähe ein Edler, Otto, Herr von Pont, der hatte drei Söhne, deren Ältester hieß Leupold, und dieser Leupold war ein tapferer junger Degen und hatte Mut, dem Ungetüm zu Leibe zu gehen. Er wappnete sich auf das beste und erkundete den Ort, wo der Drache hauste. Da ward ihm ein alter Birnbaum gewiesen, der voller Mistelpflanzen stand, und da dauerte es nicht lange, so hörte Herr Leupold den Drachen schon schreien: »Gelre, Gelre!« – »Harre nur«, dachte der junge Degen, »ich will dich schon begelren«, und rückte auf den Drachen zu. Dieser funkelte ihn mit feurigen Augen an, die wie Sterne blitzten, und sperrte seinen Rachen greulich auf und blies giftigen Atem daraus hervor, aber Herr Leupold stieß ihm seine Lanze hinein, daß am Hinterkopf die Spitze wieder hervordrang, und stach ihn mit dem Schwert in die Weichen und tötete ihn.

Voll Dankes priesen die Bewohner der Gegend des jungen Ritters Heldentat und ernannten ihn zu ihrem Oberherrn. Er erbaute sich darauf da, wo er den Drachen überwunden, ein Schloß und nannte das nach dem Drachenschrei Gelre. Daraus ist der Name Geldern entstanden, den die blühende Provinz noch heute führt.

Thomas Coryate (1577–1617)

DIE KAISERSTADT NIMWEGEN

Ich fuhr schon um zwölf Uhr mittags wieder ab und kam um drei Uhr nach Nimwegen, der Hauptstadt von Gelderland, die nur neun Meilen entfernt ist. Ich legte an diesem Tag nur fünfzehn Meilen zurück. Auf dem Weg von Emmerich nach Nimwegen sah ich Kleve, auf Latein Clivium, die Hauptstadt des Herzogtums Kleve. Es liegt sehr weit vom Rhein und scheint eine sehr schöne Stadt zu sein, von weitem prächtig anzusehen. Ich sah noch etwas ganz Besonderes, etwa sechs Meilen vor Nimwegen, eine Schanze auf einer Insel im Rhein, die Schenkenschanze heißt und die als die stärkste Schanze in Europa gilt. Sie gehört den Generalstaaten, und die kleine Insel, auf der sie steht, wurde durch die vortreffliche Erfindungsgabe eines Holländers, der Schenk hieß, in diese uneinnehmbare Festung verwandelt. Dieser Schenk ertrank später in der Waal, in der Nähe der Stadt Nimwegen. Die Schanze ist an einer Seite durch eine hölzerne Brücke mit dem Land verbunden. Ehe ich nun über die Stadt Nimwegen zu schreiben beginne, will ich zuerst noch ein wenig von dem Land erzählen, in dem sie steht. Es heißt lateinisch Geldria, doch der gewöhnliche holländische Name ist Gelderland, und es ist eine der siebzehn Provinzen der Niederlande und eine der acht Vereinigten Provinzen, die zu den Staaten gehört. Man sagt, daß die ganze Provinz so flach ist, daß kein Hügelchen von noch so geringer Bedeutung irgendwo zu sehen ist. Wiederum ist sie reich mit Bäumen bestanden, und ihr Boden wird für so fruchtbar erachtet, daß man fast alles auf ihm ernten kann, ausgenommen Wein. Für zwei Dinge ist diese Ebene besonders bemerkenswert, den Überfluß an Korn, den sie hervorbringt, und für ihre saftigen Wiesen und Weiden, auf denen das Vieh grast und so gut gedeiht und für die sie so berühmt ist, daß man magere Kühe von so weither wie Dänemark hierher auf die Weide schickt. Drei berühmte Flüsse bewässern sie, Rhein, Maas und Waal, und sie ist so reich bevölkert, daß man in ihr zweiundzwanzig umwallte Städte und an die dreihundert Dörfer zählt.

Die Stadt hat drei Namen, zwei lateinische, Neomagus und Noviomagus, und den volkstümlichen Nimwegen. Sie ist die Hauptstadt von Gelderland und so alt, daß sie schon fünfhundertzweiundachtzig Jahre vor der Geburt Christi von den alten Sigambriern erbaut wurde. Nimwegen steht an der Waal, einem der drei Mündungsarme des Rheins, mit denen er sich teils in die Nordsee, teils in die Maas ergießt. Kaiser Karl der Große fand an der Stadt so viel Gefallen, daß er hier oft hofhielt und auch einen prachtvollen Palast erbaute, der noch lange nach seinem Tod bestand, bis die wilden Normannen ihn mitsamt vielen anderen Gebäuden in der Stadt zur Zeit Kaiser Lothars II. zerstörten.

Die Straßen sind sehr gefällig, besonders eine unter allen, die von dem Tor an der Waal, am Eingang zur Stadt, hinauf zum Marktplatz führt, trotzdem sie uneben ist und ansteigt, bis man den Platz betritt. Ansehnliche Gebäude säumen sie an beiden Seiten, alle aus Ziegeln und mit Treppengiebeln in der niederdeutschen Art, die ich zuvor beschrieb. Auch der Marktplatz ist schön und weiträumig, ganz mit Ziegeln gepflastert und von stattlichen Häusern umrahmt. Nicht weit von hier befindet sich die Hauptkirche. Du gehst durch ein hübsches Kapellchen, ehe du den Kirchplatz betrittst, über dessen Tor diese beiden Sätze in goldenen Buchstaben stehen: »Concordia parvae res crescunt, discordia magnae dilabuntur« und »Beata civitas cujus Dominus spes ejus, 1606«. Die Kirche selbst ist ein sehr schönes Bauwerk und mit vielen prächtigen und großen Steintafeln an verschiedenen Stellen auf ihren Wänden bekleidet, auf denen Zitate aus der Heiligen Schrift in goldenen Lettern geschrieben stehen. Auch beherbergt sie eine große Orgel, auf der ein schwarzer Adler mit gespreizten Fittichen, das kaiserliche Wappen, angebracht ist, da die Stadt als kaiserlich betrachtet wird. Gleich neben der Kirche steht ein uraltes und prachtvolles Gebäude, das früher sicherlich einmal ein Ordenshaus war, doch das dann, wie man mir zu verstehen gab, in eine Schule umgewandelt wurde. Es weist an einer Seite, der Kirche zu, zehn Strebepfeiler auf, zwischen denen jedesmal, in einen lateinischen Vers gefaßt, eines der Zehn Gebote steht. Unter der Schule befindet sich ein Raum, der dem Aufspeichern von Munition vorbehalten ist. Das Prätorium oder besser Stadthaus, denn so nennt man das Senatshaus in den Städten der Niederlande, ist ein altehrwürdiger und majestätischer Bau und auf der Front mit schönen Figuren geschmückt.

An einer Seite der Stadt, in der Nähe des Uferdamms, bemerkte ich ein uraltes, aus Ziegeln erbautes Fort, das von einer mächtigen Ziegelmauer umgeben war. Die Stadt gehört dem Kaiser, obgleich sie wirklich heute mehr oder weniger dem Gebiet der Generalstaaten einverleibt ist. Sie entrichtet von allen kaiserlichen Städten den geringsten Tribut, nämlich nur einen Handschuh voll Schießpulver, der einem alten Brauch gemäß einmal im Jahr in die Stadt Aquisgranum, sonst Aachen genannt, entsandt wird. Die Religion der Stadt ist durchaus protestantisch. Nimwegen betreibt lebhaften Handelsverkehr, und unter seinen Bewohnern gibt es viele reiche Kaufleute. Als ich dort war, lag eine große Garnison von Soldaten in der Stadt, die für ihre ständige Bewachung und beim Ausbruch von Feindseligkeit zu ihrer Verteidigung bestimmt war. Sie bestand aus dreitausend Bewaffneten und war in zwanzig Kompanien von je hundertundfünfzig Mann eingeteilt, von denen drei aus Engländern rekrutiert waren.

In dieser Stadt wurde ein berühmter Gelehrter geboren, den ich, obgleich er ein Erzpapist war, seines umfassenden Wissens wegen nennen muß. Es war Petrus Canisius, der erste deutsche Jesuit, und wurde von Ignatius von Loyola selbst, diesem spanischen Soldaten und dem Gründer der Gesellschaft Jesu, zum Provinzial der deutschen Jesuiten ernannt. Er wirkte in Rom und Sizilien und an verschiedenen deutschen Universitäten, insbesondere in Ingolstadt, und war zuletzt öffentlicher Professor der Theologie in der schönen Stadt Freiburg in der Schweiz, wo er auch im Alter von siebenundsiebzig Jahren starb und wo er begraben ist. Soviel von Nimwegen.

Thomas Coryate (1577–1617)

GORINCHEM AN DER WAAL

Ich verließ Nimwegen um ungefähr acht Uhr morgens, am Sonntag, dem 25. September, und kam um sechs Uhr abends zu einer schönen Stadt in Holland, die an der Waal liegt und Gorinchem heißt. Hier muß ich noch etwas über den Rhein sagen, was ich noch nicht erwähnt habe. Wer immer auf dem langen Weg von Basel bis hierher und auch noch hier auf der Waal stromabwärts fährt, bezahlt auf allen Booten, Schiffen und Nachen nur einen geringen Preis, da die Reise schnell und mit Hilfe der Strömung leicht vonstatten geht. Wer jedoch den umgekehrten Weg kommt, muß viel mehr bezahlen, da alle Fahrzeuge mit Mühe und Schweiß von Pferden gezogen werden, die sich langsam gegen den Strom plagen müssen. An diesem Tag legte ich vierundzwanzig Meilen zurück. Zwischen Nimwegen und Gorinchem fuhr ich an zwei hübschen Städten vorbei, von denen die erste, zwölf Meilen hinter Nimwegen, Tiel heißt, und die zweite Bommel, sechs Meilen hinter Tiel. Dieses Bommel ist die am westlichsten gelegene Stadt in Gelderland und einer Sache wegen bemerkenswert. Ich sah eine dicke Kanonenkugel nahezu in der Spitze ihres Kirchturms stekken, welche der Feind im Jahre 1474 hineingefeuert hatte. Diese Jahreszahl hat man deutlich in großen Ziffern unter die Kugel gesetzt, so daß man sie gut von weitem sehen kann.

Von Bommel nach Gorinchem sind es noch sechs Meilen. Da diese Stadt Gorinchem in Holland liegt, will ich etwas über das Land schreiben, zu dem sie gehört. Es hieß früher Batavia, und seine Bewohner, die Batavier, welche von Caesar und Tacitus erwähnt werden, galten dazumal als ein borniertes und dummes Volk wie die Böotier bei den alten Griechen. Doch heutzutage verdienen sie wahrlich nicht, so eingeschätzt zu werden; denn sie sind ebenso erfinderisch, was handwerkliche Kunst anbetrifft, wie begabt, was die Wissenschaften anbelangt, was jeder, der unter ihnen gelebt hat, leicht wahrnehmen kann. Der Name Batavia war bis zum Jahre des Herrn 860 allgemein gebräuchlich. Um diese Zeit wurde ein großer Teil des Landes jedoch von einer so ungeheuren Überschwemmung heimgesucht, und die Wasserfluten durchwühlten und durchschwemmten das Innerste der Erde in solchem Maße, daß das Land (wie ein gelehrter Autor schreibt) hohl und schwammig verblieb. Deshalb wurde der alte Name Batavia in Holland umgewandelt, da es gleichsam ein hohles Land ist, denn »hol« in der flämischen Sprache bedeutet soviel wie unser Wort »hohl«.

Ich werde dieser Stadt mehr Unrecht zufügen als irgendeiner anderen bemerkenswerten Stadt in Deutschland, in der ich eine ganze Nacht verbrachte, einzig und allein, weil ich so wenig über sie sagen kann und viel von ihrer bewundernswerten Schönheit verborgen halten muß, da ich kaum Gelegenheit hatte, sie zu betrachten. Alles in der Stadt entzückte mich, und sobald ich eine ihrer Hauptstraßen betrat, war es mir, als ob ich plötzlich im thessalischen Tempe oder dem antiochischen Daphne angekommen wäre. Denn in der Tat, dies ist das anmutigste und bezauberndste kleine Städtchen in dieser Ebene dicht an der schiffbaren Waal.

Manche seiner Straßen zeichneten sich durch ihre große Länge und Breite aus und durch ihr schönes Pflaster aus Ziegeln mit denen sie alle in so köstlicher Weise kunstvoll ausgelegt sind, so daß jedermann gleich nach einem Regenschauer trockenen Fußes auf ihnen gehen kann. Die Gebäude sind alle aus Backsteinen, ansehnlich hoch und in den meisten Straßen von gewinnender Einheitlichkeit und alle mit den sich in Treppen aufbauenden Giebeln versehen. Diese schönen Häuser stimmen zu beiden Seiten der Straßenzüge miteinander überein, was dem Stadtbild zu bemerkenswertem Ansehen verhilft. Der Marktplatz ist sehr ausgedehnt und wie die Straßen ordentlich mit Ziegeln gepflastert. An ihm steht ein prächtiges Stadthaus mit einem schönen Türmchen, von dessen Spitze man an klaren Tagen, wie mir ein Herr von Ansehen glaubwürdig versicherte, zweiundzwanzig fest umwallte Städte sehen kann, sowie viele stattliche Dörfer und herrschaftliche Landsitze. In der Nähe einer Brücke lagen viele schöne Schiffe und Segelbarken vor Anker. An einem anderen Kai läuft ein mit Backsteinen gepflasterter Weg entlang, und an der Außenseite des Tores, das ihn abschließt, sah ich das aus Holz geschnitzte Brustbild eines Mannes. Diese Figur gebietet dem fremden Schiff Halt, da nur die Schiffe, die in dieser Stadt beheimatet sind, das Recht besitzen, diesen Punkt zu passieren. Die Religion dieser Stadt ist protestantisch, da sie zu den Generalstaaten gehört.

Friedrich Engels (1820–1895)

DIE HOLLÄNDISCHEN UFER DES RHEINS*

Wenn ich den religiösen Charakter der Gegenden festhalte, so sind die holländischen Landschaften wesentlich calvinistisch. Die totale Prosa, die Unmöglichkeit einer Vergeistigung, die auf einer holländischen Fernsicht lastet, der graue Himmel, der nun einmal einzig zu ihr paßt, alles das erweckt denselben Eindruck, den die unfehlbaren Beschlüsse der Dordrechter Synode in uns zurücklassen. Die Windmühlen, das einzig Bewegte in der Landschaft, erinnern an die Erwählten der Prädestination, die sich einzig und allein vom Hauch der göttlichen Fügung antreiben lassen; alles andere liegt im »Geistlichen Tod«. Und der Rhein, wie der strömende, lebendige Geist des Christentums, verliert in dieser dürren Orthodoxie seine befruchtende Kraft und muß ganz und gar versanden. So erscheinen, vom Rhein aus gesehen, seine holländischen Ufer; andre Teile des Landes sollen schöner sein, ich kenne sie nicht. –

Johann Wilhelm Wolf (1817–1855)

DIE ERSTE KIRCHE ZU DORDRECHT

Hier ist Gnade und Erbarmen,
Ew'ge Füll' und reiche Luft. –
All' ihr Kranken, all' ihr Armen,
Zum Genesen, zum Erbarmen
Kommt an eures Heilands Brust.

Nachdem das ganze Land um Dordrecht zum Christentum bekehrt war, wohnte in dieser Stadt ein ehrbares Mägdlein, welche Zuwaert (Sotheris) hieß. Diese gründete daselbst die erste Kirche und zwar mit nur drei Pfennigen, welche sie in ihrem Beutel hatte. So oft sie dieselben auch ausgeben mochte, waren wieder drei andere darin, und der Beutel versagte nie seinen Dienst. Daraus schlossen die Werkleute, welche an der Kirche arbeiteten, daß sie viel Geld haben müsse, denn sonst könne sie ja ein so köstliches Gebäude nicht aufrichten lassen, und darum warteten sie ihrer einst und ermordeten sie, worauf an derselben Stelle alsbald ein schöner Quell entsprang. Als sie aber nicht mehr wie die drei Pfennige bei ihr fanden, reute sie die grausame Tat und war ihnen sehr leid, und sie wurden gefangen und sollten vom Leben zum Tod gebracht werden. Doch da sprang Zuwaert mit einem Mal empor, als wäre sie aus einem tiefen Schlaf erwacht, und erlöste die drei Männer und reiste mit ihnen gen Rom, wo sie Beichte und Buße taten mit großer Erbaulichkeit. Und als der Papst von dem Wunder hörte, und den Schnitt sah, der an des frommen Mägdlein Hals gleich einem roten Seidenfaden glänzte, schenkte er Zuwaert große Ablässe für die Kirche von Dordrecht, damit dieselbe fortgebaut und beendet werde.

Wann Zuwaert gestorben ist, weiß man nicht, doch schied sie von hier in Frieden und Seligkeit. Der Quell aber springt noch heute zu einem Gedenkzeichen an das Wunder, welches mit dieser frommen Magd sich ereignet.

Wilhelm Hauff (1802–1827)

MIT DEM HOLLÄNDER-MICHEL NACH ROTTERDAM*

Der Floß fuhr ab, und hatte der Michel früher die Holzhauer in Verwunderung gesetzt, so staunten jetzt die Flözer; denn statt daß der Floß, wie man wegen der ungeheuern Balken geglaubt hatte, langsamer auf dem Fluß ging, flog er, sobald sie in den Neckar kamen, wie ein Pfeil; machte der Neckar eine Wendung und hatten sonst die Flözer Mühe gehabt, den Floß in der Mitte zu halten, um nicht auf Kies oder Sand zu stoßen, so sprang jetzt Michel allemal ins Wasser, rückte mit einem Zug den Floß links oder rechts, so daß er ohne Gefahr vorüberglitt, und kam dann eine gerade Stelle, so lief er aufs erste G'stair (Gelenk) vor, ließ alle ihre Stangen beisetzen, steckte seinen ungeheuren Weberbaum in den Kies, und mit einem Druck flog der Floß dahin, daß das Land und Bäume und Dörfer vorbeizujagen schienen. So waren sie in der Hälfte der Zeit, die man sonst brauchte, nach Köln am Rhein gekommen, wo sie sonst ihre Ladung verkauft hatten; aber hier sprach Michel: »Ihr seid mir rechte Kaufleute und versteht euren Nutzen! Meinet ihr denn, die Kölner brauchen all dies Holz, das aus dem Schwarzwald kommt, für sich? Nein, um den halben Wert kaufen sie es euch ab und verhandeln es teuer nach Holland. Lasset uns die kleinen Balken hier verkaufen und mit den großen nach Holland gehen; was wir über den gewöhnlichen Preis lösen, ist unser eigener Profit.« So sprach der arglistige Michel, und die andern waren es zufrieden; die einen, weil sie gerne nach Holland gezogen wären, es zu sehen, die andern des Geldes wegen. Nur ein einziger war redlich und mahnte sie ab, das Gut ihres Herrn der Gefahr auszusetzen oder ihn um den höheren Preis zu betrügen ; aber sie hörten nicht auf ihn und vergaßen seine Worte, aber der Holländer-Michel vergaß sie nicht. Sie fuhren auch mit dem Holz den Rhein hinab, Michel leitete den Floß und brachte sie schnell bis nach Rotterdam.

Dort bot man ihnen das Vierfache von dem früheren Preis, und besonders die ungeheuren Balken des Michel wurden mit schwerem Geld bezahlt. Als die Schwarzwälder so viel Geld sahen, wußten sie sich vor Freude nicht zu fassen. Michel teilte ab, einen Teil dem Holzherrn, die drei andern unter die Männer. Und nun setzten sie sich mit Matrosen und anderem schlechten Gesindel in die Wirtshäuser, verschlemmten und verspielten ihr Geld; den braven Mann aber, der ihnen abgeraten, verkaufte der Holländer-Michel an einen Seelenverkäufer, und man hat nichts mehr von ihm gehört. Von da an war den Burschen im Schwarzwald Holland das Paradies und Holländer-Michel ihr König.

Johann Hermann Dielhelm (1703–1784)

VON DORDRECHT NACH ROTTERDAM

Drei Meilen von Dordrecht hinunterwärts, an dem Ort wo sich der Rottefluß in die Maas senkt, liegt Rotterdam, lat. Roteodamum, und zwar an der rechten Seite. Dieses ist eine schöne, große, volkreiche, wohlbefestigte und sehr berühmte Handelsstadt, die ihren Namen von gedachter Rot, so sie durchfließt und von den vielen Dämmen, die allda zu finden sind, erhalten hat. Die dasige große oder Hauptkirche zu St. Lorenz ist sonderlich zu besehen, weil darin viele herrliche Denkmäler zu betrachten vorkommen. Die neue lutherische Kirche, zu welcher im Jahre 1733 den 15. Oktober der erste Stein gelegt, und die im Dezember 1736 erst vollendet wurde, steht auf der Süderseite von Wolfshoek. Von außen ist sie mit dreien von harten Steinen ausgehauenen Türmen geziert, hat hundert Fuß in der Länge und ungefähr achtzig Fuß in der Höhe, ferner eine treffliche Kanzel und ein schönes Uhrwerk, wie auch lauter sauber ausgearbeitete Stühle von eichenem Holz. Desgleichen trifft man allda auch eine englische und französische Kirche an. Das ar-

tige Rathaus, das Gasthaus und die Börse sind gleichfalls sehenswert. Alle öffentlichen Gebäude haben ein gutes Aussehen und die vornehmsten zeigen eine ziemliche Schönheit. Dem Markt fehlt es auch nicht an Größe und Weite. Nicht weit davon auf der Brücke steht des Gelehrten Erasmi Roterodami aus Metall gegossene Bildnis oder Statue in Lebensgröße. Ohnweit davon, nahe bei der St. Laurenzkirche, zeigt man noch das Haus, worinnen er auf die Welt gekommen ist, und über der Tür desselben dessen Bildnis mit einer lateinischen, spanischen und niederländischen Beischrift.
Die dasigen Gassen werden überaus sauber gehalten und sind mit gebackenen Steinen gepflastert. Der Hafen ist daselbst sehr bequem, und einer der schönsten in den ganzen Niederlanden, worein immerfort eine große Menge Schiffe einlaufen. Dieser Hafen und die Kanäle, so durch die Stadt gehen, liegen stets voll Schiffe, die nach Frankreich, nach Engeland, nach Schottland, nach Spanien oder nach Indien bestimmt sind, daher sie auch einige das kleine Venedig nennen. Die größten Schiffe können auf dem Kanal bis in die Mitte der Stadt hineinlaufen, welches eine ungemeine Bequemlichkeit ist, die Kaufmannswaren ein- und auszuladen, dessen sich viele andere Städte nicht rühmen können.

Lady Mary Montagu (1689–1762)

ANKUNFT IN ROTTERDAM*

Rotterdam, 3. August 1716 – Die Nachricht, liebe Schwester, daß ich glücklich übers Meer gekommen bin, obschon wir einen Sturm auszuhalten hatten, wird Sie, wie ich mir schmeichle, erfreuen. Der Kapitän der Jacht überredete uns, während einer Windstille abzusegeln, weil er glaubte, es sei nichts leichter als sich durch die Strömung treiben zu lassen; allein nach einer zweitägigen langsamen Fahrt erhob sich der Wind so stark, daß kein Matrose mehr auf den

Füßen stehen konnte, und die ganze Nacht auf den Sonntag wurden wir ziemlich herumgeschüttelt. Nie sah ich einen Menschen so erschrocken als den Kapitän. Ich war dabei so glücklich, weder von der Furcht noch von der Seekrankheit angefochten zu werden; doch wünschte ich mit solcher Ungeduld, wieder auf festem Boden zu sein, daß ich nicht warten wollte, bis die Jacht zu Rotterdam anlangte; ich fuhr also mit dem großen Boot nach Helvoetsluys und weiter zu Lande nach Brill. Die Nettigkeit dieser kleinen Stadt gefiel mir über die Maßen wohl, doch gewährte mir meine Ankunft zu Rotterdam ein ganz neues Vergnügen. Alle Straßen sind mit breiten Steinen gepflastert, und vor vielen Türen der einfachsten Handwerker sieht man Sitze von vielfarbigem Marmor, alles so reinlich gehalten, daß ich gestern fast durch die ganze Stadt in Pantoffeln ging, ohne meine Füße im geringsten zu beschmutzen. Hier sieht man holländische Mädchen das Pflaster mit mehr Fleiße reinigen als die unsrigen unsere Schlafzimmer. Die Stadt scheint mir so volkreich, jedermann so geschäftig und alle in solcher Bewegung, daß ich immer geneigt bin, zu glauben, es sei gerade ein berühmter Jahrmarkt, allein, ich sehe alle Tage dasselbe.

Heinrich Pröhle (1822–1895)

DER HERINGSFANG ZU ROTTERDAM

Sobald des Hügels Sagen von ihrem Traum erstehn,
Hat jedes Blatt Behagen, am Lindenbaum zu wehn;
Noch nicht der Frühlingssiege und Heldensprossen satt
Wird eine Liederwiege sein allerjünstes Blatt.

In Holland pflegen sich in den beiden Seestädten Rotterdam und Scheidann die Leute mehrenteils vom Fischfang zu ernähren. Als nun einst die Einwohner dieser beiden Städte hinaus auf den Heringsmarkt schifften, haben die Rotterdamer zwar eine große Menge Heringe gefangen, die Scheidaner aber haben anstatt der Fische eitel Kieselsteine herausgezogen. Derhalben ward dann auch alsbald an ein Weib Hand angelegt und als dieses bekannte: sie wäre durch ein kleines Löchlein im Glas, das sie auch vorwies und das kaum groß genug war, um einen Finger durchzustecken, hindurchgefahren, hätte sich in einer Fischblase ins Meer gelassen und wäre darin bis an den Ort gefahren, wo der Hering seinen Stand gehabt. Daselbst hätte sie mit ihren Beschwörungen die Heringe verjagt und Kieselsteine an ihre Stelle gebracht.

Georg Forster (1754–1794)

IN ROTTERDAM*

Daß ich den ersten schönen, warmen Frühlingsmorgen nicht vergesse, den wir auf unserer Reise noch genossen haben, bedarf keiner Entschuldigung bei den Vertrauten der heiligen Frühe. Könnte ich nur auch den Reichtum der Aussicht beschreiben, die wir, von der Morgensonne beleuchtet, aus unserm Fenster über das kleine Gärtchen des Wirtes hinaus erblickten. Der lebendige Strom, fast eine englische Meile breit, floß sanft vorbei in leichten versilberten Wellen und trug auf seiner Azurfläche das hundertfältige Leben der Schiffe, der Brigantinen, der Schnauen, der kleineren Fahrzeuge von aller Art, die hinauf- und hinabwärts – oder hinüber- und herübersegelten und ruderten, mit mannigfaltiger Richtung, Schnitt und Anzahl ihrer Segel, langsam gegen die Flut an oder pfeilschnell mit Wind und Strom und Flut zugleich sich bewegten, oder auch mit eingezogenen Segeln und schwankenden Masten, malerisch gebrochen durch die Horizontallinie der Rahen und den Wald von Tauwerk, in des Flusses Mitte vor Anker lagen. Jenseits im Sonnenglanz hoben sich nah und deutlich die Gebäude von Rotterdam über dem Wasser, der große viereckige Pfarrturm, die weitläuftigen Admiralitätsgebäude, der herrliche, mit hohen Linden auf eine Stunde Weges besetzte Damm, der das Ufer begrenzt, die Menge zwischen den Häusern hervorragender Schiffsmasten, die unzähligen Windmühlen in und neben und jenseits der Stadt, zum Teil auf hohen, turmähnlichen Untersätzen errichtet, um den Wind besser zu fangen; endlich die Vorstädte von Landhäusern und Gärten, die links und rechts in langer Reihe längs dem Strom sich erstrecken.

Wir eilten, uns über den Fluß setzen zu lassen, und brachten den Tag damit zu, die Stadt kennenzulernen und sie ganz zu umgehen, welches einer der angenehmsten Spaziergänge ist, die man sich denken kann. Der Umfang von Rotterdam ist mittelmäßig, und seiner reinlichen Schönheit und Niedlichkeit haben die Reisenden nur Gerechtigkeit widerfahren lassen. Wenn man sich seinen Wohnort wählen könnte, so käme die Straße am Hafen und längs der Maas, die so breit und mit majestätischen Ulmen und Linden so köstlich beschattet ist, gewiß unter die Zahl der Kompetenten, die mir die Wahl erschweren würden. Die Aussicht auf den Fluß ist wirklich so anlockend, daß man sich kaum daran satt sehen kann. Nach der Landseite hin bemerkten wir eine Menge Leinwandbleichen, eine größer und schöner als die andere, und in der Stadt selbst freute uns das Gewühl am Hafen, auf den Straßen und in den Kanälen; abgehende, ankommende Schiffe, hunderte von befrachteten Kähnen, große, sogenannte Prahmen, reihenweis gestellt, um den Schlamm der Kanäle aufzunehmen und sie schiffbar zu erhalten; Karren, Schleifen, Schiebkarren, Träger, rollende Fässer, Ballen von Waren, das Zeichen des Betriebes und der Handelsgeschäftigkeit; dann auf der kleinen, netten Börse und in den Kaffeehäusern umher die ein- und ausströmenden Scharen von Kaufleuten, Maklern, Schiffskapitänen und Fremdlingen aus allen Weltteilen, ein Bild der friedlichen Vereinigung des Menschengeschlechtes zu gemeinsamen Zwecken des frohen tätigen Lebensgenusses.

Friedrich Engels (1820–1895)

DIE WAALUFER VERSINKEN RECHTS UND LINKS*

Rotterdam, mit seinen schattigen Kais, mit seinen Grachten und Schiffen, ist für Kleinstädter aus dem Innern Deutschlands eine Oase; hier begreift man, wie die Phantasie eines Freiligrath mit den scheidenden Fregatten zu fernen, üppigeren Gestaden ziehen konnte. Dann wieder die verdammten seeländischen Inseln, nichts als Schilf und Dämme, Windmühlen und glockenspielende Kirchturmspitzen, zwischen denen sich das Dampfboot stundenlang hindurchwindet.

Aber nun, welch seliges Gefühl, wenn wir hinausfliegen aus den philiströsen Dämmen, aus der enggeschnürten, calvinistischen Orthodoxie in das Gebiet des freiwogenden Geistes. Helvoetsluys verschwindet, die Waalufer versinken rechts und links in den höher aufjubelnden Wellen, das sandige Gelb des Wassers verwandelt sich in Grün, und nun vergessen, was dahinten ist und mit frohem Herzen hinaus in die dunkelgrüne, durchsichtige Flut.

Ludolf Wienbarg (1802–1872)

ÜBER DIE HEIDE VON OVERIJSSEL*

Als es anfing zu tagen, fuhr ich bereits über die Heide von Overijssel, eingehüllt in meinen Mantel und einen dicken Nebel. Ich versank in nebelhafte Gedanken. Nebel zeugt Nebel, nebelhafte Bilder, ossiansche Geister, nordische Götter. Nebel befeuchtet die Pflanzen, Bäume, die Poeten des Nordens, Nebelzug wittert durch die Sagas, die »Nibelungen«, den »Erlkönig«, und vielleicht ist auch die ganze Welt, wie die nordische Poesie, aus Nebel entsprungen

und wird sich einmal wieder in Nebel verflüchtigen, wie ein Gespenst auf der Heide von Kaledonien. Nur in Holland, scheint es, hat der Nebel keine poetischen Zeugungskräfte, die Holländer haben den schönen Nebel, aber, wie man sagt, keine Poesie. Ich werde den »lustigen Geneverstocker von Schiedam« lesen.
»Ein Schluck vor dem bösen Nebel«, sagte der Postillon und setzte seine grüne Knobbrigte an den Mund. Ein närrischer Kauz, der Postillon, eine Art Till Eulenspiegel, verkappt in den roten Rock eines königlich hannoverschen Postbeamten. Wie die Sonne aufging, knallte er mit der Peitsche und schrie aus vollem Hals: »Oranje boven, Oranje boven! Hoho!«

Alois Messmer (1822–1857)

ARNHEIM*

Man ist in Lobith bereits auf holländischem Gebiet und hat die übliche Visitation zu passieren. Bisher hatte man noch den Rhein in seiner ungeteilten Majestät vor und hinter sich. Nun aber ist es mit den Reizen überhaupt und mit der Selbständigkeit des Vaters Rhein am Ende. Es geht ihm wie dem Starken Simon, er muß zuletzt den Philistern dienen und wenn nicht gerade Mühlen treiben, doch unendlich viele Windmühlen an seinen Ufern tragen. Dies Holland, das doch eigentlich nichts ist als ein angeschwemmtes Delta der Rheinmündungen (darauf gründete sich ja bekanntlich das Recht der napoleonischen Okkupation), handelt höchst undankbar an seinem Erzeuger, daß es ihn nicht nur in allerlei künstliche Bande legt, sondern ihm auch seinen mit Ehre getragenen Namen nimmt. Denn auf einmal ist der Rhein verschwunden und allerlei anderes an seine Stelle getreten. Bald unterhalb Lobith geht nämlich links ein bedeutender Arm des Rheins unter dem Namen Waal nach Nimwegen ab, um sich später mit der Maas zu vereinigen. Noch oberhalb Arnheim entfernt sich rechts ein zweiter Arm, der als IJssel (sprich Eissel) in die Zuidersee fließt. Der noch übrige Teil heißt auf einmal Kanal von Pannerden, so daß vom Rhein keine Spur mehr übrig ist. Allerdings erscheint er später wieder, aber es will mit dieser Wiedergeburt nicht viel heißen, denn der größere Teil fließt wieder der Maas zu, unter dem häßlichen Namen Lek, und den Rest hört man noch wie zum Spott den krummen und den alten Rhein nennen. Während man den Schicksalen des lieben Stromes seine Teilnahme zuwendete, war der erste bedeutende holländische Ort, Arnheim, die Hauptstadt von Gelderland, erreicht und dort Nachtherberge gesucht. Übrigens erinnert die Stadt selbst schon sehr an das Land, das Volk, dem man zugeht. Der Rhein ist hier nicht mehr sein eigener Herr, sondern muß sich links und rechts den kräftigen Wasserbauten bequemen. Daß die vielen Bäume, die man hier sieht, kein eigentliches Recht haben auf diesem Boden zu stehen, beweist man dadurch, daß man sie in Alleen wie Kompagnien aufmarschieren läßt und daß man ihre Kronen stutzt und so zuschneidet, daß sie unförmliche Bogenalleen bilden müssen. Der Kirchturm ist schon ganz in holländischem Stil, d. h. ein kleinliches Kompositum aus Spitzchen, Fensterchen und Kuppelchen. Die Häuser sind beinah alle aus roten Ziegeln mit weißen Fugen gebaut, seltsam verziert, voller Fenster blank von unten bis oben und wohl verschlossen; die Warenauslagen sehr schön, was sich alles abends bei der Gasbeleuchtung doppelt grell ausnimmt. Von holländischen Sitten konnte man abends wenigstens einen Vorgeschmack erhalten, indem das bekannte »Schonmaken« (Schönmachen) schon allenthalben eifrig betrieben wurde. Obwohl tagsüber gewiß zehn Regenstürme über Land gefahren waren, wurden doch abends die Straßen sorgfältig mit Wasser überschüttet, um jede Spur von Verunreinigung zu vertilgen. Der heutige Morgen brachte einen Regensturm über den andern, so daß man die schönen Parke des Grafen Herseren, die sich hier befinden, nicht besuchen, noch auch die Aussicht über Gelderland und die Rheingegenden, die sich auf den Höhen bieten muß, genießen konnte.

Joost van den Vondel (1587–1679)

DER LEK*

Wie wird der rhein'sche Lek die Flut
Erjauchzend rollen längs Vianen,
Wenn Wolfard, unsrer Grenzen Hut
Und Ehr und Ruhm von Nassaus Fahnen,
Sich einen jungen Sohn gewinnt,
In des Gemüt man goldne Tugend
Der Ur-Ureltern wiederfind
Und Vaters strenge Heldenjugend,
Und wieder blüht im Zweiglein froh
Das greise Haus von Brederoo.

Dann wird der Lek die zarte Rank'
Hernach mit sachter Zunge lecken
Und wiegen, daß sie kühn und frank
Erwachs', mit ihrem Laub zu decken
Die Mutter, die nun samt der Schar
Von schönen Töchtern solchen Segen
Erharrt und hofft aufs frohe Jahr,
So wie der Rosengart' auf Regen.
Der Himmel bau dies reiche Feld,
Bis man mir's Wiegenlied bestellt!

Johann Peter Hebel (1760–1826)

DIE TABAKSDOSE

Stehlen? O pfui!
Aneignen nennt es der Gebildete.

In einer niederländischen Stadt in einem Wirtshaus waren viele Leute beisammen, die einander einesteils kannten, zum Teil auch nicht; denn es war ein Markttag. Den Zundelfrieder kannte niemand. »Gebt mir auch noch ein Schöpplein«, sagte ein dicker, bürgerlich gekleideter Mann zu dem Wirt und nahm eine Prise Tabak aus einer schweren silbernen Dose. Da sah der Zundelfrieder zu, wie ein windiger gewürfelter Gesell sich zu dem dicken Mann stellte, ein Gespräch mit ihm anfing und ein paarmal, wie von ungefähr, nach der Rocktasche schaute, in welche der Mann die Dose gesteckt hatte. »Was gilt's«, dachte der Frieder, »der führt auch etwas im Schild?« Anfänglich stand der Gesell. Hernach ließ er ein Schöpplein kommen, setzte sich auf die Bank und sprach mit dem Dicken allerlei kuriose Sachen, woran dieser Mann viel Spaß fand. Endlich kam ein dritter. »Exküse«, sagte der dritte, »kann man auch ein wenig Platz hier haben?« Also rückte der windige Gesell ganz nahe an den dicken Mann hin und diskutierte immer fort: »Ja«, sagte er, »ich habe mich recht verwundert, als ich in dieses Land kam und sah, wie die Windmühlen so flätig[1] vom Wind umgetrieben werden. Bei mir zu Land geht das ganze Jahr kein Lüftlein. Also muß man die Windmühlen anlegen, wo die Wachteln ihren Strich haben. Wenn nun im Frühjahr die Million tausend Wachteln kommen vom Meer her aus Afrika und fliegen über die Mühlenräder, so fangen die Mühlen an zu gehen, und wer in dieser Zeit nicht kann mahlen lassen, hat das ganze Jahr kein Mehl im Haus.« Darüber geriet der dicke Mann so ins Lachen, daß ihm fast der Atem

1. so viel als: geschwind

verging, und unterdessen hatte der schlaue Gesell die Dose. »Aber jetzt hört auf«, sagte der Dicke. »Es tut mir weh im Kreuz«, und schenkte ihm von seinem Wein auch ein Glas ein. Als der Spitzbube ausgetrunken hatte, sagte er. »Der Wein ist gut; er treibt. Exküse«, sagte er zu dem dritten, der vorne an ihm saß, »laßt mich einen Augenblick heraus!« Den Hut hatte er schon auf. Als er aber zur Tür hinausging und fort wollte, ging ihm der Zundelfrieder nach, nahm ihn draußen auf die Seite und sagte zu ihm: »Wollt Ihr mir auf der Stelle meines Herrn Schwagers silberne Dose herausgeben? Meint Ihr, ich hab's nicht gemerkt? Oder soll ich Lärm machen? Ich hab Euch schonen wollen vor den vielen Leuten, die drin in der Stube sitzen.« Als nun der Dieb sah, daß er verraten sei, gab er zitternd dem Frieder die Dose her, und bat ihn, vor Gott und nach Gott, stille zu sein. »Seht«, sagte der Frieder, »in solche Not kann man kommen, wenn man auf bösen Wegen geht. Euer Leben lang laßt es euch zur Warnung dienen. Unrecht Gut faselt nicht. Ehrlich währt am längsten.« Den Hut hatte der Frieder auch schon auf. Also gab er dem Gesellen noch eine Prise Tabak aus der Dose und trug sie hernach zu einem Goldschmied.

Johann Peter Hebel (1760–1826)

UNGLÜCK DER STADT LEIDEN

Sei mit dem Deinen allzeit im Reinen.

Diese Stadt heißt schon seit undenklichen Zeiten Leiden, und hat noch nie gewußt, warum, bis am 12. Januar des Jahres 1807. Sie liegt am Rhein in dem Königreich Holland, und hatte vor diesen Tagen 11 000 Häuser, welche von 40 000 Menschen bewohnt waren, und war nach Amsterdam wohl die größte Stadt im ganzen Königreich. Man stand an diesem Morgen noch auf wie alle Tage; der eine betete sein: »Das walt Gott!« der andere ließ es sein, und niemand dachte daran, wie es am Abend aussehen wird, obgleich ein Schiff mit siebenzig Fässern voll Pulver in der Stadt war. Man aß zu Mittag und ließ sich's schmecken, wie alle Tage, obgleich das Schiff noch immer da war. Aber als nachmittags der Zeiger auf dem großen Turm auf halb fünf stand, – fleißige Leute saßen daheim und arbeiteten, fromme Mütter wiegten ihre Kleinen, Kaufleute gingen ihren Geschäften nach, Kinder waren beisammen in der Abendschule, müßige Leute hatten Langeweile und saßen im Wirtshaus im Kartenspiel und Weinkrug, ein Bekümmerter sorgte für den anderen Morgen, was er essen, was er trinken, womit er sich kleiden werde, und ein Dieb steckte vielleicht gerade einen falschen Schlüssel in eine fremde Tür, – und plötzlich geschah ein Knall. Das Schiff mit seinen siebenzig Fässern Pulver bekam Feuer, sprang in die Luft, und in einem Augenblick (ihr könnt nicht so geschwind lesen, als es geschah), in einem Augenblick waren ganze lange Gassen voll Häuser mit allem, was darin wohnte und lebte, zerschmettert und in einen Steinhaufen zusammengestürzt oder entsetzlich beschädigt. Viele hundert Menschen wurden lebendig und tot unter diesen Trümmern begraben oder schwer verwundet. Drei Schulhäuser gingen mit allen Kindern, die darin waren, zu Grunde, Menschen und Tiere, welche in der Nähe des Unglücks auf der Straße waren, wurden von der Gewalt des Pulvers in die Luft geschleudert, und kamen in einem kläglichen Zustand wieder auf die Erde. Zum Unglück brach auch noch eine Feuersbrunst aus, die bald an allen Orten wütete, und konnte fast nimmer gelöscht werden, weil viele Vorratshäuser voll Öl und Tran mit ergriffen wurden. Achthundert der schönsten Häuser stürzten ein oder mußten niedergerissen werden. Da sah man denn auch, wie es am Abend, leicht anders werden kann, als es am frühen Morgen war, nicht nur mit einem schwachen Menschen, sondern auch mit einer großen und volkreichen Stadt. Der König von Holland setzte sogleich ein namhaftes Geschenk auf jeden Menschen, der noch lebendig gerettet werden konnte. Auch die Toten, die aus dem

Schutt hervorgegraben wurden, wurden auf das Rathaus gebracht, damit sie von den ihrigen zu einem ehrenvollen Begräbnis konnten abgeholt werden. Viele Hilfe wurde geleistet. Obgleich Krieg zwischen England und Holland war, so kamen doch von London ganze Schiffe voll Hilfsmittel und große Geldsummen für die Unglücklichen, und das ist schön, – denn der Krieg soll nie ins Herz der Menschen kommen. Es ist schlimm genug, wenn es außen vor allen Toren und vor allen Seehäfen donnert.

Friedrich Wilhelm Hackländer (1816–1877)

GRAVENHAAG,
kurzweg Den Haag genannt*

Doch schon umfächelt uns die weiche erfrischende Seeluft und in kürzester Zeit führt uns die Eisenbahn nach dem Gravenhaag, kurzweg Den Haag genannt, der königlichen Residenz, dem großen Dorf, wie es lange geheißen, dem holländischen Versailles, das es lange war und auch gewissermaßen heute noch ist. Der Gravenhaag war früher in der Tat nur ein großes Dorf, das dem Haus Oranien zu verdanken hat, was es im Lauf der Zeit geworden ist: eine reiche und schöne Stadt, die allerdings im Vergleich mit andern wenig bedeutende Handlungen und Geschäfte hat; auf seinen Straßen lärmt nicht der Weltverkehr, sondern das Hofgetrieb; dabei ist aber ein höchst angenehmer Aufenthalt für die zahlreichen Fremden des benachbarten Scheveningen, denen es durch Verbindungsmittel aller Art so leicht gemacht ist, nach dem anstrengenden Seebad die Erholungen der reichen und schönen Residenz zu genießen.
Uns aber zieht es hinaus nach den hellen Dünen am Rand des ewigen Meeres und wählen wir unsern Weg durch ein reizendes Waldgebiet zwischen Den Haag und Scheveningen, durch den sogenannten Busch, der uns mit seinen mächtigen uralten Bäumen,

seinen unansehbaren Wegen und verschlungenen Pfaden an unsere deutsche Heimat erinnert. Welch ein Kontrast, nachdem wir die dämmerige Waldstille verlassen, und nun die hellen Dünen vor uns haben, um hier, schauernd vor Erwartung still zu stehen, von fern das Rauschen und Brausen des Meeres zu vernehmen! –

Ludwig Bechstein (1801–1860)

SO VIEL KINDER ALS TAGE IM JAHR

Eine Stunde von Gravenhage liegt ein Dorf, das heißt Losduinen (sprich Losdeunen), da hat ehemals ein Kloster gestanden; die Sage geht alldort, daß dieses Kloster wegen ruchlosen Lebens seiner Bewohner in einer Nacht versunken sei, und daß an einer gewissen Stelle, die aber nicht jeder findet, ein Sausen und Brausen in der Tiefe gehört werden könne. Nur die Kirche blieb erhalten, sie liegt außerhalb des Dorfes, östlich, und es werden in derselben zwei kupferne Taufbecken gezeigt, an die sich folgende Geschichtssage anknüpft.

Graf Floris IV. von Holland hatte von seiner Gemahlin Mechthild eine Tochter des Namens Margaretha, und vermählte diese mit Hermann I. Grafen von Henneberg, den die Alten als einen freudigen und mannhaften Helden priesen. Margaretha gebar ihrem Gemahl einen Sohn, Poppo, und eine Tochter, Jutta, welche letztere sich noch bei der Mutter Leben mit dem Markgrafen Otto dem Langen zu Brandenburg vermählte. Auch die Mutter hatte sehr jung geheiratet und reiste in ihrem zweiundvierzigsten Jahr nach dem Haag, ihrem Heimatland. Da habe nun diese Gräfin ein armes Frauchen erblickt, das auf jedem Arm ein Kindlein trug und sie anbettelte, und die Kinder wären Zwillinge gewesen. Habe die Gräfin gezweifelt, daß eine Frau von einem Mann mehr denn ein Kind auf einmal empfangen könne, der Armen die Gabe geweigert, ja sie verhöhnt und geschmäht. Darüber ward die arme Frau kläglich weinend, hob ihre Augen gen Himmel und rief: »O Herr und Gott, der du bist aller Dinge im Himmel und auf Erden mächtig, ich bitte dich demütiglich, daß du wolltest dieser Gräfin so viele Kinder auf einmal in ihren Schoß bescheren, als Tage im Jahr sind.« Und sei weinend hinweggegangen.

Und am selben Tag fühlte die Gräfin sich gesegneten Leibes und nahm von Stund an zu und wurde so stark und so schwer, daß kein Mensch alle seine Lebtage dergleichen gesehen hatte. Nun hatte ihr Vater ein Haus in Losduinen, da blieb sie wohnen, denn sie vermochte nicht nach ihrer neuen Heimat in das Land Henneberg zu reisen, und am Karfreitag, als man schrieb eintausendzweihundertundsechsundsiebenzig, da gebar sie dreihundertfünfundsechzig Kinder, Knäblein und Mägdlein durcheinander, alle ganz ausgebildet an allen Gliedern. Die taufte am andern Tag der Bischof Otto von Utrecht, ein Ohm der Frau, in den zwei Bekken (nicht in einem, wie viele sagten und schrieben), die noch heute in Losduinen zu sehen sind, und nannte die Knäblein Johannes und die Mägdlein Elisabeth. Sie starben aber alle bald darauf an ihrem Tauftag, am Vorabend des heiligen Osterfestes, und die Mutter desgleichen, und wurden miteinander in der Klosterkirche begraben.

Hernachmals ist diese Geschichte in mancherlei Denkversen in deutscher, lateinischer und holländischer Sprache auf eine Holztafel innerhalb der Kirche zu Losduinen verewigt worden, welche vormals links neben der Kanzel hing, ein Grabstein aber, dessen in vielen Schriften gedacht wird, welche diese Sage mitteilen, ist allda nicht vorhanden. Zum Andenken an jene Wundergeburt wurde an das Ufer der Maas eine Burg gebaut, welche so viele Fenster zählte, als das Jahr Tage hat, und es steht auch noch am Eingang des Dorfes Losduinen, wenn man vom Haag herkommt, fast vereinzelt ein großes Haus, das trägt über der Tür die Inschrift: »In den Hennenberg«.

Den beiden Taufbecken legt das Volk eine wunderbare Kraft noch heute bei und hält sie in hohen Ehren. Unfruchtbare Frauen werfen stillschweigend nach und nach eine Handvoll Sand an die Becken, damit entlocken sie der Mutter Natur den erwünschten Segen.

Karl Simrock (1802–1876)

SO VIEL KINDER ALS TAG IM JAHR

Ihr müßt nicht alles glauben,
Was man erzählt und schreibt,
Ich will Kritik erlauben,
Wenn ihr sie geistvoll treibt.

Was neulich mir erzählte,
Vom Haag ein alter Mann,
Graf Hennebergs Vermählte,
Geht dieses Wunder an.

Zu ihr Almosen heischend,
Kam eine Bettelfrau,
Zwei Zwillingskinder kreischend
Trug sie im Arm zur Schau.

So überreich gesegnet,
Doch arm an Geld und Gut,
Da hat sie sich verwegnet
Zu Heischen wie sie tut.

Die Gräfin rief entrüstet:
»Fort, unverschämtes Weib
Mit eitel Schande brüstet
Sich so dein schnöder Leib.

Fort, fort, es ist mein Zimmer,
Der Buhlerin zu rein:
Zwei Kinder können nimmer
Von einem Vater sein.«

Da sprach die Schwergekränkte:
»So wünsch ich denn fürwahr,
Daß Gott euch Kinder schenkte
So viel als Tag im Jahr.«

Der Wunsch war ausgesprochen!
Die Gräfin klagte sich,
Bald nahten ihr die Wochen;
Da ging es wunderlich:

Dreihundertfünfundsechzig
Der Tage zählt das Jahr,
Dreihundertfünfundsechzig
Der Kindlein sie gebar.

Der heil'gen Taufe Gaben,
Lebendig allzumal,
Empfing sogleich der Knaben
Und Mädchen Überzahl.

Elisabeth, den Namen
Gab man den Töchterlein,
Johannes, den bekamen
Die Knaben insgemein.

Man zeigt noch heut die Becken,
Darin sie sind getauft;
Die Mutter hat vor Schrecken,
Die Haare sich gerauft.

Vor Schreck ist sie gestorben;
Die Kindlein haben auch
Bald Gottes Reich erworben
Durch heil'ger Taufe Brauch.

Vom Haag ist es geschehen
Nicht eine Meile weit,
Ihr mōgt das Grab noch sehen,
Wenn ihr ungläubig seid.

Ludolf Wienbarg (1802–1872)

SCHEVELINGEN*

Schevelingen ist ein Fischerdorf, eine halbe Stunde vom Haag entfernt. Der Weg dahin führt durch die Dünen, ist aber mit Klinkern gepflastert und von mächtigen Buchen beschattet, eine Anlage von Vater Cats, einem berühmten Staatsmann und Dichter des siebzehnten Jahrhunderts.

Auf einer alten Karte von Schevelingen, die auf dem Haager Stadthaus hängt, sieht man die Kirche, welche gegenwärtig am Ende des Dorfs liegt, ungefähr in der Mitte desselben: diese fehlende Hälfte des Dorfes ist, wie die Chronik berichtet, durch eine mächtige Flut am Ende des sechzehnten Jahrhunderts plötzlich abgerissen und Beute des Meeres geworden, sie lag aber auch außer den Dünen und daher unbeschirmt vor der Wut des Meeres. Im Grunde hatte das Meer Recht auf einige Repressalien; was die Schevelinger sind und haben, sowenig es sein mag, verdanken sie dem Meer, sie werfen ihre Netze seit mehr als tausend Jahren in die See und trotzen der starken Brandung, welche sie von ihrem Gewerbe abzuschrekken sucht. Der Fischfang muß sehr bedeutend sein, ich zählte an einem Sonntag über siebzig Pinken und außerdem fünfzehn bis

zwanzig kleinere Schiffe, welche der Reihe nach am Strand lagen und statt der Segel mit Fischernetzen zum Trocknen behängt waren. Die Männer sind schlank und kräftig gebaut, man glaubt mitunter neapolitanische Schiffer zu sehen. Wenn sie nicht fischen, sieht man sie unter einem hölzernen Dach am Strand sitzen, das sie vor Regen und Sonne in Schutz nimmt, sie sitzen, liegen, sprechen, gähnen, schlafen, rauchen, sehen nach dem Wind, singen die Barkarole aus der »Stummen« oder fassen sich zur Abwechselung beim Kragen. Vom Gewinn des Fangs erhalten sie nur ein Viertel, der Reeder streicht die Hälfte für sich ein, und das letzte Viertel geht auf für Ausbesserung ihrer Schiffe. Denn die Schevelinger sind ein armes Volk, die wenigsten Fischer sind Eigentümer der Fahrzeuge, mit welchen sie auf den Fang gehen. Diese gehören etlichen reichen Leuten in Schevelingen und dem Haag, welche den Hauptgewinn ziehen und ruhig hinter dem Ofen hocken, während die armen Teufel in Regen, Wind und Wellen hinaus müssen …
Alles in Schevelingen riecht nach der See und nach getrockneten und faulen Fischen.

Anhang

Kleines Rhein-Lexikon

Alpen-Rhein Name des Jungen Rheins etwa von Chur bis zum Bodensee.

Alter Rhein Alter Mündungsarm des Rheins, der bei Katwijk durch Schleusen abgeriegelt wurde.

Apostelrheine Zusammenfassender Name für die zwölf wichtigsten Quellflüsse des Rheins.

Gämmerrhein Quellfluß, mündet in den Vorderrhein.

Hinterrhein Quellfluß des Rheins, der am Rheinwaldhorn in den Adula-Alpen entspringt und sich im Kanton Graubünden mit dem Vorderrhein (s. d.) zum Jungen Rhein verbündet.

Hochrhein Gebiet des Rheins vom Bodensee bis Basel.

IJssel Echter Mündungsarm des Rheins, zweigt vor Arnheim ab und führt nur noch ein Zehntel der Wassermenge des Hauptstroms ab.

Juferrhein Kleinerer Quellfluß (s. Madriserrhein).

Junger Rhein Erstbezeichnung des Rheins nach dem Zusammenfluß von Vorder- und Hinterrhein.

Kromme Rijn/Krummer Rhein Alter Mündungsarm des Rheins, berührt Utrecht und Leiden, ist nur ein Binnenschiffahrtsweg.

Landvogt-Rhein Alter Name für den Rhein zwischen Chur und Bodensee.

Lek/Leck Allgemein der schiffbare nördliche Rheinmündungsarm in den Niederlanden; topographisch genau jedoch nur das mittlere Stück zwischen Neder-Rijn und Nieuwe Maas.

Madriser- oder Juferrhein Kleinerer Quellfluß, einer der sog. Apostelrheine.

Maighels-Rhein Quellfluß des Rheins, der bei Tschamut in den Vorderrhein mündet.

Medelser oder Mittelrhein Dritter Quellfluß neben Vorder- und Hinterrhein (s. a. Mittelrhein).

Mittelrhein 1. Dritter kleiner Quellarm des Rheins, der vom Lukanier kommt und bei Disentis in den Hinterrhein mündet. 2. Fließgebiet des Rheins durch den Rheingau (s. d.) und das Rheinische Schiefergebirge (s. d.) bis Köln.

Nalpser Rhein Quellfluß des Rheins, mündet bei Sedrun in den Vorderrhein.

Nebenrheine Verschiedene kleinere Quellflüsse zum Vorder- und Hinterrhein in den Schweizer Alpen.

Neder-Rijn Teilstück des nördlichen Rheinmündungsarmes, fließt durch Arnheim.

Niederrhein Fließgebiet des Rheins durch das norddeutsche Flachland und mündet in den Niederlanden in mehrere Rheinarme (Waal, Lek etc.).

Niederländische Pforte Eintritt des Rheins in die Niederlande bei Emmerich.

Oberhalbsteiner Rhein Kleinerer Quellfluß, einer der sog. Apostelrheine, s. a. Rhein Cristallino.

Oberrhein Gebiet rechts und links des Rheins durch die »Oberrheinische Tiefebene« bis Mainz.

Oude Rijn s. Alter Rhein.

Pannerdenscher Kanal Nördlicher Mündungsarm des Rheins, fließt als Neder-Rijn und Lek weiter und mündet in die Nieuwe Maas.

Reno Italienischer Name des Rheins.

Reno di Lai Kleinerer Quellfluß, einer der sog. Apostelrheine, auch Safierrhein (s. d.).

Renos Keltisches Wort für Fluß, wahrscheinlich Ursprung des Namens »Rhein«.

Rheinbund Bund deutscher Fürsten und Staaten von 1806–1813 unter dem Protektorat Napoleons.

Rhein Cristallino oder Oberhalbsteiner Rhein Kleinerer Quellfluß, einer der sog. Apostelrheine.

Rheinfall Bei Schaffhausen/Schweiz. Mit 150 m Breite und 21 m Tiefe der größte Wasserfall Mitteleuropas.

Rheingau Vom westlichen Taunus zum Rhein abfallendes, klimatisch begünstigtes, obst- und weinreiches Hügelland.

Rheingraf oder Raugraf Früher Beigeordnete der Pfalzgrafen, welche besonders die verwirkten Geldbußen eingetrieben haben.

Rheinhessen Landschaft in Rheinland-Pfalz, fruchtbares Hügelland von Worms bis Bingen.

Rheinisches Schiefergebirge Mittelgebirge zu beiden Seiten des Rheins unterhalb von Bingen; rechtsrheinisch Taunus, Westerwald mit Siebengebirge, Bergisches Land, Sauerland mit Rothaargebirge; linksrheinisch Hunsrück und Eifel-Ardennen.

Rheinland Die Gebiete beiderseits des Mittel- und Niederrheins, besonders die ehemalige preußische Rheinprovinz (s. d.).

Rheinland-Pfalz 1946 gegründetes Bundesland mit der Landeshauptstadt Mainz.

Rheinpfalz Ehemaliger bayerischer Regierungsbezirk links des Rheins, bestehend aus Teilen der Kurpfalz und anderen ehemaligen Herrschaften. Seit 1946 zum Bundesland Rheinland-Pfalz gehörig.

Rheinprovinz Ehemalige preußische Provinz, umfaßte die Regierungsbezirke Koblenz (bis 1932 mit dem Kreis Wetzlar), Trier, Köln, Aachen und Düsseldorf.

Rheinweine Bezeichnung für die Weine des Rheintales mit Ausnahme Badens, im engeren Sinne Weine vom Mittelrhein, Rheingau und Rheinhessen.

Rhenus Lateinischer Name des Rheins.

Rhin Französischer Name des Rheins.

Rhine Englischer Name des Rheins.

Rijn Niederländischer Name des Rheins.

Romantischer Rhein Im 19. Jh. aufgekommener, verklärender Begriff für das Mittelrhein-Gebiet.

Safierrhein oder Reno di Lai Kleinerer Quellfluß, einer der sog. Apostelrheine.

Schwäbisches Meer Romantischer Name des Bodensees.

See-Rhein Name des Rheins beim Verlassen des Bodensees.

Somvixer Rhein Kleinerer Quellfluß, einer der sog. Apostelrheine.

Vaartschen-Rhein Nahezu unbekannter Teil-Rhein, durch den man vom Amsterdam-Rhein-Kanal durch die Noorder Schleuse ins Stadtgebiet von Utrecht kommt.

Valser oder Averserrhein Quellfluß des Rheins, kommt von Vals und mündet als Glenner, der längste der Nebenrheine.

Vater Rhein Romantisierender Begriff für den deutschen Rhein.

Vorderrhein Quellfluß des Rheins, der vom Tomasee, östlich des St. Gotthard-Massivs, kommt und sich mit dem Hinterrhein (s. d.) bei Reichenau im Kanton Graubünden zum Jungen Rhein verbindet.

Waal/Wal Mündungsarm des Rheins, der mit Merwede, Noord und Nieuwe Maas als Nieuwe Waterweg in die Nordsee mündet.

Autoren- und Quellenverzeichnis

Bei den Autoren sind Lebensdaten und berufliche sowie nationale Herkunft angegeben. Bei den deutschen Autoren wurde auf die Angabe der Nationalität verzichtet. Die mit Sternchen gekennzeichneten Überschriften stammen vom Herausgeber. In Klammern sind die Quellen und, soweit erforderlich, die Copyright-Inhaber genannt.

Ammianus Marcellinus (um 330 bis um 395), römischer Geschichtsschreiber
IN DIESEN SEE ERGIESST SICH ALSO DER STROM* *65*
(aus: Ders.: Res Gesta. Übers. von L. Troß und C. Büchel. Stuttgart 1827–1849)

Anonymus (1799)
MANNHEIM *180*
(aus: Reise eines Ungenannten durch Deutschland und die Schweiz in den Jahren 1799, 1800 *und* 1801. *Breslau/Leipzig* 1802*)*

Guillaume Apollinaire, eigtl. Wilhelm Apollinaris de Kostrowisky (1880 bis 1918), französischer Dichter
RHEINISCHE NACHT *240*
ROLANDSECK *305*
(aus: Der Rhein in Dichtung und Farbaufnahmen. Hg. von Rainer Quinten, übers. von Hans Georg Brenner. Luzern 1976*)*

Ernst Moritz Arndt (1769–1860), Dichter und Politiker
IM HEILIGEN KÖLN* *336*
MAINZ, EINER DER SCHÖNSTEN PLÄTZE* *207*
SCHLOSS UND DAS STÄDTCHEN BRÜHL* *323*
(aus: Ders.: Reisen durch einen Theil Teutschlands, Ungarns, Italiens usw. 1798 und 1799. Leipzig 1804)

Bettina von Arnim (1784–1849), Schriftstellerin
AUF DEM ROCHUSBERG* *226*
DIE PFALZ BEI KAUB* *263*
(aus: Goethes Briefwechsel mit einem Kinde. Berlin 1834)

Theodor Fontane (1819–1898), Dichter

HUSS-BILDER IN KONSTANZ* *88*

(aus: Heiteres Darüberstehen. Familienbriefe. Neue Folge. Hg. von Friedrich Fontane. Berlin 1937)

(Johann) Georg (Adam) Forster (1754–1794), Reiseschriftsteller

IN ROTTERDAM* *399*

(aus: Ders.: Ansichten vom Niederrhein von Brabant, Flandern, Holland, England und Frankreich im April, Mai und Junius 1790. Berlin 1791)

Carl Geib (1777–1852), Schriftsteller

DER BURGGEIST RODENSTEIN *196*

DIE URALTE STADT BINGEN* *221*

RITTER KONRAD BAYER VON BOPPARD *272*

(aus: Ders.: Die Volkssagen des Rheinlandes. In Romanzen, Balladen und poetischen Erzählungen. Heidelberg 1828–1836)

Emanuel Geibel (1815–1884), Dichter

RHEINSAGE *239*

(aus: Die deutsche Ballade – Eine Auslese der gesamten deutschen Balladen-, Romanzen- und Legenden-Dichtung unter besonderer Berücksichtigung des Volksliedes. Hg. von Hans Benzmann. Leipzig 1925)

Stefan George (1868–1933), Lyriker

KÖLNISCHE MADONNA *336*

(aus: Ders.: Gesamtausgabe. Düsseldorf/München 1927–1942)

Johann Wolfgang von Goethe (1749–1832), Dichter und Politiker

IN SESENHEIM* *153*

STAMMBUCHVERS BEI DER VORBEIFAHRT AN BURG LAHNECK *282*

(aus: Ders.: Aus meinem Leben. Dichtung und Wahrheit. Tübingen 1812)

JOHANNA SEBUS *381*

(aus: Deutsches Balladenbuch mit historischen Holzschnitten und Zeichnungen. Leipzig 1861)

(Johann) Josef (von) Görres (1776–1848), Publizist und Schriftsteller

CHUR SELBST SPRICHT GANZ DEUTSCH* *51*

Heinrich Hansjakob (1837–1916), kath. Theologe und Heimatschriftsteller

VOM SÜSSEN MEERSBURGER UND DEM SAUREN SEEWEIN *79*

(aus: Ders.: Ausgewählte Erzählungen. Stuttgart 1920–23)

Wilhelm Hauff (1802–1827), Schriftsteller und Märchenerzähler

MIT DEM HOLLÄNDER-MICHEL NACH ROTTERDAM* *395*

(aus: Ders.: Das kalte Herz. In: Hauffs Werke. Weimar 1960)

Johann Peter Hebel (1760–1826), alemannischer Theologe, Lehrer und Schriftsteller

DIE BESATZUNG VON OGGERSHEIM *182*

DIE GUTE MUTTER *128*

DIE TABAKSDOSE *405*

IM »LAMM« ZU KEHL* *153*

MISSVERSTAND *146*

(aus: Ders.: Schatzkästlein des Rheinischen Hausfreundes. Stuttgart o. J.)

SCHIFFAHRT NACH DER MAINAU* *85*

(aus: Tagebuch der Schweizer Reise, 1900 in »Neue Zürcher Zeitung«. Hier in: Bodenseebuch. 20. Jg. Ulm 1933)

ST. GOAR, EINE HÜBSCHE STADT* *267*

(aus: Ders.: Werke. Karlsruhe 1843)

UNGLÜCK DER STADT LEIDEN *406*

(aus: Ders.: Briefe. Hg. von W. Zentner. Karlsruhe 1957)

Jakob Christoph Heer (1859–1925), Schweizer Romanschriftsteller

DIE LANDSTREICHERIN »GUTA«* *67*

(aus: Ders.: Bilder vom Bodensee. Konstanz o. J. – wahrsch. 1910)

Heinrich Heine (1797–1856), Dichter

BACHARACH* *249*

(aus: Ders.: Der Rabbi von Bacharach. In: Sämtliche Werke. Hg. von A. Strodtmann. Hamburg 1861–1869)

DIE NACHT AUF DEM DRACHENFELS *311*

(aus: Ders.: Deutschland. Ein Wintermärchen. In: Sämtliche Werke. Hg. von A. Strodtmann. Hamburg 1861–1869)

DIE WALLFAHRT NACH KEVELAAR *370*

(aus: Ders.: Sämtliche Werke. Hg. von A. Strodtmann. Hamburg 1861 bis 1869)

HEIDELBERG: DAS HAUS VON 1595* *174*
(aus: Der Rhein. Briefe an einen Freund. In: Ders.: Sämtl. Werke. Stuttgart 1858–1862)

Ulrich von Hutten (1488–1523), Dichter und Humanist
DAS GOLDENE MAINZ *202*
(aus: Ders.: Gespraech buechlin herr Ulrichs von Hutten. Straßburg 1521. Hochdeutsch von Karl Müller. Leipzig 1888)

Karl Immermann (1796–1840), Kriminalist und Schriftsteller
DAS IST DER ROSENGARTEN* *190*
(aus. Ders.: Gesammelte Schriften. Düsseldorf 1834)

Jakob Joseph Jauch (1802–1849), Geistlicher
NATIONALHYMNE VON LIECHTENSTEIN *55*
(aus: Hans Jürgen Hansen: Heil Dir im Siegerkranz. Die Hymnen der Deutschen. Oldenburg 1978)

Dietrich Jecklin (1833–1891)
DER HL. PLACIDUS UND DER URSPRUNG DES KLOSTERS DISENTIS *32*
(aus: Volksthümliches aus Graubünden. Nach authentischen Quellen und Mittheilungen gesammelt und herausgegeben von D. J. Chur. 1876)

Eduard Kaiser (1813–1903), alemannischer Arzt und Heimatdichter
DAMALS IN LÖRRACH* *119*
(aus: Ders.: Aus alten Tagen. Lebenserinnerungen eines Markgräflers, 1815–1875. Lörrach 1908)

Nikolai Michailowitsch Karamsin (1766–1826), russischer Schriftsteller
DAS ELSASS IST EINE HERRLICHE PROVINZ* *145*
DER RHEIN TEILT DIE STADT IN ZWEI HÄLFTEN* *111*
(aus: Ders.: Briefe eines reisenden Russen. Übers. von J. Richter. Leipzig 1799–1802)

Alexander Kaufmann (1821–1893), Schriftsteller und Archivar
DIE ESELSMÜNZEN VON MAINZ *208*
(aus: Ders.: Gedichte. Düsseldorf 1852)

Gottfried Keller (1819–1890), Schweizer Dichter

IM RHEINTAL BEI WIESBADEN* *210*
(aus: Ders.: Werke. 5. Bd. Briefe. Leipzig/Wien o. J.)
Johann Koelhoff d. J. (Köln?–1502), Drucker und Buchhändler
KÖLN, DIE KRONE ÜBER ALLEN SCHÖNEN STÄDTEN* *330*
(aus: Die Cronica van der hilliger stat Coellen. Köln 1499)
August Kopisch (1799–1853), Maler und Schriftsteller
DER MÄUSETURM *225*
DIE HEINZELMÄNNCHEN ZU KÖLN *346*
(aus: Ders.: Gesammelte Werke. Geordnet und hg. von Freundes Hand. Berlin 1856)
Friedrich Adolf Krummacher (1767–1845), ref. Theologe und Autor
DER RHEIN – EINE PARABEL *18*
(aus: Die Rheinlande. Hg. von Dr. Karl d'Ester. Leipzig 1921)
Wilhelm von Kügelgen (1802–1867), Maler und Schriftsteller
DER RHEIN BEI RHENS* *279*
(aus: Ders.: Jugenderinnerungen eines alten Mannes. Berlin 1870)
Adolf Kußmaul (1822–1902), Mediziner und Schriftsteller
EIN DENKMAL FÜR OFFENBURG* *136*
(aus: Ders.: Jugenderinnerungen eines alten Arztes. Stuttg. 1899)

Josef Gregor Lang (1755–1834), Prediger, Lehrer und Schriftsteller
WALLFAHRT NACH SIEGBURG *322*
(aus: Ders.: Reise auf dem Rhein. Zwei Bände. Koblenz 1790)
Georg Christoph Lichtenberg (1742–1799), Schriftsteller und Naturforscher
O KÖNNT' ICH DICH, MEIN DARMSTADT, WIEDER KÜSSEN* *199*
(aus: Ders.: Ode an mein Vaterland. In: Werke. 1947)
Friedrich Lienhard (1865–1929), elsässischer Schriftsteller
HOHKÖNIGSBURG* *143*
(aus: Ders.: Wasgaufahrten. Stuttgart o. J.)
SONNTAGMORGEN AUF DEM ODILIENBERG *140*
(aus: Ders.: Lebensfrucht. Gesamtausgabe der Gedichte. Stuttgart 1919)
Otto Heinrich Graf von Loeben (1786–1825), Schriftsteller
DER LURLEYFELS *252*
(aus: Ders.: Gedichte. Hg. von R. Pissin. Berlin 1905)

Michael Caspar Lundorff (1480–1629), Historiker und Publizist
WIESBADEN: ALTE BADEREGELN (1610) *212*
(aus: Rheinlands Wunderhorn. Dem deutschen Volk gewidmet von Carl Trog. Essen/Leipzig 1882–1884)

Friedrich von Matthisson (1761–1831), Schriftsteller
VIA MALA *40*
(aus: Ders.: Erinnerungen. Zürich 1810 und 1812)
Georg Benjamin Mendelssohn (1794–1874), Geograph
KRISTALLHELLE FLUTEN ENTSTRÖMEN DIESEN SEEN* *22*
(aus: Der Rheinstrom. In: Ders.: Das germanische Europa. Zur geschichtlichen Erdkunde. Berlin 1836)
Friedrich Everhard (Freiherr) von Mering (1799–1861), Schriftsteller
DIE GODESBERGER HEILQUELLE* *318*
(aus: Ders.: Geschichte der Burgen, Rittergüter, Abteien und Klöster in den Rheinlanden. o. O. 1833/1861)
Alois Messmer (1822–1857), Reiseschriftsteller und Theologe
ARNHEIM* *402*
DER RHEIN BEI MANNHEIM* *180*
MAINZ IST EINE ART MITTELPUNKT VON DEUTSCHLAND* *203*
NUN NIMMT MAN VOM DEUTSCHEN GEBIET ABSCHIED* *384*
(aus: Ders.: Reiseblätter, gesammelt zwischen Venedig und Amsterdam. Innsbruck 1854)
Conrad Ferdinand Meyer (1805–1898), Schweizer Dichter
DER RHEINBORN *26*
(aus: Deutsche Dichterhalle Bd. 4. 1875)
Friedrich Johann Lorenz Meyer (1760–1844), Schriftsteller und Hamburger Domherr
FAHRT DURCH DAS BINGER LOCH* *222*
(aus: Brief-Fragmente vom Taunus, Neckar und Mayn vom Domherr Meyer. Hamburg 1822)
Joseph Meyer (1796–1856), Verleger und Autor
ÜBER WIESBADEN* *210*
(aus: Meyers Universum Band 1–6. Stuttgart 1833–1838)

(aus: A journey made in the summer of 1794 through Holland and the Western frontier of Germany. London 1795. Übers. von Glare Raven Saunter. 1963)

Conrad von Rappard (1839–1915), Schriftsteller

DER ZWEIKAMPF *184*

(aus: Rheinlands Wunderhorn. Dem deutschen Volk gewidmet von Carl Trog. Essen/Leipzig 1882–1884)

Robert Reinick (1805–1852), Maler und Schriftsteller

SONNTAGS AM RHEIN *262*

(aus: Ders.: Lieder eines Malers. Düsseldorf 1838)

Johann Jakob Reithard (1805–1857), Schweizer Schriftsteller

DER BASLER TORWART UND SEIN TÖCHTERLEIN *111*

(aus: Ders.: Geschichten und Sagen aus der Schweiz in Dichtungen. 1853)

Alfred Rethel (1816–1859), Maler und Graphiker

KIRMESÜBERRASCHUNG IN OBERINGELHEIM* *219*

(aus: Ders.: Briefe. Hg. von Josef Ponten. Berlin 1912)

Alfred von Reumont (1808–1887), Historiker und Diplomat

DIE SAGE VOM DRACHENFELS *310*

GRAF SIGEBODO, DER HERR VON ALTENAHR* *295*

(aus: Ders.: Rheinlands-Sagen, -Geschichten und -Legenden. Köln/Aachen 1844)

Wilhelm Heinrich Riehl (1823–1897), Journalist und Schriftsteller

KREFELD *365*

(aus: Ders.: Auf dem Wege nach Holland. Wanderbuch. Land und Leute. Zweiter Teil. Stuttgart 1869)

Joachim Ringelnatz, eigtl. Hans Bötticher (1883–1934), Maler und Schriftsteller

RHEINKÄHNE *364*

(aus: Simplicissimus 33. 1928/1929)

Otto von Roquette (1824–1896), Schriftsteller und Literaturhistoriker

DER WEIN VON RÜDESHEIM* *237*

(aus: Ders.: Waldmeisters Brautfahrt. Ein Rhein-, Wein- und Wandermärchen. Stuttgart/Tübingen 1851)

Johanna Schopenhauer (1766–1838), Roman- und Reiseschriftstellerin
DREIKÖNIGSSCHREIN* *332*
IN WORMS* *189*
(aus: Ausflucht an den Rhein und dessen nächste Umgebung im Sommer des ersten friedlichen Jahres 1818)
Aloys Wilhelm Schreiber (1761–1841), Historiograph und Schriftsteller
DER RAUBRITTER *244*
DIE JUNGFRAU AUF DEM LURELEI *253*
(aus: Ders.: Sagen aus den Gegenden des Rheines, des Schwarzwaldes und der Vogesen. Heidelberg 1828–1839)
DER RING *135*
(aus: Ders.: Alemannische Lieder und Sagen mit Kupfer. Tübingen 1817)
Johann Heinrich Schreiber (1793–1872), kathol. Theologe und Historiker
DIE BRUNNENMÄNNLEIN* *126*
(aus: Ders.: Geschichte der Stadt Freiburg. Freiburg 1857/58)
Levin Schücking (1814–1883), Schriftsteller und Journalist
DIE MEERSBURG *78*
(aus: Ders.: Ausgewählte Werke. Hg. von J. Hagemann. Münster 1962/63)
Carl Schultes (1822–1904), Theaterdirektor, Schauspieler und Schriftsteller
ELSLEIN VON KAUB *264*
(Melodie: M. Filke. op. 17 aus: Das große Hausbuch Deutscher Heimatlieder Texte und Melodien. München 1985)
Robert Schumann (1820–1856), Komponist
IN CHUR KAM ICH RECHT SELIG AN* *51*
(aus: Briefe. Hg. v. F. G. Jansen. Leipzig 1904)
Gustav (Benjamin) Schwab (1792–1850), Dichter
DER REITER UND DER BODENSEE *61*
(aus: Die deutsche Ballade – Eine Auslese der gesamten deutschen Balladen-, Romanzen- und Legenden-Dichtung unter besonderer Berücksichtigung des Volksliedes. Hg. von Hans Benzmann. Leipzig 1925)
STEIN AM RHEIN: IM AMTSHAUS DES ALTEN KLOSTERS* *95*
(aus: Ders.: Schwaben. In: Das malerische und romantische Deutschland. In zehn Sektionen. Leipzig 1837–38)

(aus: Über die großen Städte. Gedichte 1885–1967. Berlin/Weimar 1968)

Karl Stieler (1842–1885), Mundartdichter und Publizist

BADEN-BADEN UND SEINE SPIELBANK* *158*

BREISACH* *128*

DER RHEIN IM SEE* *66*

DIE BRÜCKE VON REICHENAU* *47*

DIE JUGEND DES RHEINES* *22*

(aus: Rheinfahrt. Von den Quellen des Rheins bis zum Meere. Schilderungen von Karl Stieler, H. Wachenhusen, F. W. Hackländer. Stuttgart 1875)

Adolf (Ludwig) Stöber (1810–1892), ev. Theologe und Schriftsteller

DIE UHR AUF DEM MÜNSTER ZU STRASSBURG *150*

(aus: Ders.: Gedichte. 1845)

August (Daniel Ehrenfried) Stöber (1808–1884), elsässischer Schriftsteller

DAS MÜNSTER ZU THANN *120*

(aus: Ders.: Elsässisches Volksbüchlein. Kinder- und Volksliedchen, Spielreime, Sprüche und Mährchen. Straßburg 1842)

Daniel Ehrenfried Stöber (1779–1835), elsässischer Jurist und Mundartdichter

DAS ELSASS UND DER WASGENWALD *142*

(aus: Ders.: Neujahrsbüchlein. o. O. 1818)

Friedrich Leopold Graf von Stolberg (1750–1819), Dichter und Übersetzer

APOLLINARIS-UMZUG IN REMAGEN *304*

(aus: Ders.: Reise in Deutschland, der Schweiz, Italien und Sizilien. Bd. 1. Hamburg 1882)

Adelheid von Stolterfoth (1800–1875), Schriftstellerin und Stiftsdame

KONRAD BAYER VON BOPPARD *277*

(aus: Dies.: Rheinischer Sagenkreis. Ein Ciclus in Romanzen, Balladen und Legenden des Rheins. Frankfurt a. M. 1835)

Peter Tafur (15. Jh.), spanischer Edelmann

KOBLENZ, EINE ANSEHNLICHE STADT *284*

(aus: Konrad Häbler: Peter Tafurs Reisen im Deutschen Reiche 1438 bis

DER LURLEI SANG* *256*
(aus: Ders.: Sämtliche Werke. Hg. von Joseph von Lauff. Leipzig 1912 bis 1913)

(Johann) Heinrich (Daniel) Zschokke, eigtl. Heinrich Schokke (1771 bis 1848), Schriftsteller, Pädagoge und Politiker
DAS KLOSTER DISENTIS* *34*
DIE KAPELLE VON TRONS* *39*
VEREINIGUNG DER DREI QUELLEN DES VORDERRHEINS* *29*
(aus: Ders.: Gesammelte Schriften. Aarau 1851 ff.)

Danksagung

Verlag, KulturGut und Herausgeber danken allen, die an der Entstehung dieses Buches mitgewirkt haben, insbesondere den Rechteinhabern für die freundliche Überlassung der Rechte. Leider war es nicht in allen Fällen möglich, diese festzustellen oder zu erreichen. Der Verlag verpflichtet sich, rechtmäßige Ansprüche auf Anfrage nach den üblichen Honorarsätzen zu vergüten. Unser besonderer Dank gilt der Niedersächsischen Staats- und Universitätsbibliothek in Göttingen für die uneingeschränkte Hilfe bei der Beschaffung und Überlassung wertvollen Quellenmaterials.